الأواصر الممزّقة

كتابٌ لمؤسسة القرن

الأواصر الممزّقة

الأزمة الوجودية للإخوان المسلمين
في مصر، 2013–2022

عبد الرحمن عياش | عمرو عفيفي | نهى عزت

ترجمة حسان حساني

Authorized translation of *BROKEN BONDS: The Existential Crisis of Egypt's Muslim Brotherhood, 2013-22* by Abdelrahman Ayyash, Amr ElAfifi, Noha Ezzat

About The Century Foundation

The Century Foundation is a progressive, independent think tank that conducts research, develops solutions, and drives policy change to make people's lives better. We pursue economic, racial, gender, and disability equity in education, health care, and work, and promote U.S. foreign policy that fosters international cooperation, peace, and security.

Board of Trustees of The Century Foundation

Library of Congress Cataloguing-in-Publication Data Available from the publisher upon request.

Manufactured in the United States of America

Cover design by Abigail Grimshaw
Text design by Cynthia Stock and Jamal Saleh

المحتويات

السِّير الذاتية للمؤلفين

عبد الرحمن عياش

عبد الرحمن عياش باحثٌ في مؤسسة القرن الدولي، ومدير مجموعة العمل الخاصة بجماعة الإخوان المسلمين المصرية، وهو صحفيٌّ حائزٌ على جوائز عديدة وباحثٌ متخصصٌ في الحركات الإسلامية وسياسة الشرق الأوسط. منذ عام 2016 يعمل عياش باحثاً في شؤون مصر مع منظماتٍ حقوقيةٍ، بما في ذلك هيومن رايتس ووتش، ومبادرة الحرية، وقد نَشرَ تقاريرَ ومقالاتٍ عن جماعة الإخوان المسلمين لمؤسسة كارنيغي للسلام الدولي، والمجلس الألماني للعلاقات الخارجية، ومبادرة الإصلاح العربي، وغيرها.

عياش مرشحٌ لنيل درجة الماجستير في السياسة العامة من كلية جاكسون للشؤون العالمية بجامعة ييل الأمريكية.

عمرو عفيفي

عمرو عفيفي طالبُ دكتوراه في جامعة سيراكيوز الأمريكية حيث يدرس العلاقة بين الصدمات النفسية والمشاركة السياسية، وهو أيضاً مدير الأبحاث في مبادرة الحرية، حيث يركز في عمله على ظروف الاعتقال وأثرِها في السجناء السياسيين وذويهم. قبل شَغله هذه المناصب عمِلَ عمرو في البنك الدولي حيث ركّز على تحسين مناخ الاستثمار في دول ما بعد النزاع .

نهى عزت

نهى عزت كاتبةٌ وباحثةٌ تركز في عملها على الجغرافيا السياسية وعلم الاجتماع السياسي والتاريخي، لا سيما في مصر وتركيا وإيران، وهي حاصلةٌ على درجة الماجستير في العلاقات الدولية من جامعة دورهام

البريطانية بأطروحةٍ حول الحرب والتحديث في إيران. نشرتْ نهى أبحاثاً ومقالاتٍ لمعهدِ الدراسات الإسلامية والشرق الأوسط بجامعة دورهام، ومركزِ الجزيرة للدراسات، ومؤسسةِ كارنيغي للسلام الدولي، ومعهدِ المجر للتجارة والشؤون الخارجية.

حسان حساني

حسان حساني مترجم وُلِد ونشأ في سوريا، وهو حاصلٌ على إجازة في اللغة الإنكليزية وآدابها من جامعة حلب. ومنذ تخرجه سنة 2005 انكب على الترجمة التي كرّس نفسه لها.

شكرٌ وتقديرٌ

لم يكنِ المشروعُ ليرى النورَ لولا الدعم السخي من مؤسسة «هنري لوس» التي دعمت جهوداً استمرت عدة سنواتٍ، كما يعود الفضل أيضاً إلى مجلس الأمناء وزملائنا في مؤسسة القرن، وعلى رأسهم رئيسُ مجلس الإدارة برادلي أبيلو والرئيسُ مارك زوكرمان الذين أَفرَدوا لمؤسسة القرن الدولي مساحةً لتوسع التزامَها بحيث يغطي أبحاثَ السياسات المبتكرة. قدّم المجلس الاستشاري في مؤسسة القرن الدولي إرشاداتٍ مهمةً للمؤسسة: لينا عطا الله، وميلاني كاميت، ومنى فواز، ومايكل وحيد حنا، ومارك لينش. كما ساعد «توبي فولكمان»، مديرُ برنامج مؤسسة هنري لوس، في تصور هذا المشروع، وساعد جوناثان فان أنتويربن في الإشراف عليه حتى نهايته.

أولاً وقبل كل شيءٍ نودُّ أن نشكر من قابلناهم والمشاركين في البحث، إذ ينطوي الحديث عن الإخوان المسلمين، في هذا الوقت تحديدًا، على مخاطرَ أمنيةٍ جسيمةٍ، فضلاً عن استحضار الصدمة الناتجة عنِ العنف السياسي والمنفى والمآسي الشخصية للأصدقاء وأفراد الأسرة. وإننا لنثمّنُ موافقتهم على التحدث معنا وتقديمنا إلى أصدقائهم وزملائهم، ونأمل أن تكون دراستُنا للتنظيم ولقصصهم بمثابة تكريمٍ لمساهماتهم، ونودُّ أن نخصَّ بالشكر الأعضاءَ الحاليين في جماعة الإخوان المسلمين ممّن ساعدونا في توضيح الوضع الداخلي للحركة مؤخرًا.

كما نُعرب عن امتناننا لمجموعةٍ من المراجعين الرائعين ممّن ساهمت تعليقاتُهم وملاحظاتُهم القيمة في تحسين هذا العمل، ومن هؤلاء المراجعين هشام جعفر، وناثان براون، وإليزابيث نوجنت، وهبة رؤوف عزت، ومحمد عفان الذين ألهمونا في دراستنا كلٌّ بطريقته الخاصة، وإن تعليقاتِهم على هذا المشروع لهي شهادةٌ على براعتهم وخبراتهم. كما أَظهر كلٌّ من ثاناسيس كامبانيس وإيمون كيرشر ألين من مؤسسة القرن

الدولي كمّاً فاق ظننا من الصبر والفضل والألمعية والثقة في المؤلفين والمشروع. لقد كانوا على قدر عالٍ من الدقة والاجتهاد كعادتهم دائماً، ومنحونا مساحةً للتفكير والتعبير عن أفكارنا، وبفضلهم رأى كتابُنا هذا النورَ.

كما أن هذا المشروع لم يكن ممكناً لولا دعمِ أحبائنا؛ ولذا يتقدم عمرو عفيفي بالشكر لزوجته ولاء التي لم تكن مجرد شريكٍ داعمٍ فحسبُ، بل كانت عوناً في نواحٍ كثيرةٍ من هذا المشروع. طغى العمل على هذا المشروع على تفاصيلَ حياتية كثيرة فأفسد عشوات عدة في حديثه عن الإخوان ومآلاتهم أو ما استعصى فهمه أو صعبت كتابته عنهم، وهو يقدّر صبرَها ويحبها لذلك ولغير ذلك الكثيرِ، كما يود عمرو أن يشكر والدَه أحمد لصبره على ما سبّب له من ضجرٍ لا يوصف بخوضه في تفاصيل الكتاب المختلفة، وما وجد عنده من لطفٍ حتى عندما يخالف ابنَه الرأي. لم يتوانى والده أبداً عن دعم عمل ابنه والتعبير عن فخره واعتزازه به. كما يود عَمرو أن يشكر حماه، حامد، على تفضُّله بملاحظاتٍ وتعليقاتٍ حصيفةً، وتأكيده الدائم على أهمية التفكير المنهجي. وأخيراً وليس آخراً نتوجه بالشكر الجزيل إلى يائيل زيرة المشرفة الرائعةِ على أطروحة عمرو للدكتوراه لتفهُّمها ودعمها له أثناء عمله في مشاريعَ لا تخصُّ الأطروحة.

يتقدم عبد الرحمن عياش بالشكر لزوجته منى، فقد جاء هذا الكتابُ في وقتٍ كثُرت فيه المحن الشخصية والمهنية التي واجهتْها منى بالكثير من الحب والكِياسة والكرم والشجاعة، كما يودُّ عبد الرحمن أن يشكر ابنته ديمة التي كانت حاضرةً أثناء اجتماعات برنامج زوم، وكثيراً ما نامت على صوت النقر على لوحة المفاتيح، ولم تقصّر أبداً في إضفاء البهجة على اللحظات العصيبة طوال المشروع. هذا الكتاب وكل ما يفعله عبد الرحمن سيكون دومًا من أجلها.

تودُّ نهى عزت أن تشكر والديها لما أبدياه من دعمٍ وصبرٍ أثناء عملها على الكتاب.

تقع المسؤولية عن أي أخطاءٍ على عاتق المؤلفين وحدهم.

— المؤلفون

مقدمة: تاريخٌ شخصيٌّ من التلقين إلى القطيعة

بقلم عبد الرحمن عياش

لطالما أثار الإخوانُ المسلمون اهتمامي بقدر ما تمتد ذاكرتي، وذلك أن علاقتي بالجماعة بدأتْ حتى قبل ولادتي، فقد كان جدّي مدرساً في مطلع العشرينات من عمره عندما انضم إلى الجماعة بعد بضع سنواتٍ من تأسيسها عام 1928 على يد حسن البنا، وهو مدرسٌ آخرُ كان في مطلع العشرينات من عمره حين أسسها. وعندما كنتُ في الرابعة من عمري حضرتُ «اجتماعيَ» الأولَ، وكان موعدَ لهوٍ مع ثلةٍ من فتيان الحي في مسجدٍ بالقرب من منزلنا في المنصورة، وهي مدينةٌ في دلتا النيل تقع على بعد 120 كيلومتراً شمال القاهرة. لأكثرَ من ستة عشر عاماً حضرتُ محاضراتٍ لا حصر لها، ورحلاتِ صيدٍ وتخييمٍ، ولياليَ سينمائيةً، واحتجاجاتٍ وفعالياتٍ سياسيةً مع أعضاء الجماعة وقادتها. وخلال جلِّ هذا الوقت لم أدرِ أنّ مَنِ التقيتُ بهم كانوا أعضاءَ في حركةٍ سياسيةٍ تضم مئات الآلاف من الأعضاء في مصر والعالم. ورغم أن آخر اجتماع «أسرةٍ» حضرتُه كان في كانون الأول / ديسمبر 2010، لا يزال الإخوان المسلمون يشغلون حيزاً كبيراً من اهتماماتي الشخصية، فضلاً عن اهتماماتي المهنية كوني صحفياً وباحثاً.[1]

وفّرتْ جماعة الإخوان لي ولكثيرٍ من الشباب المصريين مجتمعاً حاضنًا، فقد نشأ بعضُهم ليصبح لديهم أشكالا مختلفةً من الارتباط بالجماعة، وارتقى البعض الآخر ليصبحوا أعضاء كباراً أو قادةً على مستويات مختلفة. تمنح جماعة الإخوان المسلمين لأعضائها دائرة أمانٍ اجتماعيٍّ ومصدرَ

رزقٍ، فإذا ما كنتَ عضواً وصاحب تجارةٍ أو طبيباً أو محاسباً أو مهندساً أو محامياً (على وجه الخصوص)، فستحصل بكل تأكيد على الكثير من الزبائن والعملاء. وإلى جانب فوائد العضوية في جماعة الإخوان، ثمّة مخاطر، فالأخ (بلغة الجماعة) يعلم أنه قد يُعتقل يوماً ما، وأن عائلته ستلقى كل العناية أثناء فترة مكوثه في السجن، فقد دأب الإخوان على تزويدِ عائلات المعتقلين بنفس الرواتب التي كان معيلوها يتقاضَونها قبل الاعتقال، ومساعدةِ هذه العائلات في الحفاظ على نمط الحياة الذي اعتادت عليه، وحتى دفْعِ مصاريف المدارس الخاصة التي يرتادها أطفالهم.

كما يمنح الإخوان روابط اجتماعيةً، فمِصرُ في غالبيتها مجتمعٌ محافظٌ تَحْكم فيه الأعرافُ الاجتماعيةُ والدينيةُ الصارمةُ العلاقاتِ بين الرجل والمرأة، إذ يمكن لعضو الإخوان الاعتمادُ على الجماعة لترتيب زواجه أو زواج أبنائه (من أعضاءٍ آخرين في الجماعة بالطبع). كما يعتمد الآباء على شبكة الجماعة فيما يخص رعايةَ الأطفال ودعمَهم، فلسنواتٍ عديدةٍ بنى الإخوان المدارسَ ورياضَ الأطفال التي خدمتِ أنصار التنظيمَ والمصريين الآخرين.

لن يصف أيُّ عضوٍ في الإخوان الجماعةَ بأنها مجردُ حزبٍ سياسيٍّ، أو حركةٍ اجتماعيةٍ، أو طائفةٍ دينيةٍ، فهي ليست أياً مما سبق، بل أكثر من كلِّ ما سبق.

أخبر البنا نفسُه الرعيل الأول أن جماعة الإخوان المسلمين تنظيمٌ شاملٌ يوفر مساحةً لطيفٍ واسعٍ من الأنشطة والأفكار[2]، إذ كانت نسخةُ الإسلام التي تبنتها الحركةُ شاملةً لا تفرق بين مزاولة السياسة وممارسة الدين. كان هدف البنا إعدادَ طليعةٍ من المؤمنين لإحياء الأمة (الإسلامية) وإعادة تأسيس ما وصفه بـ «أستاذية العالم».[3] كما عمَد البنا إلى إنشاء نظام دعمٍ شاملٍ لجماعة الإخوان لتحقيق هذه الأهداف، لكنّ ما لم يدركه البنا هو أن تمسُّك الأعضاء بالتنظيم صار في الكثير من الأحيان طمعاً بالامتيازاتِ التي قدمها التنظيم أكثرَ مما كان تمسكاً بسياساته أو نهجه.

عندما كنتُ طفلاً لم يحدثني أحدٌ من جماعة الإخوان عن السياسة، وإنما اقتصرتْ أحاديثهم على مسائل الدين وكيف يصبحُ المرء مسلماً صالحاً،

فالمسلم الصالح يرعى إخوانه المسلمين، ولهذا السبب كنتُ في الحادية عشرة من عمري وحسب عندما تعرفتُ على مفهوم الأمة لأول مرة. في مطلع هذا القرن كانتِ القضية السياسية الوحيدة التي تَشغل الناس هي النضال الفلسطيني، فألّف الإخوان المسلمون الأناشيدَ التي احتفت بصمود الأطفال الفلسطينيين وبمقاومة الاحتلال الإسرائيلي. وفي عام 2001، عندما كنتُ في الصف الخامس، حضرتُ أولى وقفاتي الاحتجاجية بعد صلاة الجمعة في مسجدٍ قرب منزلي من أجل أطفالٍ فلسطينيين قُتلوا في هجماتٍ إسرائيليةٍ على غزة، وكانتِ الاحتجاجاتُ المؤيدةُ للانتفاضة الفلسطينية في المدارس والجامعات المصرية حينئذٍ على أشُدها.

كان الغضب من الانتهاكات الإسرائيلية صادقاً وعفوياً، لكنّ ما لم أكن أعرفه عندما كنت في الحادية عشرة من عمري هو أن هذا الغضب خدَمَ أيضاً غرضاً سياسياً لنظام حسني مبارك الذي سمح بهذه المظاهرات لتنفيس الضغط الذي سبّبته الإخفاقاتُ المتصاعدةُ لنظامه على الصعيدين السياسي والاقتصادي. ربما نظر مبارك إلى الحراك ضد تجاوزات إسرائيل على أنه تشتيت انتباهٍ مرحبٌ به، غير أن الحراك مهّد أيضاً للتعاون بين مختلف الجهات السياسية الفاعلة، ما مهّد بدوره للتحالفات التي أدت في نهاية المطاف إلى الإطاحة بمبارك في ثورة 2011.

كان الغزو الأمريكي للعراق عام 2003، عندما كنتُ في سنّ الثالثة عشرة، مناسَبةً أخرى احتشدتْ فيها مجموعاتٌ متنوعةٌ من الناس، وقد حضرتُ أولَ احتجاجٍ مهمٍّ لي في ذلك العام وكان ضد الغزو. ومرةً أخرى دعَمَ نظام مبارك تلك الاحتجاجات، وهيّأ لها مكاناً كان ملعبَ المنصورة الرياضي الذي غصت مدرجاتُه بعشرات الآلاف من المحتجين من الإخوان والأحزاب السياسية والحركات اليسارية وغيرها من النقابات العمالية والمهنية، فيما رحتُ أسير مع شبابٍ آخرين من الإخوان على المضمار حاملين توابيتَ فارغةً كُتبتْ عليها رسائلُ عدةٌ منها رسالتي التي كتبتُ فيها «الحرية». وكان هذا الاحتجاج مدارَ أحاديثنا لعدة أيامٍ. في ذلك الأسبوع، سقطت بغداد في أيدي الجنود الأمريكان.

غير أن الجانب السياسي للتنظيم لم يكن من أولويات أعضاء الإخوان في

هذه السن، ففي اجتماعات «الأسرة» الأسبوعية بعد غزو العراق، تحدث المشرف على مجموعتنا داخل الإخوان عن التغيرات التي تطرأ على أجسادنا كمراهقين، وكيف علينا أن نتقي الله وأن نعمل على أن نكون مسلمين صالحين من خلال «غضّ أبصارنا»، وهو مصطلحٌ دينيٌّ يعني تجنب النظر إلى النساء والصور ومقاطع الفيديو «غير اللائقة».

لكنّ مع مرور الوقت، سرعان ما اتخذتْ جماعة الإخوان منعطفاً جعلها أكثرَ صلةً بالسياسة المصرية، بالنسبة لي على الأقل.

في عام 2004 اتخذ مكتب الإرشاد، وهو أعلى كيانٍ تنفيذيٍّ في جماعة الإخوان، قراراً عُرف داخلياً باسم «إعلان الهوية»، وراح يستخدم اسم «الإخوان» علناً، بعد أن كان المنتسبون لجماعة الإخوان المسلمين حتى ذلك الحين يستخدمون أسماءَ مستعارةً، فعلى سبيل المثال كان طلاب الجامعة من الإخوان قبل ذلك يطلقون على أنفسهم تسمية «طلاب التيار الإسلامي». لا ريب أن السلطات المصرية كانت على عِلمٍ بانتمائهم لجماعة الإخوان، لكن استخدام اسمٍ مختلفٍ كان يرمي إلى خلق انطباعٍ بأن التنظيم لم يكن لديه أي طموحاتٌ سياسيةٌ علنيةٌ، أما بعد «إعلان الهويّة»، فقد راحت الكتيّبات التي كان ينشرها هؤلاء الطلاب تحمل توقيع «طلاب الإخوان المسلمين.»[4]

في نفس الوقت تقريباً راحت جماعة الإخوان المسلمين تسخّر الإنترنت لتحقيق أهدافها، فانبرى الأعضاء الشباب لتبنّي تقنيات الاتصالات الجديدة التي كان تبنّيها في جماعة الإخوان المسلمين بطيئاً في بادئ الأمر، وقد ساعدني عبد الحميد عبد الفتاح، وهو معلمٌ من الإخوان بارعٌ في استخدام الكمبيوتر، في إنشاء بريدي الإلكتروني الأول. (أعدمتِ الحكومةُ عبدَ الفتاح في عام 2019 بعد محاكمةٍ صوريةٍ وظالمةٍ)،[5] ومَضيتُ أستخدم هذا الحساب للوصول إلى موقع ikhwan.net وهو أول منتدىً للإخوان المسلمين على شبكة الإنترنت. لم يكنِ الموقع، الذي لم يعد موجوداً الآن، معقلاً لحرية التعبير كما قد يتوقع البعض فقد فرض المشرفون عليه قواعدَ أخلاقيةً صارمةً، وكانوا يراقبون الرسائل الخاصة، فيحذفون الكلام البذيء، ويخفّفون النكاتِ بين الذكور والإناث من الأعضاء. ورغم ذلك كله فقد مثّل الموقعُ تقدماً كبيراً في قدرة أعضاء جماعة الإخوان المسلمين

في مصر وخارجَها على تبادل الأفكار فيما بينهم.

في عام 2005 خاض الإخوان الانتخاباتِ البرلمانيةَ، فشاركتُ حينئذٍ في حملةٍ لمرشحَي الإخوان الاثنين في مسقط رأسي، وزرتُ لأول مرةٍ مناطقَ لم أكن أعرف بوجودها في مدينتي الصغيرة، كما نظّمتُ وأعضاءَ آخرين من جماعة الإخوان مَسيراتٍ في الشارع لدعم الحملة في أحياء المنصورة الفقيرة، حيث عبّر السكان عن دعمهم للحركة، وتعهدوا بالتصويت لمرشحي الإخوان، أو أرسلوا الدعوات من أجلهم بأصواتٍ خافتةٍ.

لم تقمعِ الحكومةُ مَسيراتِ الحملة على الرغم من إقدام البلطجية (ممنِ استُؤجروا من قبل مرشحي الحزب الحاكم) على مهاجمة ممثلي الإخوان المسلمين وأنصارِهم في يوم الانتخابات. في إحدى هذه الهجمات التي شهدتها، تعرّف عضوٌ في الإخوان كان واقفاً بجواري على أحد المهاجمين، وقال مصدوماً: «أعرف هذا الشخص. لقد كنا ندعم أسرته ماليًا منذ سنواتٍ.» لم تفارق تلك الحادثةُ ذاكرتي لأنها أظهرت لي كيف أن كثيراً من المستفيدين من برامج التضامن الاجتماعي التي ساعد بها الإخوانُ ملايين المصريين كانوا يجهلون سياساتِ الجماعة وأفكارَها ولا يلتزمون بها.

فازت جماعة الإخوان المسلمين بـ 88 مقعداً من أصل 444 في مجلس النواب بالبرلمان، واحتفلتِ الجماعة بما ظنوه بزوغ فجر حقبةٍ جديدةٍ في العلاقات بين الجماعة والنظام، لكن ظنهم هذا سرعان ما خاب. في كانون الثاني / يناير 2006 فازت حركة حماس، وهي فرعٌ من جماعة الإخوان المسلمين أُسست قبل عقدين من الزمن في غزة، بالأغلبية في الانتخابات في الأراضي الفلسطينية، وحاولتْ تشكيلَ حكومةٍ ائتلافيةٍ لكنها فشلت.[6] أظهر فوز حماس شعبية الإسلاميين في جميع أنحاء المنطقة،[7] لكنه أثار قلق كثيرين في دوائر السياسة الخارجية في الشرق الأوسط وخارجه، الأمر الذي أعطى بدوره نظامَ مبارك ذريعةً لقمع جماعة الإخوان المسلمين في مصر، فاعتَقلتْ قوات الأمن المصرية في كانون الأول / ديسمبر 2006 نحو ثلاثين قيادياً من الإخوان المسلمين، وكان من بينهم نائبُ المرشد خيرت الشاطر الذي كان يُنظر إليه على أنه العقلَ المدبرَ لفوز الجماعة في الانتخابات.

في ذلك الوقت تقريباً بدأتُ في كتابة مدونةٍ عن حياتي اليومية، وهذا يعني بالضرورة الكتابة عن جماعة الإخوان المسلمين، وراح عدد قرائي يزداد بسرعةٍ، ربما لأني قدّمتُ لمحةً نادرةً عن التنظيم، فرأى صحفيون من المعارضة والصحف المستقلة أني ومجموعةً صغيرةً من المدونين نمثّل «الجيل الثالث من الإخوان المسلمين». أراد الناس معرفة المزيد عن الجوانب الشخصية لحياة الأعضاء، والتي لم تُناقش علناً من قبل، وأَحبَّ القراءُ كيف أن مدوّني الإخوان لم يشاركوا الأمور التنظيمية التي كانت تَحدُث وراء الكواليس وحسب، بل وكذلك توصياتهم فيما يخص الأفلام، وقصائدهم البسيطة، وقصص حبّهم. وحينئذٍ راح الصحفيون يسألون قادة الإخوان عن رأيهم فيما كتبتُه أنا والمدونون الآخرون، والذي تضمّن نظرتنا للإخوان، وخلافاتنا مع الجماعة في القضايا الاجتماعية مثل الاستماع إلى الموسيقى أو مشاهدة الأفلام (وهي أفعالٌ كان يرفضها غالبية الإخوان)، فكنا بذلك نبرزُ إنسانية الإخوان المسلمين دون أن ندري. غير أن أفعال «الجيل الثالث» هذا لم ترُق لقيادة الإخوان، فكثيرٌ منهم رأى فينا شباباً متمرداً ذا جذورٍ ضحلةٍ في التنظيم،[8] وذلك أن معظمنا لم يكن قد تقلّد مناصبَ رسميةً رفيعةً في جماعة الإخوان التي تتمتع بتسلسلٍ هرميٍّ معقدٍ يُدارُ بعنايةٍ كبيرةٍ.

غير أن ثلةً من القادة رأوا في عالم التدوين الخاص بالإخوان فرصةً لإنعاش الجماعة. ففي عام 2007، ومن هذا المنطلق، طلب مني خالد حمزة، وهو خبيرٌ إعلاميٌّ في جماعة الإخوان المسلمين، العملَ تحت إشرافه في موقع إخوان ويب ikhwanweb.com؛ وهو الموقعِ الرسمي للإخوان باللغة الإنجليزية، من أجل حملةٍ أُطلقت ضد إحالة المدنيين إلى المحاكمات العسكرية. كان الشاطر وقادةٌ آخرون من جماعة الإخوان قد أُحيلوا للتو إلى محاكماتٍ عسكريةٍ، فحشدتْ جماعة الإخوان دعاةَ حقوق الإنسان ومنظماتِ المجتمع المدني والعلماءَ المسلمين من جميع أنحاء العالم للتنديد بهذه المحاكمات. كنتُ في السابعة عشرة من عمري وحسب، وغمرتني السعادة للقاء رمزي كلارك، وهو شخصيةٌ مثيرةٌ للجدل، وناقدٌ بارزٌ للسياسة الخارجية الأمريكية والمدعي العام الأمريكي السابق، وذلك عند وصوله إلى مصر نُصرةً لقضية الإخوان من خلال مراقبة المحاكمة (لكن السلطاتِ المصريةَ منعته من حضورها).[9]

نجحتِ الحملة في جذب انتباه المجتمع المدني للمحنة التي حلت بجماعة الإخوان المسلمين، لكنها سلطت كذلك ضوءاً غيرَ مريحٍ على بعض أفكار الجماعة الأكثر إثارةً للجدل، والتي كشفتْ عنها في ذلك العام في أول برنامجٍ حزبيٍّ لها،[10] كاقتراح إنشاء مجلسٍ منتخبٍ من علماء الدين لمراجعة التشريعات، وحرمان النساء والمسيحيين من تولي رئاسة الدولة ورئاسة الوزراء. أثارت هذه الأفكار خلافاً كبيراً داخل جماعة الإخوان المسلمين. عارضتُ تلك الأفكار بشدةٍ وكتبتُ تدويناتٍ انتقدتُ فيها ذلك البرنامج الحزبي، فتلقفتْها وسائلُ الإعلام المصرية؛ واسترعتْ انتباه قيادة الإخوان، فدعاني الدكتور محمد مرسي في تشرين الأول / أكتوبر لاجتماعٍ في مكتبه، وكان حينئذٍ عضواً في مكتب الإرشاد بالجماعة ورئيسَ لجنتها السياسية.

أخبرتُ عددًا من مدوّني الإخوان المسلمين والأعضاء الشباب بأمر الاجتماع المقترح، فحضر اثنا عشر منهم، من بينهم مدوِّنتان، وذلك في إحدى أمسيات أواخر تشرين الأول / أكتوبر في مقر الكتلة البرلمانية للإخوان المسلمين في القاهرة.

بعد صلاة المغرب التي أمّها مرسي، تحدّث لما يقرب من أربعين دقيقةً عن أيديولوجيا الإخوان المسلمين وأساليب عملهم، فجاء خطابه عاماً وفضفاضاً جداً ولم يلامس هواجسنا لدرجة أن إحدى المرأتين غادرت الاجتماع قبل أن يفرغ مرسي من كلامه، ومن المفارقات أن هذه المرأة أصبحت إحدى مساعدات مرسي عندما أصبح رئيساً في عام 2012. فلما فرغ مرسي أفسح المجال للتعليقات والأسئلة، فسمع مِن نقْدنا الكثيرَ، ودارت معظمُ أسئلتنا حول ضعف دور الشباب والنساء في التنظيم، وفكرة فصل النشاط الدعوي للتنظيم عن سياسته، وبرنامجه الحزبي. بدا أن مرسي ينصت باهتمامٍ، لكن إجاباتِه كانت غير مترابطةٍ، وربما سطحيّة، حالُها حالُ كلامه الذي افتتح به اللقاءَ. قال مدافعاً عن موقف الإخوان من عدم أهلية النساء والمسيحيين لتولي رئاسة الجمهورية أو رئاسة الوزراء: «هذا هو فهم جماعة الإخوان للإسلام. إن كان لديكم رأيٌ آخرُ فالمجال أمامكم مفتوحٌ [لترك جماعة الإخوان المسلمين والانضمام إلى جماعاتٍ أخرى]. مصر بحاجةٍ إلى جهودكم وطاقاتكم.»

كان اللقاء أولَ مناسبةٍ تجعلني أفكر بترك الإخوان، لكن لم أفعل لأن الواقع كان مختلفاً عمّا قاله مرسي، «فالمجال» لم يكن مفتوحاً، وممارسة السياسة خارج جماعة الإخوان كانت تعني الانضمام إلى حزب مبارك أو أحد أحزاب المعارضة الرثّة، وهو ما لم أكن لأفعله أبداً. وعاجلاً أم آجلاً غادر جميعُ من حضر ذلك الاجتماعَ جماعةَ الإخوان المسلمين. وأحد هؤلاء، محمد عادل، شارك بعد بضعة أشهرٍ في تأسيس واحدةٍ من أبرز الحركات السياسية في تاريخ مصر الحديث: حركة شباب 6 أبريل التي سُميت كذلك تيمّناً بذلك التاريخ من عام 2008 عندما دخل العمال في المدينة الصناعية بالمحلة الكبرى في دلتا النيل في إضرابٍ عن العمل.[11]

جذبتِ الدعوة إلى الإضراب العام نقاباتٍ واتحاداتٍ مهنيةً، وأحزاباً سياسيةً، وشخصياتٍ بارزةً، لكنها لم تجتذب جماعة الإخوان المسلمين التي رفضتِ الدعوة للمشاركة قائلةً إنها «لا تعرف من يقف وراءها» ونهت أعضاءها عن التفاعل مع دعواتٍ كهذه.[12] أما أنا بصفتي مدوناً وناشطاً فقد أيدتُ علناً الدعواتِ للإضراب، وحاولتُ نشر الدعوة داخل دوائر الإخوان، وعقدتُ ومجموعةً من زملائي في الجامعة اجتماعاً مع قياديٍّ في قسم الطلاب في جماعة الإخوان في المنصورة استَشهد فيه باقتباساتٍ عن حسن البنا ترفض فكرة الثورة، وقال إن الإخوان لا يستطيعون تبرير الدعوات للإضراب العام أخلاقياً، وقال: «إذا كنا سنؤيد إضراباً في مصر، فكيف سنرد على دعواتٍ مماثلةٍ ضد حماس في غزة؟ يجب أن نعلّم الناس التحلي بالصبر وعدمَ التمرد عند كل ضائقةٍ اقتصاديةٍ.» في تلك اللحظة اتضح لي أن جماعة الإخوان المسلمين كانت من حيث تركيبها تنظيماً معادياً للثورة.

كانت هذه الأفكار موضع نقاشٍ بين مجموعاتٍ من النشطاء والباحثين، وعندئذٍ التقيتُ بالمؤلفة المشاركة نهى خالد لأول مرةٍ. قابلتُ نهى عام 2009 على هامش مبادرةٍ أَطلقَها طلابٌ جامعيون ينظمون محاضراتٍ شهريةً عنِ التاريخ والسياسة والدين، واستمرّ عملُنا في التقاطع بعد ذلك. شاركتْ نهى خلال سنوات دراستها الجامعية في الأنشطة الطلابية المكرسة للسياسة، وبعد اندلاع ثورة عام 2011 انضمتْ إلى الحملة الرئاسية لعبد المنعم أبو الفتوح في عام 2012، ثم امتد عملها إلى التعليم والإعلام والنشر والبحث الأكاديمي، وبعد حصولها على درجة

الماجستير من جامعة دورهام تخصصتْ في علم الاجتماع السياسي والتاريخي للشرق الأوسط.

تناول عمل نهى الدورَ المحوري للدين في التنظيم الاجتماعي والسياسي وأثرَ هذا الدور في مؤسسات الدولة الحديثة في المنطقة، لا سيما مصر وتركيا وإيران. لقد ساعدتنا خبرتها في صياغة إطارٍ سوسيولوجيٍّ لهذا البحث، وذلك أنها وَضَعتِ الإخوانَ في السياق الأكبر للسياسة والمجتمع المصري، وسلطتِ الضوءَ على المعضلات التي تؤثر في الدولة والإخوان المسلمين في آن معاً، معضلاتٍ عادةً ما يجري تجاهلُها في الدراسات قصيرة المدى والموجهة نحو السياسات.

تركتُ جماعة الإخوان المسلمين فعليًا في عام 2010. وقد شهدتُ الأحداثَ في السنواتِ التي تلت ذلك، من ثورةَ 2011 التي أطاحت بمبارك، إلى رئاسة مرسي غير الموفقة قصيرة الأمد، وصولاً لعودة القوى الاستبدادية السيطرةَ على الدولة المصرية على يد عبدالفتاح السيسي، وقتل نحو تسعمائةٍ من أنصار الإخوان في مذبحة رابعة في 14 آب / أغسطس 2013.

غادرتُ مصر بعد يومٍ واحدٍ من الانقلاب العسكري في تموز / يوليو 2013، ولم أتمكن من العودة منذ ذلك الحين، وانتهى بي المطاف في تركيا حيث عملتُ مع منظماتٍ إنسانيةٍ لدعم اللاجئين السوريين، ثم عملتُ صحفياً، وركزتُ على مسائل تتعلق بالإخوان المسلمين وإرساء الديمقراطية في مصر، والتقيتُ في اسطنبول عام 2016 بالمؤلف المشارك عمرو عفيفي الذي كان يكتب حينها عن تصوراتِ وآراءِ مختلف الفئات الاجتماعية والسياسية في مصر حول عنف الدولة، وبعد نيله البكالوريوس، تقاطع جلُّ عمله وأبحاثه مع مواضيعَ قريبةٍ من العنف السياسي وتداعياته، أما في البنك الدولي، فقد عمل عمرو على دراسة الدول الهشة ودول الصراع، مركّزاً على تحسين بيئة الأعمال في أعقاب الصراع.

وقد تزامن هذا العمل مع مشاركة عمرو في «مبادرة الحرية»، وهي منظمةٌ مكرسةٌ لإجراء البحوث والدفاع عن السجناء السياسيين في مصر، فتَواصل حينها مع معتقلين حاليين وسابقين وذويهم. ونظراً للاعتقالات

الواسعة لأعضاء جماعة الإخوان المسلمين، راح عمرو يتفاعل مع عددٍ كبيرٍ من الأعضاء الحاليين والسابقين. وبالإضافة إلى دراسة حقوق الإنسان، تتناول أطروحةُ عمرو العواقبَ السياسيةَ للصدمة والإيذاء بين المواطنين في دول الربيع العربي، وقد مثّل بحثُه نقطةَ انطلاقٍ ممتازةً لهذا المشروع لأنه ركّز فيه على التجارب الشخصية للأعضاء الذين قاسوا كثيراً من ضروب وحوادث الإيذاء.

واليوم غدا قادةُ وأعضاءُ جماعة الإخوان المسلمين المصرية مشتتين، لا سيما في تركيا (حيث يوجد ما لا يقل عن 15000 من هؤلاء)، وكذلك في دول الخليج والسودان وأماكن أخرى، فالتنظيمُ اليومَ أكثرُ تفتتاً وتيهاً مما كان عليه في أي وقتٍ مضى من تاريخه الذي يمتد لأربعةٍ وتسعين عاماً، تعرّض على امتدادها لقمع الدولة وبطشها. أحاولُ مع نهى وعمرو أن نبيّن في هذا الكتاب كيف وصلت أكثرُ التنظيمات الإسلامية تأثيراً في العالم الحديث إلى هذه النقطة من الأزمة الوجودية، وإلى أين يمكن أن يتجه التنظيم بعد ذلك.

يُفيد تاريخنا الشخصي بالضرورة هذا التحليلَ ويثريه، ويُظهر كيف أن التصدعات التي تكاد أن تمزق الجماعةَ اليوم قد ظهرت قبل ذلك بوقتٍ طويلٍ وما إذا كانت عودة الاستبداد في العقد الأخير مدمرةً لجماعة الإخوان المسلمين بالكلية. لقد نشأ جيلنا وكلُّه إيمانٌ برؤية الإخوان المسلمين، لكنه اكتشف واقعاً بعيداً كل البعد عن توقعاته المثالية.

في السنوات التي سبقت 2011 ناقش المثقفون المصريون بحماسٍ الدراساتِ التي توقعتْ أفولَ «الإسلام السياسي.» كما تصورتْ مجموعةٌ متنوعةٌ من الباحثين، بمن فيهم آصف بيات، وجيل كيبيل، وأوليفييه روي، عالمَ ما بعد الإسلاموية يتخلى فيه الإسلاميون عن المثالية لصالح البراغماتية، ويهجرون تنظيماتِهم للانضمام إلى «اللاحركات».[13] وفقاً لهذا المنظور كان الإسلاميون يتراجعون من المجال العام للتركيز على التدين الشخصي، أو أنهم ببساطةٍ قد فقدوا كل أهميةٍ أو تأثير. لكن بعد أقلَّ من عقدٍ من نشر هؤلاء الباحثين لأفكارهم، أصبح الإسلاميون بشتى أطيافهم لاعبين رئيسين حصلوا على أصواتِ عشراتِ الملايين من الناخبين، ولهم تأثيرٌ هائلٌ في السياسة المعاصرة في كثيرٍ من البلدان العربية. يوضح

هذا الكتاب أن التشكيلاتِ الاجتماعيةَ والسياسيةَ الإسلاميةَ ليست حيةً تُرزق وحسبُ، بل لعلّها ما تزال أيضاً قادرةً على التأثير في حاضر المنطقة ومستقبلها.

ومن ناحيةٍ أخرى يمكن القول إن جماعة الإخوان المسلمين هي التنظيم الوحيد الذي استطاع الحفاظ على قاعدة أنصارٍ تعود إلى حقبة النظام الملكي في مصر، فقد ذوتْ معظمُ الجماعات السياسية الفاعلة الأخرى وخَفُتَ بريقها، حتى تلك التي مثّلت التحرر الوطني، أو صاغت أو أيدت دستور عام 1923، أو قاتلتْ ضد المستعمر البريطاني، لأنها لم تستطعِ الاحتفاظ بأعضائها أو مناصريها، ومن بين هؤلاء الفاعلين حزب الوفد (وهو حزبٌ قوميٌ ليبراليٌ أُسست نسخته الأولى عام 1918) الذي أفل نجمه في السياسة والخطاب العام اليوم، لا لأنه فشل في مفاوضاته مع الاحتلال البريطاني (1882-1956) وحسب، بل لأنه أيضاً مثّل طبقةً اجتماعيةً وسياسيةً حيّدها انقلابُ عام 1952 وسياساته اللاحقة. جاء الإخوان المسلمون ليمثلوا تطلعاتِ طبقةٍ لا تجد من يتحدث باسمها في الدولة ولا الفاعلين الآخرين في السياسة المصرية. إذ يمثل الخطاب الديني للتنظيم ونطاقه التنظيمي وعْداً بالمواطنة في سياق الخطاب الديني السائد، وبرنامجاً لتوفير منافع عامة تدعم هذه الوعود. كما أدتِ البيئة السياسية القمعية، لا سيما منذ تأسيس الجمهورية عام 1952، وغيابُ حياةٍ برلمانيةٍ ونقابيةٍ حرةٍ ونزيهةٍ، إلى جعل جماعة الإخوان أكثر تمثيلاً للشعب المصري من الدولة أو أي جماعةٍ أو حزبٍ آخر، ولم يجارها في ذلك أيٌّ لاعبٍ أو جماعةٍ سياسيةٍ أخرى، سواءً حاليةً أو سابقةً: لا الجيش، ولا أنور السادات، ولا حزب مبارك الوطني الديمقراطي المنحل الآن، ولا أيٌّ من الأحزاب السياسية التي أنشأها عبد الفتاح السيسي (كحزب مستقبل وطن أو حزب مصر أكتوبر الذي أُسس حديثاً). ورغم أن جماعة الإخوان المسلمين قد اهتزت وأمست قيادتها في المنفى، من السابق لأوانه أن ننعيَ الجماعة أو نعلن فقدانها أهميتها في مصر، على الأقل حتى تظهر آليةٌ أو حزبٌ آخر يشابه الجماعة في تمثيلها.

يسلّط هذا الكتاب الضوء على كيفية مواجهة جماعة الإخوان المسلمين، بصفتها تنظيماً وحركةً اجتماعيةً وسياسيةً، أسوأَ حملة قمعٍ في تاريخها،

وكيف أن ديناميات‌ها الداخلية ترسم مستقبل الحركة، كما سنحاول في هذا الكتاب تفصيلَ وفهْمَ القدرة الكبيرة لدى الجماعة على التكيف لكي نوضح لماذا من السابق لأوانه أن ننعيَ حركةً يقبع أكثرُ أعضائها نشاطاً خلف القضبان أو يعيشون في المنفى الذي لا يرحم.

الجزء الأول

مقدمةٌ عن جماعة الإخوان المسلمين

في 17 حزيران / يونيو 2019 تُوفي محمد مرسي أولُ رئيسٍ مصريٍّ منتخبٍ ديمقراطياً والعضو في جماعة الإخوان المسلمين في إحدى محاكم القاهرة. فبعد سنواتٍ من العزلة شبه التامة والإهمال الطبي، رقد مرسي في قاعة المحكمة لبعض الوقت قبل أن يأمر رئيسُ المحكمة محمد شيرين فهمي بإحضار سيارة إسعافٍ.[1] بعد ذلك بأقل من ثلاثة أعوام في 29 تموز / يوليو 2022، قال إبراهيم منير المرشدُ العامُّ المؤقتُ للإخوان لرويترز إن الإخوان المسلمين لن ينافسوا على أي مناصبَ سياسيةٍ في مصر.[2]

كانتِ السنتان اللتان أعقبتا وفاة مرسي مهمتين للغاية، فقد تضاءل دعمُ الإخوان على الصعيدين المحلي والدولي. وبرحيل مرسي، راحتِ الدول التي استضافتِ الإخوانَ لسنواتٍ تحثّ الخطى (التي ربما كانت حتميةً) للتودد من الحكومة المصرية وتدير ظهرها للتنظيم، فاستعادت كلٌّ من تركيا وقطر العلاقاتِ مع مصر إلى حدٍّ ما، وطلبتا من أعضاء وقيادات الإخوان مغادرة أراضيهما.

واليوم نرى كيف يُدفع تنظيمٌ تكيَّف بنجاحٍ مع عقودٍ من القمع إلى أقصى حدود قدرته على التكيف، وربما إلى التساؤل حول حدود جدواه.

في مقابلةٍ أجريناها مع منير قبيل وفاته في تشرين الثاني / نوفمبر 2022، سألناه عن تَصور التنظيم لمساره السياسي وسط الديناميات الإقليمية والعالمية المتغيرة، فردّ مقتبساً من آياتٍ من القرآن يوحي فيها اللهُ لأم موسى «فَألقِيهِ في اليمّ وَلَا تخافي وَلَا تحزني.»[3] ففهمنا أن منير يقصد أن على حركته أن تفعل ما تراه صواباً بالتمسك بمعتقداتها الأيديولوجية والدينية ومعارضتها السلمية للحكومة وألا تقلق بشأن النتائج. من الصعب الجزمُ بمدى جدية منير في تسليمه للقدر، أو ما إذا كان كلامه تكلفاً، غير أن ما هو واضحٌ أن جماعة الإخوان المسلمين تقف اليوم على مفترق طرقٍ أكثر تعقيداً بعد سنواتٍ من إجبارها على أن تصبح تنظيماً عابراً للحدود بسبب طرد قيادتها من مصر، كما أن استراتيجياتها القديمة في إدارة علاقتها مع الدولة المصرية والحفاظ على وجودٍ شبه

سريٍّ في مصر لم تعد تجدي كثيرَ نفعٍ. وللتغلب على هذه الأزمة الجديدة، يُجبَر الإخوان المسلمون على إعادة التفكير في استراتيجياتهم، وهو أمرٌ لا بد منه في ظل غياب الغالبية العظمى من أرفع كوادرها الذين أمسَوا في المنفى أو في عداد الموتى أو وراء القضبان.

لقد أُسيءَ فهمُ جماعة الإخوان المسلمين على أنها تنظيمٌ سياسيٌّ أو أيديولوجيٌّ أو حتى عسكريٌّ، لكننا نرى، بناءً على قراءتنا لتاريخ الإخوان المسلمين على مدار العقد الماضي، بأن الفهمَ الصحيحَ للتنظيم هو أنه تنظيمٌ اجتماعيٌّ نخبويٌّ ذو عددٍ صغيرٍ من الأعضاء، لكنهم شديدو الولاء والالتزام، كما نرى بأن الجماعة نفسُها أساءت فهمَ طبيعة نفسها، وأخطأتْ بظنها أن في بيئةٍ سياسيةٍ تنافسية مفتوحةٍ ستتجلى كتنظيمٍ أيديولوجي قادرٍ على حشد الجماهير. بل على العكس من ذلك، كشفتْ سلسلة الأحداث بدءاً من ثورة يناير 2011 وصولاً إلى الانقسامات الإدارية الداخلية التي ضربتِ الجماعةَ في المنفى عام 2022 أن الجماعة ما هي سوى تنظيمٍ من كوادرَ نخبويةٍ مرتبطةٍ بوسطها الاجتماعي أكثر من ارتباطها بمشروعٍ سياسيٍّ أو أيديولوجيٍّ.

من نواحٍ كثيرةٍ تُعد دراسة جماعة الإخوان المسلمين بمثابة دراسةٍ لكيفية تأثير الأنظمة الاستبدادية على الحركات الاجتماعية، وكيف تنجو هذه الحركات من موجاتٍ مختلفةٍ من القمع، ونكشف من خلالها كيف أن ندوب هذا القمع وآلياتِ البقاء التي تُطورها هذه الحركاتُ تؤثر في عملياتها اليومية بصفتها تنظيماتٍ. لقد خلقتْ حملات القمع التي شنتها الحكومةُ المصريةُ عام 2013 وما تلاها من نفيٍ لأعضاء الجماعة موجةً جديدةً من التحديات التي أتاحت لنا فرصةً لإلقاء نظرةٍ أعمقَ على جماعة الإخوان المسلمين.

ندرس في هذا الكتاب التغيراتِ التي مرّت بها جماعة الإخوان المسلمين بين عامي 2013 و2022 بغية فهم ما إذا كان التنظيم قد تغير وكيف تغير في هذه الفترة. وفي سبيل ذلك اعتمدنا على مقابلاتٍ مع خبراءَ وأعضاءَ كبارٍ وصغارٍ وسابقين في التنظيم، فضلاً عنِ المذكرات والمقابلات المكتوبة والمسجلة، والوثائق التنظيمية، والمؤلفات السابقة الرئيسة والثانوية.

عموماً نرى أن التنظيم يعاني من ثلاث أزماتٍ وتحدياتٍ رئيسةٍ تفاقمت بسبب حملة القمع في عام 2013 وإن لم تحدث بالضرورة نتيجةً لها، وهي: أزمةُ هويةٍ، وأزمةُ شرعيةٍ، وأزمةُ عضويةٍ. إن الخطوط الفاصلة بين هذه الأزمات مليئةٌ بالثغرات، لكننا نرى أنها تلخص أكثرَ التحديات إلحاحاً من بين ما يواجه التنظيمَ حالياً من تحدياتٍ. على مر التاريخ اعتمدتْ جماعة الإخوان على مركزية مكتب القاهرة ومجموعةٍ من القادة - والشرعية التي حظيوا بها- للقضاء على الأزمات في مهدها، أما بعد اعتقال كبار قادتها وأكثر أعضائها نشاطاً، وانفصالها عن جذورها العضوية، والطبيعة المتغيرة للتهديدات الأمنية التي تواجهها الآن، فإن الأدواتِ التي طورتها الجماعة للحفاظ على سلامتها (أو حتى توسيع نفسها) تساهم الآن في انهيارها.

يحوي الجزء الأول من هذا الكتاب مقدمةً عن الإخوان وتاريخهم، بينما يقع جوهر تحليلاتنا وحججنا حول التنظيم ما بعد عام 2013 في الجزء الثاني الذي يضم ثلاثة فصولٍ نتناول فيها أزماتِ الإخوان الرئيسةَ الثلاث.

يناقش الفصلُ الأولُ أزمةَ الهوية التي تعيشها جماعة الإخوان المسلمين، ويسلط الضوءَ على التطور التاريخي للتنظيم وتحوُّله في ظل موجاتٍ مختلفةٍ من القمع والسياقات السياسية المتغيرة. يدرس الفصلُ المنعطفاتِ الحاسمةَ التي استجاب فيها الإخوان للتغييرات الاجتماعية والسياسية بدءاً من تأسيس التنظيم على يد حسن البنا عام 1928. راحتِ الجماعة تحتفي بالناجين من بطش جمال عبد الناصر (رئيس مصر بين عامي 1956-1970) بمنحهم الترقياتِ التنظيمية، والإذعانِ لفكرهم، أما في مطلع عهد أنور السادات (رئيس مصر بين عامي 1970-1981)، فكان الجو السياسي في مصر أكثر انفتاحاً نسبياً. في الوقت نفسه ازداد عددُ السكان زيادةً كبيرةً وتضاعفتْ أعداد المتعلمين. وحينئذٍ تحولتْ جماعة الإخوان المسلمين إلى تنظيمٍ اجتماعيٍّ كبيرٍ لا يقل في أهميته للاستقرار عن أهمية الدولة، لكن دون أن يُسمح له بالتنافس في السياسة رسمياً. وفي العقود الثلاثة من حكم حسني مبارك (1981-2011)، تعامل الإخوان مع جمهورٍ استوعب، ولأول مرةٍ، كثيراً من خطاب الجماعة وإن لم ينتسب لها. ولمّا اشتد القمع ضد الجماعة، ارتأى قادتها حماية

التنظيم الاجتماعي الذي بنَوه بدلاً من السعي وراء طموحاتٍ سياسيةٍ قد تُكلفهم الكثيرَ، فحققتِ الجماعةُ في النهاية كلَّ أهدافها غير السياسية، وأصبحت قصةَ نجاحٍ اجتماعيٍّ، غير أن تلك النجاحات لم تكن كافيةً لوضع الجماعة في موقعٍ عمليٍّ وقابلٍ للاستمرار في مشهدِ ما بعد عام 2011.

يناقش الفصل الثاني أزمة الشرعية التي تُواجه جماعةَ الإخوان من خلال تقديم رواياتٍ عن حملة القمع عام 2013 وكيف تَعامل الإخوانُ مع الفراغ الذي حلَّ بقيادة التنظيم. بناءً على عدة مقابلاتٍ مع قادة حاليين وسابقين وأعضاء في جماعة الإخوان المسلمين، يحلل الفصلُ الصراعاتِ على السلطة داخل الحركة، وكيف حاولتِ الإجابةَ عن مسائلَ من قبيل العنف، ووجودها الدولي، والانقسامات الداخلية حول السلطة والموارد. كما يشرح الفصلُ وجهاتِ النظر المختلفةَ للأجنحة المتنافسة داخل قيادة الإخوان، وكيف تمكَّن أحدُها من الهيمنة على الجماعة من خلال مجموعةٍ معقدةٍ من التحركات الأيديولوجية والمالية والتنظيمية.

أما الفصل الثالث فيناقش أزمةَ العضوية التي تواجه جماعة الإخوان بفعل المغادرة الجماعية للأعضاء النشطين لصفوفها، ونعتمد فيه على مقابلاتٍ أجريناها مع أعضاء حاليين وسابقين في الجماعة، استفسرنا فيها عن التجربة الشخصية لكون المرء أخاً أو أختاً في الجماعة في أعقاب مذبحة رابعة في آب / أغسطس 2013، بما في ذلك تجارب من باتوا في المنفى في أعقاب تلك المذبحة. إن لأزمة العضوية هذه وجهان رئيسان: أولاً، التنظيم اليومَ غيرُ قادرٍ على دعم جيلٍ من الأعضاء بنفس القدر الذي دعم فيه الأجيال السابقة؛ وثانياً، يمرّ الأعضاء أنفسهم بسلسلة أزماتٍ متداخلةٍ ومستمرةٍ يفرضها كلٌّ من تنظيم الإخوان ونظام السيسي.

تُعد أزمةُ العضوية من نواحٍ كثيرةٍ نتاجَ أزمتَي الهوية والشرعية، فقد غادر الناس التنظيم لأسبابٍ متنوعةٍ، ويبرر بعضُ هؤلاء مغادرتَهمُ الجماعةَ بأنها «لم تعُد إخوانية بما فيه الكفاية،» في حين فقد آخرون الثقة في القيادة، وغادر البعض الآخر لأنهم أيديولوجيون أكثر من الجماعة، وآخرون لأنهم وجدوا جماعةَ الإخوان أيديولوجيةً أكثر من اللازم. وجدنا في المقابلات التي أجريناها أن التحدياتِ الهيكليةَ الأكبرَ التي واجهتها جماعةُ الإخوان المسلمين قد أثّرتْ أيضاً على عامة الأعضاء، فعندما توجب على التنظيم

التعامل مع الفراغ الذي أصاب القيادةَ، افتقر الأعضاء إلى استراتيجياتٍ شاملةٍ لمقاومة الحكومة، وعندما تعين عليه التعاملُ مع مسألة تبنّي العنف أو نبذِه، انقسم أعضاؤه على جانبَي جدلٍ اندلع بسبب ما ألمَّ بهم من حسرةٍ وصدمةٍ في أعقاب مذبحة رابعة، ولمّا حاول استمالةَ أجنحة مختلفةٍ أو حتى إرغامِها على التزام صف الجماعة، فقدَ الأعضاءُ الثقةَ في أن القادة حريصون بالفعل على مصالح الجماعة وأعضائها.

تمهيدٌ لدراسة الإخوان

إن هذا الكتاب ليس بصدد إعادة النظر أو التشكيك في كل ما نعرفه عن الإخوان المسلمين، غيرَ أن المداخلة التي يطرحها تنبع من تحليلٍ نقديٍّ لبعض الطرق التي نُوقشت ودُرست بها الجماعة، لا سيما في أعقاب «الحرب على الإرهاب». يبدأ كثيرٌ من الباحثين تحليلَهم من لحظة تأسيس جماعة الإخوان المسلمين في آذار / مارس 1928 على يد حسن البنا، وهو مدرسٌ ملهمٌ ذو كاريزما طاغيةٍ كان حينها في الثانية والعشرين من عمره في مدينة الإسماعيلية الواقعة على قناة السويس. كما يميل الباحثون إلى إرجاع أساس الحركة إلى ما قبل سقوط الإمبراطورية العثمانية (أو الخلافة) بأربع سنواتٍ. عادةً ما تُصعِّب هذه السردية على الكثيرين، بمن فيهم القراء المحنكون للتاريخ المصري، فهمَ الجذور الفكرية والتاريخية للإخوان المسلمين.

بقصدٍ أو بغير قصدٍ، تفْصِل هذه السرديةُ الشائعةُ جماعةَ الإخوان المسلمين - بوصفها منظمةً دينيةً أو اجتماعيةً أو حتى عسكريةً – عن السياقات السياسية والاجتماعية والاقتصادية التي كانت قائمةً عند نشأتها، وبذا لا تفتقر هذه السردية إلى الدقة فحسب، بل تؤثر أيضاً سلباً على جودة الأبحاث المتعلقة بأفعال الحركة وقراراتها في الوقت الراهن. ولكي نفهم اللحظة التأسيسية لجماعة الإخوان المسلمين فهماً صحيحاً، تلك الجماعة التي تُعد واحدةً من أكثر المدارس الفكرية تأثيراً في العالم، علينا أن نحاول فهم الخطابات الدينية والسياسية في العشرينات والعقود السابقة عليها فضلاً عنِ القضايا الكبرى في ذلك الوقت، أي تلك المتعلقة

بالاستعمار البريطاني والاستقلال الوطني.

لا بدّ من التنويه أن جماعة الإخوان المسلمين تُحركها دوافعُ متنافسةٌ، فبينما يقدّم بعض الأعضاء المصالحَ الشخصية على ما سواها، يتخذ آخرون من الالتزاماتِ الدينيةِ أساساً لأفعالهم ونزعاتهم، فأن تكون عضواً في جماعة الإخوان في مصر في ظلّ الحكومات القمعية المتعاقبة يعني أن تجعل نفسك عرضةً لانعدام الأمن الوظيفي (حيث يتدخل أمنُ الدولة لفصلك من العمل أو إيقاف ترقياتك)، والمراقبة والاعتقال والتعذيب والموت. ينتسب الناس للحركة ويُخلِصون لها لعدة أسبابٍ منها إيمانهمُ الراسخُ بدور الإسلام في المجال العام، فيكرس كثيرٌ من الأعضاء حياتَهم لخدمة مجتمعاتهم، ولا يمكن نسب أفعالهم إلى الإدراك الضيق للمصلحة الشخصية كما هي الحال في نظرية الاختيار العقلاني. ولا يمكن تفسير هذه الأفعال على أنها إيثاريةٌ تماماً تبتغي وجهَ الله والآخرة بلا نظرة للنوازع الشخصية. يؤثّر الدين في تجارب الأعضاء مثلما يؤثر فيها السياقُ السياسي الأوسع، لكنهما وحدهما لا يقرران خياراتهم، فكم من فرصةٍ تعليميةٍ ومهنيةٍ ضحّى بها الأعضاء من أجل التنظيم.

بالإضافة إلى ذلك، يتطلب فهمُ الإخوان المسلمين فهماً عميقاً لطبيعة الإسلام كدين، وتحقيقاً لهذه الغاية، من المهم تفصيلُ كثيرٍ من المصطلحات المرتبطة بهذه الدراسة. في هذا الكتاب نستخدم مصطلحَي «الإسلاميون» و «الإسلاموية» فقط عندما لا يتوفر بديلٌ أفضلُ من بين المفردات الممكنة. هذه المصطلحات غيرُ دقيقةٍ عموماً، كما أنها ليست مفيدةً تماماً وإن أشار بعض الناس إلى أنفسهم بهذه المسميات. غالباً ما تُستخدم هذه المصطلحات كنقيضٍ للجماعات والأحزاب العلمانية (أي القوى والحركات الإسلامية مقابل القوى والحركات المدنية)، وتنتمي إلى سياقٍ سياسيٍّ وأمنيٍّ يوضح الكيفية التي قد تنظر بها الدولة إلى هؤلاء الفاعلين.

في مصر وَصفتْ تشكيلةٌ متنوعةٌ من الحركات الإسلامية نفسَها بأنها إسلاميةٌ بحلول السبعينات، من الجماعات السلفية، والإخوان، إلى الجماعة الإسلامية التي ركزت على النشاط المسلح، غير أن مصطلح «إسلاموي» عادةً ما كان يُستخدم كنعتٍ سلبيٍّ من قبل الأجانب لتمييز

الإسلاميين عن ذوي التوجه العلماني على وجه الخصوص. وبحلول ثورة 2011 لم يبق للتسمية أيُّ معنىً تقريباً، ونادراً ما كانتِ الحركاتُ تستخدمها لوصف نفسها بعد أن تخلتِ الدولة المصرية عن كثيرٍ من علمانيتها، وبعد أن استقى الدستورُ من المراجع الإسلامية، وبعد أن عانتِ الأقليةُ المسيحية في مصر من التمييز على أيدي السلطات العلمانية والجماعات الدينية على حدٍّ سواء. نشير أحياناً في هذا الكتاب إلى الحركات الدينية الإسلامية كقطاعٍ، لكننا نهدف إلى توخي الدقة في تحديد الحركات والمكونات التي نشير إليها.

ينظر كثيرٌ من الباحثين ممن يركزون على السياسات ويتناولون مسألة الإسلاميين أو الحركات الإسلامية في أوروبا والولايات المتحدة إلى الإسلام كعاملٍ مستقلٍ من عوامل التطرف، ويرَون أنه كلما كانتِ الحركة إسلاميةً أكثر، كان أتباعُها أكثر عنفاً وتعصباً. وقد اكتسب هذا الخطاب زخماً بين محللي السياسة وواضعيها على حدٍّ سواء بعد هجمات 11 أيلول / سبتمبر، وانتشر زعمٌ مفاده أن «الإسلام ليس ديناً، بل حركةٌ سياسيةٌ» على ألسنة أبواق اليمين ومراكز الفكر والمؤسسات البحثية التي راحت تؤثّر في السياسة الأمريكية. ومن أكثر نتائج هذا الرأي عبثيةً هو قرار «حظرُ دخول المسلمين» سيئُ الصيت الذي أصدره دونالد ترامب، والذي منعَ بموجبه السفرَ من العديد من البلدان ذاتِ الأغلبية المسلمة، في حين حابى اللاجئين من غير المسلمين من تلك البلدان.[4] إنّ هذا الفهم للإسلام غيرُ دقيقٍ، ويؤدي إلى نتائجَ عكسيةٍ عند التعامل مع دينٍ يزيد عدد معتنقيه عن 1,8 مليار مسلمٍ حول العالم. وبالتالي فإن دراسة الحركات الإسلامية استناداً إلى هذه الافتراضات لا يُعد نهجاً جاهلاً وتمييزياً وعنصرياً وحسب، بل يفتقر أيضاً إلى الأدوات الأساسية للتعامل مع هذه الظواهر المعقدة.

وغنيٌّ عن القول إن كثيراً من الدراسات حول سلوك الإسلاميين غالباً ما تتناول موضوع الإخوان من خلال طرح أسئلةٍ حول الإسلام نفسه. وعلى حد تعبير الكاتب المصري هشام جعفر: «أدى الهوس بالإسلاموية كظاهرةٍ إلى خلق عقليةٍ أدت بدورها إلى طرح أسئلةٍ حول ’الإسلام والديمقراطية، والإسلام وحقوق الإنسان ... إلخ‘»[5] يعكس التأطير الذي يصفه جعفر

فهماً خاطئاً للعلاقة بين الإسلام والإسلاموية لأنه يفترض أن تفسير الإسلاميين للإسلام هو ما يُعرِّف الإسلام برمته، كما يُغفِل حقيقةَ أن أي حركةٍ دينيةٍ لا تتألف من الدين وحده، بل كذلك من تفسيراته وأتباعه، والسياقات الاجتماعية والاقتصادية والتاريخية التي تحيط بهذه الحركة، فضلاً عن المؤسسات والمنظمات التي تُحوّل الأفكارَ الدينيةَ إلى خطاباتٍ للاستهلاك العام. لقد خلطتْ كثيرٌ من الأبحاث بين البعرة والبعير في عدم تمييزها بين الدين وأتباعه، فلا شيء إسلاميٌّ في جوهره أو طبيعته بالرغم من الخطاب الذي تتبناه التنظيمات، والأهم من ذلك أن الناس ليسوا مدفوعين بالأيديولوجيا فقط دون غيرها لأن هذه الأيديولوجيا في حد ذاتها نتاجُ دينامياتٍ مجتمعيةٍ هي أكبرُ من مجموع أجزائها. في حالة جماعة الإخوان المسلمين، على سبيل المثال، راح كثيرٌ من السياسيين اليمينيين وجماعات الضغط في الولايات المتحدة يدْعون بلا كللٍ إلى تصنيف الحركة منظمةً إرهابيةً. ومن المعروف على نطاقٍ واسعٍ أن معظم هذه الجهود تدعمها وتمولها قوىً إقليميةٌ، لا سيما المملكة العربية السعودية والإمارات العربية المتحدة اللتان تريان تهديداً وجودياً في صعود جماعة الإخوان المسلمين كقوةٍ سياسيةٍ.[6] وكذلك لا يمكن تجاهل أن بعض هذه الجهود تنبع من خوفٍ حقيقيٍّ من فكر الجماعة وأفعالها، غير أن الفهم الصحيح للإسلام كدينٍ يجب أن يحجّم هذه المخاوف، فالإسلام يتألف من معتقداتِ أتباعه والتفسيرات المختلفة لنصوصه، والتناقضات بين المدارس الفكرية الكثيرة التي تسترشد كلها وتستلهم من هذه النصوص.

غير أن المرء ليس بحاجةٍ لأن يكون عالمًا شرعيًا أو فقيهًا كي يستطيع انتقاد جماعة الإخوان المسلمين أو دراستها. فمن ناحيةٍ ثمة عددٌ كبيرٌ من الخبراء غير المسلمين ممن يدرسون الحركة، وممن استرشدنا بدراساتهم وأعمالهم خلال هذا البحث، وقد أنتج بعض هؤلاء أهمَّ الدراسات عن الحركات الإسلامية. أما من الناحية الأخرى، لا يعني كونُ المرء مسلماً أن البحوث التي يكتبها تتسم بالموضوعية أو الجودة التي تسمح بفهمٍ أفضل للحركات الإسلامية، إذ غالباً ما يعتمد الباحثون العرب والمسلمون على نفس العقلية التبسيطية، والقيم المتبناة، والمخاوف السياسية الشائعة في الغرب عند مناقشة الحركات الإسلامية، وهو ما يتجلى في الاستخدام

الواسع لمصطلح «الإسلام السياسي» الذي أصبح مصطلحاً جازماً يُطلق على طيفٍ واسعٍ من الأيديولوجيات والمدارس الفكرية التي لا تشترك في شيءٍ سوى استرشادها بالنصوص الإسلامية الرئيسة. لا يمكن أن يكون هذا المصطلح من صياغة شخصٍ مُطَّلِع على الدين الإسلامي، أو على تاريخ الفكر الإسلامي، أو المفاهيم التي تُلهم أيديولوجيات الحركات الإسلامية ونصوصها. وصحيحٌ أننا استخدمنا مصطلح «الإسلام السياسي» في مواضعَ قليلةٍ جداً من هذا الكتاب لعدم وجود مصطلحٍ أفضلَ، غير أننا ندرك أنه لا يتمتع بقوةٍ تفسيريةٍ بحد ذاته، وقد يضلل تحليلَ الرصينين من الباحثين وصانعي السياسات. كما يمكن القول إن استخدام مصطلح «الإسلاموية» قد أصبح بمثابة إشارةٍ على موقف المؤلف من جماعةٍ ما أكثرَ من كونه وصفاً دقيقاً له دلالةٌ محددةٌ. تُظهر دراستُنا الطرقَ الكثيرةَ التي تحولتْ وتغيرتْ بها جماعة الإخوان المسلمين على مدى عقدٍ من الزمن ثبتت خلاله على تدينها (أو «إسلامويتها»)، ما يوضح أن التوجه الإسلامي في حد ذاته لا يقدم أي قوةٍ تفسيريةٍ لمسارات التنظيم وخياراته.

علاوةً على ذلك، غالباً ما ركزتِ الدراساتُ السابقةُ على الجزء «الإسلامي» من جماعة الإخوان المسلمين وما يعنيه ذلك بالنسبة لسياساتها، ولذا نركز في هذا الكتاب على جانب «الأخوّة» في الجماعة، فالتفاعل بين الأعضاء وقادتهم، والإحساس بالأخوة بين عامة الأعضاء، وشعور أنصارها بأنهم جزءٌ من عائلةٍ كبيرةٍ تمدّهم بالأمن والدعم هي أكثر أهميةً لتحليلنا من عنصر الدين نفسه. يؤدي أخذ هذه المعلومة بالاعتبار إلى فهمٍ أفضل للديناميات الداخلية وعمليات صنع القرار داخل الجماعة، كما أن دراسة نشأة جماعة الإخوان المسلمين وتطورها، مع مراعاة هذه العوامل والمخاوف، يمكن أن تزودنا بفكرةٍ أوضح عما تمثله الجماعة من معتقداتٍ وأهدافٍ، وتُمكننا من إلقاء نظرةٍ ثاقبةٍ على التجارب الشخصية لأعضائها.

تشوب الثغراتُ، وفي بعض الأحيان التشويه الأيديولوجي، الدراساتِ والبحوثَ المتعلقةَ بالإخوان المسلمين. أجادتِ الأبحاث الأكاديمية تغطيةَ بعض الفترات الرئيسة للإخوان رغم افتقارها إلى الدراسات الكافية عن تفاعل الجماعة مع سياقها وأعضائها، فقدرٌ كبيرٌ من الأبحاث المعاصرة حول جماعة الإخوان المسلمين تُجريها مراكزُ فكرٍ، ومعاهدُ أبحاثٍ مدعومةٌ

من الحكومات، ويفتقر كثيرٌ من هذه الدراسات إلى الدقة، وغالباً ما تتخذ شكلَ حُججٍ وتوصياتٍ ضد الجماعة بدلاً من محاولة فهمها فهماً صحيحاً. كما استَخدمتِ الأعمالُ الأخرى التي تمولها وترعاها الكيانات الحكومية عادةً أدواتٍ مفرطةً في التبسيط لتحليل جماعة الإخوان بمصطلحاتٍ ثنائيةٍ فيما يخص موقف الجماعة من العنف والديمقراطية وحقوق المرأة والجهاد وغيرها من المسائل المثيرة للجدل. وَجدتْ إحدى الدراسات السابقة أن تجربة الإخوان المعقدةَ راحت تُختزل في برامج «مكافحة التطرف العنيف،» وهي برامج لم تلق قبولاً لدى الباحثين، ويجري التخلص منها من قبل الوكالات الحكومية التي وضعتها في الأصل. يكدّس كتّاب هذه الدراسات «البياناتِ» في شكل مقابلاتٍ أو لقطات لمنشوراتٍ في موقع فيسبوك، ثم يحللون هذه الأدوات بعيونِ وأدواتِ محللي الأمن والمخاطر، ويشمل ذلك مؤلفاتِ إريك تراجر، وصمويل تادروس، ولورينزو فيدينو، ومختار عوض، وإد حسين، وماجد نواز، وجيل كيبيل.[7] لا يفتقر عمل هؤلاء في كثيرٍ من الأحيان إلى العمق والبصيرة فحسب، بل يُستخدم كذلك في دوائر صنع السياسة لشيطنة ملايين الناس والسعي إلى تحقيق نتائجَ معاديةٍ للديمقراطية. لقد بينتِ السنواتُ الاثنتا عشرةَ الماضيةُ كيف أن أفكارَ هؤلاء الكتّاب حوْل جماعة الإخوان المسلمين غيرُ دقيقةٍ في أفضل أحوالها، أو مخطئةٌ للغاية في أسوئها.

أُجريتْ دراساتٌ أكثرُ قيمةً وتبصراً حول جماعة الإخوان المسلمين من قبل باحثين من بينهم ناثان براون، وبيتر ماندافيل، ومارك لينش، وخليل العناني، وإليزابيث نوجنت، وستيفن بروك، وماري فانيتزيل، وإيوانا إيمي ماتيسان، وفيكتور ويلي، ومحمد عفان.[8] يتميز هذا العمل باستكشاف الحركة باعتبارها تقع ضمن سياقٍ اجتماعيٍّ سياسيٍّ أكبر يشكّل ويعيد تشكيل التنظيم وأعضائه على حدٍّ سواء. غالباً ما يتضمن الكتاب انتقاداتٍ لاذعةً لسياسات الإخوان المسلمين وفكْرهم، غير أنه لا يرى في أعضاء الإخوان قنابلَ موقوتةً.

وتجدر الإشارة إلى أننا نعتمد على الدراسات السابقة عن الإخوان التي صدرت باللغة العربية ولم تُترجم بعدُ للأسف، ومن هذه الدراساتِ مؤلفاتٌ رائعةٌ لحسام تمام، وعبد الله النفيسي، وهشام جعفر، وياسر فتحي، وعمار

فايد، ومحمد نعيم، وغيرهم كثيرون.[9]

يستند هذا البحث على إدراكنا أن جماعة الإخوان المسلمين ما تزال مهمةً لفهم وتوقّع تطور السياسة في مصر، ويهدف إلى تقييم الوضع الحالي للتنظيم تحت قيادته الحالية. يتألف معظم هذا الجيل ممن أُطلق سراحهم من السجن أو ظهروا كناشطين في العقود السابقة، وممن لا يزالون مؤثرين في الأجيال الشابة وفي التنظيم، وكذلك الجماعات المنشقة عنه. كما يهدف الكتاب إلى رسم صورةٍ قد تساعد قُرّاءه في تصور كيف سيتصرف جيلٌ جديدٌ من الإخوان المسلمين، ممن تحدث بعضهم معنا خلال هذا البحث، حالَ استلامهم دفةَ قيادة جماعة الإخوان أو أي جماعاتٍ فرعيةٍ تنبثق عنها. ستكون هذه الاستدلالات مفيدةً لا سيما إن راح أيٌّ من هذا الجيل الشاب يمارس نفوذاً سياسياً في المستقبل القريب، أو في حال عاد التنظيم الأم إلى الساحة السياسية (وهو ما قد يبدو غيرَ واردٍ، لكنه ليس مستحيلاً).

لا يقدّم هذا الكتاب تحليلاً تاريخياً للعقود التي سبقت تأسيس جماعة الإخوان المسلمين، ولا يحاول توضيح المفاهيم الخاطئة عن الإسلام، بل إن ما يحاول فعله هو تسليط الضوء على منطق جماعة الإخوان المسلمين، المنطق الذي لم يكن معروفاً منذ زمنٍ طويلٍ إلا لأعضاء الجماعة، لا سيما كبار أعضائها. كما يوفر الكتاب إطاراً تحليلياً وطريقةَ تفكيرٍ يمكننا من خلالها فهمُ الديناميات والتوجهات والنزعات الداخلية للإخوان. يمكن أن يوفر هذا الفهم القائم على تحليلٍ بنيويٍّ وعملٍ إثنوغرافي نقطةَ انطلاقٍ لمزيدٍ من الأبحاث حول جماعة الإخوان المسلمين سواء في مصر أو في أي مكانٍ آخر.

نبذةٌ تاريخيةٌ عن الإخوان المسلمين المصريين

كان حسن البنا في الثالثة عشرة من عمره عندما اندلعتْ ثورة 1919 ضد الاحتلال البريطاني لمصر. وعندما كان طالباً في المدرسة شارك البنا في الإضرابات والاحتجاجات الطلابية وكتب قصائدَ حماسيةً لدعم الثورة

ودعواتها إلى الاستقلال الوطني. درس البنا الإسلامَ وحفظ القرآن في سنٍّ مبكرةٍ جداً، ثم التحق بدار المعلمين، ثم درس اللغة العربية والإسلام في كلية دار العلوم بالقاهرة وتخرج منها عام 1927.

كانتِ الأحزاب والحركات السياسية التي تدعو إلى الاستقلال في مصر تنتمي إلى جميع ألوان الطيف الأيديولوجي، لكن لم يستخدم أيٌّ منها شعاراً إسلامياً لترويج أفكاره. كان ثمة سببٌ رئيسٌ لغياب الشعارات الإسلامية حينئذٍ، فوفقاً للمؤرخ طارق البشري: شاركتْ جميعُ الحركات الشعبية في مصر، بطريقةٍ أو بأخرى، في الخطاب الإسلامي، بما في ذلك الأحزاب الليبرالية مثل حزب الوفد الذي قاد حركة الاستقلال الوطني من مطلع العشرينات حتى أواخر الأربعينات.[10] لم تستنكر معظم هذه الحركات الرئيسة أبداً فكرةَ وجود صلةٍ بالعالم الإسلامي. ولا يعني ذلك أنْ لم تكن ثمة معارضةٌ للسياسات العثمانية في مصر في القرن التاسع عشر بالنظر إلى الطبيعة الإسلامية للإمبراطورية، بل أن معارضة السياسة العثمانية في المنطقة كانت جزءاً من توجهٍ إصلاحيٍّ في جميع أنحاء الإمبراطورية، لا سبيلاً للانفصال عنها. في كتابه المهم «الحركة السياسية في مصر (1945-1953)»، يقتبس البشري ما كتبه محمد شفيق غربال وهو مؤرخٌ مصريٌّ آخر، مؤكداً أن «مهمة محمد علي في أعقاب القرن التاسع عشر في مصر لم يكن هدفها الانفصال عن الخلافة العثمانية، بل 'إحياء القوة العثمانية في ثوبٍ جديد.'»[11]

كانت معارضة العثمانيين في مصر في النصف الثاني من القرن التاسع عشر ضدّ سياسات الدولة، لا ضدّ الدولة كاتحاد أممٍ، ففي وقتٍ لاحقٍ من ثمانينات القرن التاسع عشر دفع تقصير العثمانيين في دعم مصر ضد الاحتلال البريطاني المصريين إلى رفض الظروف التي أدت إلى هذا الاحتلال، ألا وهي الوصاية العثمانية العاجزة، غير أن هذا التقصير لم يؤد إلى رفض فكرة الاتحاد الإسلامي التي مثّلها العثمانيون.[12] من الواضح أن الحركة الوطنية في مصر لم تتمُ بمعزلٍ عن النموذج العثماني، وإنِ انتقدت بشدةٍ الطرقَ التي أدار العثمانيون بها مصر. لم تكنِ الشخصيتان الوطنيتان الرئيستان في مصر في مطلع القرن العشرين، مصطفى كامل باشا ومحمد فريد باشا، تدعوان إلى الاستقلال عن بريطانيا وحسب، بل أيضاً

لتعزيز العلاقات مع الدولة العثمانية والاتحاد العالمي للمسلمين،[13] ولذا لا عجب أن يكون أشهَرُ عملٍ لفريد باشا كتاباً عن تاريخ الخلافة العثمانية زاخراً بالثناء على السلاطين الحاليين والسابقين.[14]

أدت هزيمة العثمانيين في الحرب العالمية الأولى وما تلاها من تفككٍ لإمبراطوريتهم بين عامي 1922 و1924 إلى تأجيج غضب المثقفين والسياسيين وقادة الفكر المصريين، فطالب بعض هؤلاء القادة الشعبَ المصري برفض جميع أنواع الاتفاقيات أو الاتحادات الإقليمية المستوحاة من التقاليد العثمانية، واعتماد معايير الحكم البريطانية والغربية، وحتى أن بعضهم دعا إلى استخدام الحروف اللاتينية في كتابة العربية المصرية، مستوحين ذلك من تبنّي مصطفى كمال أتاتورك الأحرف اللاتينية في عام 1928. كانت هذه الدعوات شائعةً بين الليبراليين في مصر لبعض الوقت، لكنها اكتسبت مزيداً من التأييد بعد انتهاء الحرب العالمية الأولى.

أسس البنا جماعة الإخوان المسلمين في آذار / مارس 1928 في سياق هذا الخطاب، وكانت حركته وسيلةً للرد على إحدى نتائج الحرب العالمية الأولى، لا هزيمة العثمانيين في حد ذاتها، بل هزيمة المثقفين والسياسيين المصريين الذين تبنَّوا الطرق الغربية في التفكير والأيديولوجيات وأسلوب الحياة، وقد كانت هذه الهزيمة واضحةً في خطابهم السياسي قبل عقود.

نشأت جماعة الإخوان المسلمين كحركةٍ دينيةٍ تركّز في المقام الأول على الارتقاء الأخلاقي للمسلمين في مصر، لكن السياسة كانت في ذهن البنا أيضاً. لم تفصحِ الحركة عن مواقفَ سياسيةٍ واضحةٍ حتى الثلاثينات، غيرَ أنها بدأت في وقتٍ مبكرٍ بالانخراط في السياسة عموماً من خلال الدعوة إلى الإصلاح السياسي والاستقلال الوطني دون الانخراط في السياسة الحزبية اليومية.

انتقل البنا إلى العاصمة عام 1932 وأسس المقر الرئيس للإخوان المسلمين في وسط القاهرة، وفي نفس العام أنشأ جماعةَ «الأخوات المسلمات» لنشر الدعوة بين النساء المصريات. وفي وقتٍ لاحقٍ، في أوقات الاضطهاد، أصبح دور قسم الأخوات أكثر أهميةً بعد اعتقال الإخوة،

فأصبحتِ الأخوات جامعاتِ التبرعات والمعيلاتِ والرسلَ بين السجن والعالم الخارجي. غير أن النساء في جماعة الإخوان المسلمين لم يكنَّ ممثلَاتٍ في اللجان التنفيذية العليا أو المجلس التشريعي (مجلس الشورى)، كما أنهنَّ لم يشاركن حتى في آليات صنع القرار المؤسسي. ومن المفارقات أن جماعة الأخوات المسلمات هي قسمٌ أداره مشرفون من الذكور في معظم الفترات منذ إنشائه قبل تسعين عاماً.

ثم ما لبثتِ الحركةُ أن أنشأت قسم الطلاب، وافتتحتْ أولى فروعها الخارجية عام 1933 في جيبوتي، ثم افتتحت فروعاً إقليميةً أخرى في المغرب وتونس وليبيا والسودان وعدة بلدانٍ أخرى.[15] تبنت فروعُ الإخوان هذه هيكلاً وأيديولوجيا وأساليبَ مماثلةً للإخوان المصريين، لكنها ركزت على السياسة المحلية والداخلية. في عام 1933 عقد البنا المؤتمرَ العام الثاني للإخوان المسلمين، وحينئذٍ راحتِ الجماعة تجمع الأموال من الأعضاء لإنشاء مؤسساتٍ اقتصاديةٍ ودار نشرٍ.[16] كانت الحركة تكتسب زخماً بين المصريين، وفي عام 1938 أصدرتِ الحركة مجلة «النذير» الأسبوعية التي أعلن فيها البنا عن «الخطوة الثانية» للإخوان: الانخراط في السياسة الحزبية و»مخاصمة» جميع الأحزاب التي لا تتفق مع سبيل الإخوان في فهم الإسلام.[17] وفي افتتاحية العدد الأول من المجلة أكد البنا أن التحول إلى العمل السياسي المباشر لا يعني أن الجماعة تناقض معتقداتها السابقة، بل أن عملَ الحركة قد وصل إلى مرحلةً جديدةً.[18]

هويةٌ غامضةٌ

في كانون الثاني / يناير 1939 عقد البنا المؤتمر الخامس للإخوان، والذي كان أهمَّ مؤتمرٍ عامٍّ في تاريخ الحركة لأن البنا أعلن فيه عن الإطار السياسي الرئيس للإخوان المسلمين. منذ نشأة الحركة، كان هذا الإطار جذاباً وقوياً، لكنه كان أيضاً مثالياً وتبسيطياً ومتناقضاً شيئاً ما حتى في نظر المخلصين من أتباع الحركة، ومن أمثلة ذلك ما أورده البنا حول استخدام القوة والثورة حين قال إن جماعة الإخوان المسلمين ترى «أن نظام الحكم الدستوري هو أقرب نُظُم الحكم القائمة في العالم كله إلى

الإسلام، وهم لا يعدلون به نظاماً آخر.» كما شدد البنا على أن الإخوان «لا يفكرون بالثورة، ولا يعتمدون عليها، ولا يؤمنون بنفعها ونتائجها.» لكنه في نفس الوقت قال إن الإخوان المسلمين «سيستخدمون القوة العملية حيث لا يجدي غيرها» لتحقيق الأهداف الأساسية للجماعة، وقال إن الإخوان عندما يستخدمون القوة، «سيكونون شرفاءَ صرحاءَ وسينذرون أولاً ... ويحتملون كل نتائج موقفهم هذا بكل رضاء وارتياح.»[19]

كان التفسير الرسمي لجماعة الإخوان لكلام البنا هو أنه كان مُقيَّدًابسياق الاحتلال البريطاني لمصر حينئذٍ، وأن الإخوان لن يستخدموا القوة أبدا ضد مواطنيهم أو الحكومات القائمة. غير أن هذا الغموض في المواقف الأساسية دفع قيادة الإخوان، في لحظاتٍ مختلفةٍ من تاريخ التنظيم - بما في ذلك في أعقاب الانقلاب العسكري عام 2013 - إلى الانقسام حول استخدام القوة ضد النظام، حين راح كل طرفٍ يستشهد بكلام البنا لدعم موقفه.

وفي رسالته إلى المؤتمر الخامس عرّف البنا الإخوان المسلمين على أنهم «دعوةٌ سلفيةٌ، وطريقةٌ سنيةٌ، وحقيقةٌ صوفيةٌ، وهيئةٌ سياسيةٌ، وجماعةٌ رياضيةٌ، ورابطةٌ علميةٌ ثقافيةٌ، وشركةٌ اقتصاديةٌ، وفكرةٌ اجتماعيةٌ.»[20] وبهذا التوصيف متعدد الأوجه للحركة، سعى البنا إلى تصوير جماعة الإخوان على أنها حركةٌ شاملةٌ قادرةٌ على تحقيق أهدافٍ مختلفةٍ من خلال نهجٍ «واحدٍ يناسب الجميع.»[21] وقد سمح ذلك للحركة بكسب دعم الناس من خلفياتٍ اجتماعيةٍ ودينيةٍ مختلفةٍ للغاية، لكن لمّا غاب الزعيم الملهم والأيديولوجيا الواضحة التي من شأنها توحيد الأعضاء، تَعيّن على التنظيم مواجهةُ عدة أزماتٍ وصدماتٍ داخليةٍ حول هويته.

خلال مؤتمر عام 1939 لخص البنا الهدفَ الرئيسَ للإخوان المسلمين في: « تكوين جيلٍ جديدٍ من المؤمنين بتعاليم الإسلام الصحيح يعمل على صبغ الأمة بالصبغة الإسلامية الكاملة في كل مظاهر حياتها.»[22] وفي رسائله اللاحقة، كرر البنا هذا الهدفَ العريضَ، وصاغ سبع مراحل من العمل الشخصي يحقق الإخوةُ من خلالها هذا الهدف: (1) إصلاح النفس ليكون مسلماً صالحاً، (2) تكوين بيتٍ مسلمٍ، (3) إرشاد المجتمع، (4) تحرير الوطن بتخليصه من كل سلطانٍ أجنبيٍّ، (5) إصلاح الحكومة حتى

تكون إسلاميةً بحقٍّ، (6) إعادة الكيان الدولي للأمة الإسلامية (بخلافةٍ أو اتحادٍ مشابهٍ)، (7) والعمل على تحقيق أستاذية العالم بنشر دعوة الإسلام في ربوعه.[23]

في عام 1941 عقد البنا المؤتمرَ العامَّ السادسَ والأخيرَ للإخوان وشدد فيه على إيمان الإخوان بـ «النضال الدستوري» لتحقيق أهداف الحركة.[24] ولمّا كانتِ الحرب العالمية الثانية تستعر، دعا البنا بريطانيا إلى منح مصر والسودان استقلالهما، والتعهد بأن القوات البريطانية ستبقى متمركزةً في مصر خلال الحرب فقط. لم يدعمِ البنا الاحتلالَ البريطاني لمصر في أي لحظةٍ، لكنه كان مدركاً لمقتضيات الصراع العالمي. وبشيءٍ من البساطة، استخدم البنا رسالته أيضاً لدعوة قادة العالم إلى النظر إلى الإسلام كحلٍّ ممكنٍ لخلاص العالم في تلك الأوقات المضطربة. كان جزءٌ كبيرٌ من رسالة البنا مليئاً بالإعلانات السياسية والإحصاءات حول الوضع الاقتصادي والاجتماعي في مصر في مطلع الأربعينات إلى حد أنه قدم حلولاً لمشاكل البلاد، حلولاً كانت، مرةً أخرى، تبسيطيةً وفضفاضةً ومثاليةً.

بنية الإخوان المسلمين

في السنوات اللاحقة أصبحت بنية الحركة أكثر تعقيداً وتنظيماً، إذ غدتِ العضوية في جماعة الإخوان المسلمين عمليةً منظمةً تستغرق سنواتٍ من التنشئة الاجتماعية والروحية والتلقين الأيديولوجي، والأهم من ذلك الارتقاء التنظيمي. وضع البنا خمسة مستوياتٍ من العضوية لأتباعه:[25]

1. المُجنَّد المُحتمل، وهو المتعاطف مع الجماعة أو المُحِب
2. المُجنَّد المُبتدئ وهو المؤيد
3. المستوى التالي من العضوية كان المنتسب
4. المستوى التالي كان المُنتظِم
5. ثم كامل العضوية وهو الأخ العامل

وللانتقال من مستوىً إلى آخر، توجب على العضو أن يخضع لتدريبٍ دينيٍّ

واجتماعيٍّ وتنظيميٍّ صارمٍ، وهي عمليةٌ كانت تستغرق سنواتٍ وتجري تحت إشراف لجنة التربية، أقوى قسمٍ في التنظيم.

يجب أن يشارك كل عضوٍ من أعضاء جماعة الإخوان المسلمين، برفقة أقرانه في المنطقة الجغرافية التي يعيش فيها، في اجتماعٍ تربويٍّ أسبوعيٍّ يسمى لقاء الأسرة، وتتألف كل أسرةٍ من خمسة أفرادٍ أو أكثر ولها مسؤولٌ عادةً ما يكون أعلى مرتبةً من الآخرين. تشكّلُ عدة عائلاتٍ في منطقةٍ معينةٍ شُعبةً، ولكل شعبةٍ مجلس شورى ومجلسٌ استشاريٌّ ونقيبٌ ينتخبه أعضاء الشعبة المؤهلون من بين الأعضاء فوق مستوى المنتسب. وتعلو الشعبةَ وحدةٌ تسمى المنطقة، ولها أيضاً مجلس شورىً منتخبٌ ومسؤولٌ يجب أن يكون أخاً عاملاً. وفوق ذلك، تشكّل المناطق في محافظةٍ معينةٍ مكتباً إدارياً يدير أعمال الإخوان في المحافظات، وله مجلس شورىً ورئيسٌ خاصٌّ به. تشكّل مجموعةٌ من المحافظات قطاعاً يساعد في تسهيل التواصل بين القيادة بحضور الحد الأدنى من القادة للاجتماعات السرية خلال حملات القمع. تَنتخب مجالس شورى المحافظات مجلسَ الشورى العام لكامل التنظيم في مصر، ويجري اختيار أعضاء مكتب الإرشاد من أعضاء مجلس الشورى العام، ويختار المكتبُ بدوره المرشد العام للإخوان.

يعيّن المرشد العام نائباً أو أكثر وأميناً عاماً يتولى إدارة ما تسميه جماعة الإخوان باللجان الفنية المركزية. تعمل هذه اللجان كأقسامٍ داخليةٍ عادةً ما يتطوع فيها كل عضوٍ من أعضاء الإخوان. قبل الانقلاب العسكري في عام 2013 كان لدى الإخوان اثنتا عشرة لجنةً فنيةً مركزيةً، ضمّت لجنة التربية ولجنة العمال ولجنة الطلاب ولجنة المهنيين ولجنة البر ولجنة نشر الدعوة ولجنة الأخوات واللجنة الإعلامية واللجنة السياسية وعدة لجانٍ أخرى، وهذه اللجان ممثلةٌ في كل مستوىً تنظيميٍّ، من مستوى الشعبة فما فوق. يعيّن مكتب الإرشاد رؤساء هذه اللجان، وعادةً ما يجري اختيار كثيرٍ منهم من بين أعضاء المكتب أنفسهم.

يشار إلى أن النساء في جماعة الإخوان لا يشاركن في معظم جوانب هذه البنية. وللأخوات مستويان من العضوية وحسب، الأمر الذي لا يخولهن التصويتَ أو المشاركة في الانتخابات الداخلية أو المشاركة في عملية

صنع القرار.

أثبت التنظيم المعقد الذي صممه البنا قوّتَه، لكنه سرعان ما أصبح أكبر من أن يمكن التحكم به.

تأسيس الجهاز الخاص[26]

في مطلع الأربعينات من القرن الماضي أنشأ حسن البنا ذراعاً مسلحاً للإخوان المسلمين للمشاركة في «حرب العصابات داخل [مصر] وخارجها، سواءً في مقاومة الاحتلال البريطاني، والحكومات التي تدعمه، أو [ضد الاحتلال] في فلسطين.»[27] أُلفت هذه الفرقة - التي عُرفت فيما بعد باسم الجهاز الخاص – في غالبيتها من أعضاء مدنيين ولاحقاً أعضاء عسكريين تحت قيادة أعضاء مدنيين من جماعة الإخوان المسلمين. ومن المفارقات أن الضابط الشاب جمال عبد الناصر كان من بين المجندين المهمين في الجهاز الخاص، بالإضافة إلى كثيرٍ من أعضاءِ ما أصبح لاحقاً تنظيم الضباط الأحرار داخل الجيش، والذي نفّذ انقلاب عام 1952 وأسّس الجمهورية في مصر.[28]

وبالإضافة إلى الجهاز الخاص أنشأ البنا قسما آخر لتجنيد ضباط الشرطة والعسكريين تحت إشراف ضابط الشرطة صلاح شادي بين عامي 1944-1945.[29] أُطلق على هذا القسم اسم قسم الوحدات، وكان يهدف إلى نشر دعوة الإخوان المسلمين بين ضباط الشرطة وضباط الجيش. كان الجهاز الخاص نظاماً سرياً داخل التنظيم لا يمكن لأيّ عضوٍ عاديٍّ الانضمام إليه أو حتى معرفة وجوده في حين كان قسم الوحدات مثل أي قسمٍ آخر في جماعة الإخوان المسلمين. عقدَ قسم الوحدات المؤتمراتِ العامةَ ومراسمَ تخرُّج ضباط الشرطة في مقر الحركة بحضور كبار الضباط وكبار أساتذة الجامعات ووزراء الحكومة.[30]

وبين عامي 1945 و1948 جنّد الجهاز الخاص مئاتِ الأعضاء، وأنشأ وحدة استخباراتٍ داخليةٍ، واكتسب سلطةً وشرعيةً داخل جماعة الإخوان المسلمين،[31] وقد تراوحت أنشطة الجهاز من مراقبة المسؤولين

الحكوميين واختراق الأحزاب السياسية المصرية إلى مهاجمة الشركات الأجنبية والقوات البريطانية في مصر. ولأسبابٍ فنيةٍ وأمنيةٍ، تمتع الجهاز الخاص بمكانته كياناً مستقلاً دون إشرافٍ دقيقٍ من البنا أو غيره من قادة الإخوان.[32] أدت هذه الاستقلالية بقيادة الجهاز إلى اتخاذ قراراتٍ تعارضت مع إرادة البنا ومعتقداته، ففي آذار / مارس 1948 اغتال عضوان من الجهاز الخاص أحمد الخازندار، وكيل محكمة استئناف القاهرة، فلاقى الفعلُ موجةَ استنكارٍ بما في ذلك من قِبل البنا نفسه الذي لم يُستشر قبل الاغتيال.[33] وفي الأشهر التي تلت ذلك شارك أعضاء الجهاز الخاص في حرب فلسطين عام 1948 بأكثر من عشرة آلاف متطوع؛ ولا يزال الإخوان المسلمون يفتخرون بهذه المشاركة حتى اليوم. كما هاجم أعضاءُ الجهاز اليهود والشركاتِ المملوكةَ لليهود في مصر بحجة أن لأصحابها صلاتٍ بالدولة اليهودية التي أُسست حديثاً في فلسطين.

في كانون الأول / ديسمبر 1948 أصدر رئيس الوزراء المصري محمود فهمي النقراشي باشا قراراً بحل جماعة الإخوان المسلمين بناءً على «محاولات الحركة للإطاحة بالحكومة القائمة.» حينئذٍ كانت جماعة الإخوان المسلمين تنظيماً كبيراً يضم مئات الآلاف من الأعضاء وأكثر من ألفي فرعٍ في جميع أنحاء مصر، إلى جانب وجودٍ إقليميٍّ في عدة دولٍ في الشرق الأوسط وأفريقيا. وعلى إثر القرار اعتقلتِ الحكومة كثيراً من أعضاء وقادة الإخوان المسلمين، ما أثر على قدرة البنا على التواصل مع أعضاء تنظيمه.

نهاية حركة حسن البنا

في 28 كانون الأول / ديسمبر 1948 اغتيل النقراشي على يد أحد أعضاء الجهاز الخاص بعد أيامٍ من إصدار مرسومه، وفي كانون الثاني / يناير 1949 أصدر البنا بياناً غاضباً أدان فيه الاغتيال، ونُسب إليه قوله الشهير: «ليسوا إخوانًا وليسوا مسلمين.»[34] لكن البنا نفسه تعرض لإطلاق نارٍ وسط القاهرة بعد أقلَّ من شهرٍ وتوفي في 12 شباط / فبراير 1949، ولم يُعرف المسؤول عن الاغتيال بشكل قاطع قط. بعد وفاة البنا واجه الإخوان المسلمون صراعاً على السلطة لم يكن من الممكن حله داخلياً. ولإنهاء

النزاع توصل قادة الجماعة، بعد عامين من الصراع الداخلي، لاختيار حسن الهضيبي قائداً، وهو قاضٍ محترمٌ لم يكن عضواً رسمياً في جماعة الإخوان على الرغم من كونه أحد المقربين من البنا.

في عهد الهضيبي مرت جماعة الإخوان بسلسلة أزماتٍ أنهتِ الحركة التي أسسها البنا، وانقسمتِ الحركة بين قادةٍ مختلفين، وازدادت قوةُ الجهاز الخاص حين راحت مصر تغرق في الفوضى.

وبالرغم من تعاليم البنا الرافضة للثورة كمبدأٍ، دعم الإخوانُ وبقوةٍ انقلابَ عام 1952 الذي أنهى الملكية. لم يكن النظام الملكي الفاسد حتى النخاع راغباً ولا قادراً على تحقيق الاستقلال الوطني، لا سيما بعد قمعه القوى والأحزاب الوطنية وهزيمة مصر المذلة في فلسطين.

في العامين التاليين انقلبتِ الحكومة المصرية الجديدة على جماعة الإخوان بالرغم من دعم التنظيم صعودها إلى السلطة. استغلتِ الحكومةُ الصراعاتِ الداخليةَ في الجماعة وافتقارها إلى مشروعٍ سياسيٍّ، فشنت حرباً لا هوادة فيها لاجتثاث التنظيم من جذوره. كان أحد الأسباب الرئيسة لهذا العداء هو دعم الإخوان المسلمين لمحمد نجيب، وهو أول رئيسٍ عيّنه العسكر بعد الانقلاب على الملكية. سعى نجيب إلى إرساء الديمقراطية في مصر وعودة الضباط إلى ثكناتهم، غير أن عبد الناصر كان يسعى وراء سلطةٍ مطلقةٍ لا ينازعه فيها أحدٌ.

في ربيع عام 1954 قاد الإخوانُ المسلمون احتجاجاتٍ حاشدةً للمطالبة بالديمقراطية في مصر، فاعتُقل كثيرٌ من الأعضاء والقادة في الأسابيع التالية. وفي تشرين الأول / أكتوبر 1954، أطلق محمود عبد اللطيف، وهو عضوٌ في الجهاز الخاص، ثماني رصاصاتٍ على جمال عبد الناصر حينما كان يتحدث في فعاليةٍ عامةٍ في الإسكندرية، لكنه أخطأ هدفه، واعتُقل على الفور، وفي الأيام التالية اعتقلتِ السلطات أكثر من 24 ألفاً من أعضاء جماعة الإخوان وفقاً لتقديرات الجماعة، بمن فيهم مرشدها العام الهضيبي، وأجرى عبد الناصر محاكماتٍ عسكريةً للإخوان انتهت بإعدام ستةٍ من قادة الجماعة، أربعةٌ منهم كانوا من قادة الجهاز الخاص.[35]

أنكرت جماعة الإخوان رواية النظام عن محاولة الاغتيال وأصرت على أنها كانت «مسرحيةً» افتعلها عبد الناصر وأجهزته الأمنية للإيقاع بالجماعة.[36] يرى بعض قادة الإخوان أن الجهاز الخاص تصرف بصورةٍ مستقلةٍ دون علم الهضيبي، وأن الحكومة كانت على علمٍ بخطة الاغتيال مسبقاً لكنها سمحت بحدوثها في ترتيبٍ محسوبٍ لتوريط الحركة.[37]

بعد اعتقال الهضيبي أنشئت فروع الإخوان المسلمين في الدول العربية مكتباً تنفيذياً بقيادة مصطفى السباعي الذي أسس جماعة الإخوان المسلمين السورية عام 1942 بعد لقائه البنا أثناء دراسته في مصر في الثلاثينات.[38] في ذلك الوقت كان الإخوان المسلمون قد أنشأوا فروعاً في معظم البلدان العربية، بما في ذلك الأردن (1945) والسودان (1945) وفلسطين (1946) والكويت (1947) والعراق (1949) وليبيا (أواخر الأربعينات) ولبنان (أوائل الخمسينات) والجزائر (1953).[39] ومنذ ذلك الحين راح التنظيم الدولي للإخوان المسلمين يكبر أكثر فأكثر. طبّقت هذه الفروع الدولية، كما ذكرنا آنفاً، فلسفة الإخوان على المسائل الداخلية في بلدانها، لكنها شكلت أيضاً شبكةً دوليةً وفّرت شبكة أمانٍ تنظيميةً في أوقات الأزمات، مثل حملة عبد الناصر القمعية.

أثر سيد قطب

قبل محاولة اغتيال عبد الناصر بفترةٍ وجيزةٍ جنّد الإخوان المسلمون كاتباً سرعان ما أصبح أكثر المفكرين تأثيراً في تاريخ الإخوان: سيد قطب. كان قطب ناقداً أدبياً بارزاً انضم إلى الحركة في أواخر عام 1953، وسرعان ما أصبح رئيساً لإحدى أقسامها، ورئيسَ تحرير مجلة الإخوان الأسبوعية.[40] في محاكمات عام 1954 حُكم على قطب بالسجن خمسة عشر عاماً قضى معظمَها في المستشفى قبل الإفراج عنه لأسبابٍ صحيةٍ في أيار / مايو 1964.[41] وفي عام 1965، توجَّهت مجموعةٌ من الأعضاء الشباب في الإخوان المسلمين، ممن عملوا لعدة سنواتٍ على تشكيل وحدةٍ داخل الحركة لإحياء الإخوان بعد أزمة عام 1954، وطلبت من قطب أن ينضم إليهم ويصبح مرشدهم.[42] كانتِ الوحدة قد حصلت مسبقاً على موافقة

الهضيبي لتدارس القرآن وتعاليم الإسلام لكن أعضاءها كانوا يخططون لاغتيال عبد الناصر ويعدّون خططاً للإطاحة بالنظام من خلال سلسلةٍ من الهجمات.[43]

لم يستطعِ الهضيبي الذي كان رهن الإقامة الجبرية حينئذٍ السيطرةَ على الحركة، وكان الشباب المتحمسون يأخذون زمام المبادرة. في آب / أغسطس 1965 اكتشف النظام أمر الوحدة فأطلق موجةً جديدةً من الاعتقالات طالت عشرات الآلاف من أعضاء الإخوان المسلمين، بمن فيهم سيد قطب وشقيقته والهضيبي وستةٌ من أفراد أسرته.[44] وبعد محاكمةٍ علنيةٍ حكمتِ المحكمة على سيد قطب واثنين من القادة الآخرين بالإعدام. وفي السنة التي قضاها في السجن قبل إعدامه، كتب سيد قطب «معالمٌ في الطريق» وهو كتابٌ أصبح لاحقاً من أكثر الأعمال الأدبية تأثيراً في كثيرٍ من الحركات الإسلامية، لا سيما الجماعات السلفية الجهادية.

كان لكتاب «معالمٌ في الطريق» تأثيرٌ هائلٌ ومتعاظمٌ، وخلقَ تصوراتٍ متباينةً بين أعضاء جماعة الإخوان المسلمين، فكثيرٌ من الأعضاء والقادة (بمن فيهم المرشدون العامون محمد حامد أبو النصر [في المنصب 1986-1996]، ومصطفى مشهور [في المنصب 1996-2002]، ومحمد مهدي عاكف [في المنصب 2004-2010]، ومحمد بديع [في المنصب منذ 2010]) رأوا أن الكتاب لا يدعو إلى العنف ولم يشكّل خروجاً على دعوة حسن البنا السلمية، في حين رأى آخرون أن أفكار قطب تنفّر معظم المسلمين والمجتمعات المسلمة. ومن القادة الذين رفضوا فكر سيد قطب الهضيبي نفسه، وابنه مأمون الهضيبي (المرشد العام السادس للإخوان 2002-2004)، وفريد عبد الخالق المقربُ من البنا والعضو السابق في مكتب الإرشاد، ويوسف القرضاوي أحدُ أكثر علماء المسلمين المعاصرين تأثيراً حول العالم، والذي كان سابقاً شخصيةً بارزةً في جماعة الإخوان قبل مغادرته التنظيم. أدت هذه الاختلافات في نظرة شخصيات الإخوان المسلمين لسيد قطب إلى صراعاتٍ كبيرةٍ بين القادة بشأن كيفية الرد على القمع العنيف الذي طالهم في حقبة ما بعد مرسي.

لم تنتقد جماعة الإخوان كتابَ سيد قطب رسمياً قط رغم أنها لم تقبله على نطاقٍ واسعٍ كما قد يفترض البعض. استجابت جماعة الإخوان المسلمين

للشعبية الكبيرة لكتاب «معالمٌ في الطريق» بالإشارة إلى أنه دعا إلى مستوىً من القطيعة مع المجتمع وحتى استنكار ممارسات الناس الدينية (التكفير)، ثم أصدرت جماعة الإخوان كتاب «دعاةٌ لا قضاةٌ»، وهو كتابٌ مؤثرٌ للإخوان يؤكد أن دور التنظيم هو الدعوة، لا الحكم على أحدٍ أو إخراجه من الإسلام. قبيل وفاته، غضب مأمون الهضيبي من حفيده حين رآه يقرأ كتاب «معالمٌ في الطريق» وقال له «الكتاب ده [هذا] لا يمثلنا في شيء، وأفكار سيد قطب لا تمثلنا في شيء.»[45] والأهم من ذلك أن أفكار قطب لم تمثّلِ الرؤية الرسمية في التنظيم أبداً رغم أنها لاقت صدىً لدى بعض الأعضاء في وقتٍ ما. غير أن جيل 1965 - الذي كان سيد قطب جزءاً منه - عاش تجربة السجن والتعذيب والإعدام، وظل مؤثراً ومهماً في مسار التنظيم. ينتمي إلى هذا الجيل كلُّ من محمد بديع ومحمود عزت وإبراهيم منير كبار المسؤولين الحاليين (الأخير حتى وفاته في تشرين الثاني / نوفمبر 2022)، وجميعهم اجتمعوا بقطب وجهاً لوجهٍ.

إعادة البناء الثانية

بالرغم من بذل قصارى جهده لم يتمكن عبد الناصر من اجتثاث الإخوان المسلمين، فخلال الخمسينات والستينات من القرن الماضي كان الأعضاء الأساسيون في جماعة الإخوان لا يزالون نشطين وإن كان ذلك بقدرةٍ أقل. وكما قال أحد قادة التنظيم سنة 1965: «قررتِ القيادة أن يكون لها نظامٌ بلا تنظيمٍ.»[46] حاول الإخوان، ببساطةٍ، الحفاظ على علاقاتهم ودعم بعضهم البعض دون وجود تنظيمٍ هرميٍّ، وقد كانت هذه الاستراتيجية فعالةً في تأمين سلامة عشرات الآلاف من أعضاء جماعة الإخوان المسلمين ممن تمسّكوا بمعتقداتهم وانتماءاتهم دون الإعلان عنها للملأ. غير أن هزيمة الجيش المصري في الحرب العربية-الإسرائيلية عام 1967 أطلقت العنان لانتشار النزعة الدينية بين عامة الناس، ما فتح الباب أمام الإخوان المسلمين لإعادة بناء تنظيمهم. استغل عمر التلمساني [المرشد العام الثالث 1974-1986] الانفتاح السياسي النسبي أثناء حكم السادات (1970-1981) وقاد التنظيمَ من خلال إعادة تشكيله الثانية، ووسع وجودَه في الجامعات والنقابات المهنية. طوال هذه

الفترة بنى الإخوان المسلمون على المشاعر الدينية وكذلك على فشل الدولة في تمثيل معظم المصريين.[47]

اكتسب الطلاب النشطون مهاراتٍ مدنيةً وسياسيةً هيأتهم لحياةٍ من النشاط السياسي ضمن حدود الدولة الاستبدادية. وعندما أصبح الوضع السياسي أكثر تسامحاً مع جماعة الإخوان المسلمين خلال نفس الفترة، بدأ الأعضاء الذين فروا من مصر في عهد عبد الناصر بالعودة، فجاؤوا بخبراتٍ اكتسبوها من تشكيلهم منظماتٍ إسلاميةً في كثيرٍ من البلدان حول العالم. فتحت عملية إعادة البناء الثانية البابَ أمام التنظيم لإعادة بناء نفسه خلال الثمانينات والتسعينات. لم تُصَغ كثيرٌ من هذه الأعراف والنظم في وثائق يُنظَر إليها على أنها تأسيسيةٌ، بل كانت تهدف إلى ضمان الشعور بالاستمرارية وإضفاء الشرعية على المسارات الجارية والسابقة. ساهم كثيرٌ من المؤسسات والعمليات التي بناها هذا الجيل في إطالة عمر التنظيم، غير أن التنظيم فشل في بناء آلياتِ مساءلةٍ صارمةٍ وفعالة لمعالجة المظالم بين الأعضاء،[48] فكان هذا الغياب لآليات التقاضي وحلّ النزاعات داخل الجماعة السببَ المباشرَ للعديد من الأزمات التي مرّت بها الجماعة منذ تسعينات القرن الماضي.

عاد إلى مصر بمزيدٍ من الخبرة التنظيمية والموارد المالية كثيرٌ من أعضاء جماعة الإخوان المسلمين ممن غادروا البلاد خلال الستينات (هرباً من الاضطهاد في عهد عبد الناصر) وفي السبعينات (بحثاً عن فرص حياةٍ أفضل في دول الخليج، بما في ذلك المملكة العربية السعودية والإمارات العربية المتحدة والكويت وقطر)، وقد تأثر هؤلاء بالنسخة السلفية المحافِظة من الإسلام والسائدة في الخليج، فأثّر بعضُ هؤلاء العائدين بدورهم في الحركة المصرية بأفكارٍ أكثرَ تحفظاً نسبياً حول المرأة والحكم الإسلامي والديمقراطية. ونتيجةً لذلك أعاد الإخوان المسلمون في التسعينات فتح المناقشات حول الحجاب والديمقراطية والمشاركة السياسية، وهي مسائلُ كانت قد سُوّيت في مجملها في عهد البنا. وفي الثمانينات حرصت جماعة الإخوان على بناء تحالفاتٍ انتخابيةٍ وسياسيةٍ مع كل من الأحزاب الليبرالية واليسارية، لكن ذلك بدأ يتغير، وبحلول ثورة 2011 ظهر التأثير السلفي على جماعة الإخوان. وبعد الثورة شكّل الإخوان

تحالفاتٍ قصيرة النظر مع الأحزاب السلفية على أساس سياسات الهوية والانتماءات الدينية في الاستحقاقات الانتخابية العديدة التي شاركوا فيها.

وبعودة كثيرٍ من أعضاء جماعة الإخوان إلى مصر راح التنظيم في منتصف وأواخر الثمانينات يركز في كثيرٍ من عمله على بناء مؤسساتٍ وكياناتٍ داخل المجتمع، مثل المدارس والمراكز الصحية والجمعيات الخيرية والمساجد. وفي الوقت نفسه شاركتِ الجماعة بكثافةٍ في النقابات المهنية والعمالية، مثل نقابة المحامين ونقابة الأطباء ونقابة المهندسين. وكما نوضح في الفصل الأول من هذا الكتاب، أعادت هذه الخبرة تقديمَ جماعة الإخوان المسلمين وأفرادها إلى المجتمع المصري بصفتها جماعةً منظمةً وحسنة النية وصادقةً، ما ساعد الحركة عندما حان الوقت لإجراء انتخاباتٍ عامةٍ حرةٍ.

لكن بينما عاد كثيرٌ من أعضاء جماعة الإخوان من المنفى، بقي كثرٌ آخرون في الخارج. وفي منتصف الثمانينات أنشأ أعضاء جماعة الإخوان المصريين ممن فروا من البلاد جمعيةً لتنسيق جهود أعضاء الجماعة الكُثُر في الشتات، فكانت رابطةً تختلف عن فروع الإخوان في البلدان الأخرى. في الفصل الثاني من هذا الكتاب سنتعمق في تفاصيل وجود أعضاء جماعة الإخوان المصريين في الخارج.

أصبح الإخوان أكثر انفتاحاً على العمل في الشؤون العامة والسياسة، فقد شاركتِ الحركة في انتخابات الثمانينات (بالتحالف مع حزب الوفد الليبرالي المنافس التاريخي للحركة)، وفي التسعينات (بالتحالف مع حزب العمل المصري اليساري عام 1990)، غير أن الحملاتِ الأمنيةَ والمحاكماتِ العسكريةَ لقادة الإخوان المسلمين في عام 1995 ألحقت ضرراً بالغاً بالمشروع، فقد اعتقلت قوات الأمن قادةً كباراً وحاكمتهم مرةً أخرى في محاكم عسكريةٍ عام 2000، كما اعتُقل كثيرون لسنواتٍ متتاليةٍ بتهمٍ ملفقةٍ، فتقهقرتِ الحركة نسبيًا.

في التسعينات، كذلك، تقدم الإخوان بمقترحاتٍ أكثر تقدميةً نسبياً فيما يتعلق بالديمقراطية والمشاركة في العملية السياسية ودور المرأة في المجال العام، والمسيحيين الأقباط، لا سيما فيما يتعلق بجواز توليهم

منصب الرئاسة. وفيما يتعلق بالنقطة الأخيرة اتخذ الإخوان موقفاً رسمياً وهي أنهم لم يتبنَّوا أي موقفٍ، وهي محاولةٌ لتجنب الانحياز إلى جانب أحدٍ من المدارس الفقهية الإسلامية المختلفة في هذا الشأن، وتركت «للشعب» القرارَ بشأن ما إذا كان يجوز لقبطي تولي رئاسة الجمهورية.[49] قد لا تبدو هذه المواقف تقدميةً، لكنها أيضاً لم تكن مُغالية أو إقصائيةً بالكلية، والأهم من ذلك أنها رسَّخت خطاً ضبابياً بين التنظيم والشعب المصري ككلٍّ حيث تدفقَّت الأفكار إلى التنظيم ومنه إلى الشعب، وتبدلَّت باستمرار حول التديُّن والممارسات الدينية.

قدمتِ الثمانينات والتسعينات تحدياً غريباً للتنظيم من حيث التنقل بين الخطوط الدينية والسياسية، وبين المجالين العام والخاص، ومن حيث هوية التنظيم نفسه. غالباً ما أعقبت اللحظاتِ التي انفتح فيها الإخوان على الانخراط والمشاركة السياسية لحظاتٌ من القمع الوحشي وعنفٌ وتعذيبٌ وقتلٌ وخسارةٌ لا يمكن وصفها. إن شكل واستراتيجيات وسياسات جماعة الإخوان المسلمين لم تكن ثابتةً البتة، وكانت كلها نتاج تجارب الأجيال المختلفة التي شكلتِ الجماعة، أجيالٍ تحملتْ من الدولة عنفاً هائلاً وتفاعلت معه على نحوٍ متباينٍ، واتخذتْ قراراتٍ مختلفةً بشأن كيفية نقل المنظمة إلى الأجيال اللاحقة، ولذا فقد انبثقت الاستراتيجيات والسياسات وحتى شكل الجماعة من إرث الاستبداد، وعلاقة الجماعة بالدولة، لا علاقتها بالدين.

من بعض الجوانب، لم يتعافَ الإخوان أبداً من أزمات الشرعية والهوية التي أعقبتِ اغتيال البنا الذي لم يترك وراءه تعليماتٍ مفصلةً، بل إشاراتٍ عامةً وحسب، ولم يتمتع أي مرشدٍ عامٍّ بكاريزما مماثلةٍ لملء الفراغ. فسّرتِ الأجيالُ المتعاقبة هذه الإرشاداتِ تفسيراً مختلفاً. ففي بعض الأحيان ساهمتِ التعددية التي نشأت داخل التنظيم نتيجة لذلك في إطالة عمره، لكنها كانت تعني أيضاً أن التنظيم قد يضم في أي لحظةٍ أناساً لديهم وجهات نظرٍ متباينةٍ تماماً حول مسائلَ حساسةٍ ومهمةٍ، بما في ذلك العنف والمشاركة السياسية أو حتى التجويز الشرعي لبعض الأفعال الشخصية، مثل الاستماع إلى الموسيقى ومشاهدة الأفلام والمشاركة في الاحتفالات الصوفية وترك المرأة النقابَ وعدم إطلاق الرجال اللحى.

علاوةً على ذلك كان هذا الإرث يعني أن جماعة الإخوان قد تشكلت بالقمع والمرونة أكثر مما تشكلت بالأيديولوجيا، وفي هذا السياق فضّلت جماعة الإخوان السريةَ والولاءَ والثقةَ على الانفتاح أو الكفاءة، حتى عندما استخدمت آلياتٍ ديمقراطيةً اسمياً، مثل مجلس الشورى.

يرى هذا الكتاب أن الإخوان يواجهون اليوم ثلاث أزماتٍ رئيسةٍ: أزمة هويةٍ، وأزمة شرعيةٍ، وأزمة عضويةٍ. فبعد ما يقرب من عقدٍ من الزمن على الانقلاب الذي أطاح بالرئيس السابق محمد مرسي سنة 2013 وأودى بحياة الآلاف أفضى لاعتقال عشرات الآلاف، لا يزال التنظيم ممزقاً بين الطرق المسدودة للسياسة المصرية والأزمات المعقدة داخل صفوفه. تحفز هذه الأزمات عملَ التنظيم لكنها قد تهدد استمراريته وفعاليته إنْ تُركتْ دون حل، ويمكن اعتبارها تشكل أكبر تهديدٍ وجوديٍّ واجهته جماعة الإخوان حتى الآن. وطالما فشلت عملية إعادة البناء الثالثة الجارية حالياً في معالجة بعض هذه المسائل، فقد يكون مصير التنظيم الارتباك والفوضى.

المنهجية

قبل التطرق إلى كيفية تأليف هذا الكتاب، لا بدّ من تحديد ما يخوض فيه وما يتجنب الخوض فيه. هذا كتابٌ عن جماعة الإخوان المسلمين من عام 2013 إلى 2022، وهو موجهٌ للقراء الذين يركزون على وضع السياسات، وإن كنا نأمل أن يجذب جمهوراً أوسع. إن اختيار هذا الجمهور منحنا الحرية لتجاوز حدود البحث الأكاديمي، ودراسة الحركة في سياق الأحداث المعاصرة، وليس بالضرورة ضمن سياق المناقشات النظرية للحركات الاجتماعية، أو السياسة الإسلامية، أو منظمات الشتات، أو حتى عنف الدولة. وقد أُجري البحث من أجل تأليف هذا الكتاب باتباع نهجٍ إثنوغرافيٍّ. ولتحقيق هذه الغاية، اعتمد هذا المشروع اعتماداً كبيراً على مقابلاتٍ أجراها المؤلفون مع أعضاء حاليين وسابقين في جماعة الإخوان المسلمين، وقد جرت هذه المقابلات في خمس دولٍ وأربع قاراتٍ في محاولتنا لتغطية حجم التغييرات والتطورات التي مرت بها الجماعة منذ عام 2013. لم يتضمن هذا المشروع مقابلاتٍ مع أعضاء مقيمين في

مصر وذلك لأسبابٍ أمنيةٍ في المقام الأول. وسواءً أجريت المقابلات عن بُعد أو شخصياً، فقد أجريت باستخدام مقارباتٍ تأخذ الحساسيات النفسية والصدمات التي تعرض لها الأعضاء بالاعتبار، وذلك أن كثيراً ممن قابلناهم كانوا معتقلين سابقين أو لاجئين سياسيين.

إن غالبية من حاورهم المؤلفون كانوا من الرجال لأنهم لاقوا صعوبةً في الوصول إلى الإناث من الأعضاء، ونقرُّ بأن ذلك لا يعكس بدقةٍ حقيقةَ دور «الأخوات» في التنظيم. لقد اطلعنا على مجموعةٍ من المؤلَّفات الثانوية السابقة والإثنوغرافية في المقام الأول، التي ركّزت على التجارب التي عاشها أعضاء جماعة الإخوان المسلمين، كما ندرك أن النساء غيرُ ممثَّلاتٍ في بنية جماعة الإخوان أو في المناصب القيادية، وهي مسألةٌ سنناقشها بمزيدٍ من التفصيل في الصفحات القادمة.

كما غيّرنا أسماء كثيرٍ ممن قابلناهم إلى أسماءَ مستعارةٍ ويمكن للقارئ تحديد هذه الأسماء بسهولةٍ لأننا ذكرنا الأسماء الأولى فحسب حرصاً على سلامة من حاورناهم، إذ من شأن تصاعد القمعِ العابرِ للحدود أن يعرّض أمن المعارضين والباحثين على حدٍّ سواء للخطر، كما عدّلنا بعض التفاصيل الصغيرة لإخفاء هويات من قابلناهم.

في بادئ الأمر اعتمد ترتيب هذه المقابلات على الشبكات الشخصية ثم على العينات المتسلسلة، ولم يكن هناك بدٌّ من هذه الطريقة لعدة أسباب. أولاً، الموضوع حساسٌ، ولكثيرٍ من الأعضاء سريٌّ. يتعين على التنظيم التعاملُ مع حقيقة تصنيفه منظمةً إرهابيةً في كثير من البلدان، وكذلك التهديد المحتمل الذي يلوح في الأفق بالتصنيف في دولٍ أخرى، بما في ذلك الولايات المتحدة.

ثانياً، جاءتِ الأسئلة المتعلقة بالقيادة والسيطرة في مرحلة من تاريخ التنظيم كان يمرّ فيها بانقسامٍ عموديٍّ، فقد أطيح بكثيرٍ من العمليات واللجان والمسؤولين الكبار ممن لعبوا أدواراً مهمةً بين عامي 2013 ومطلع عام 2022، كما سنناقش أدناهُ. أخيراً، تحتل الجماعة حيزاً حساساً وفريداً بوصفها تنظيماً خاصاً جداً وعاماً في آنٍ معاً، فالتنظيم نشطٌ سياسياً ويستهوي قاعدةً عريضةً من الأنصار، وفي الوقت نفسه يستمر

في الحفاظ على سرية العمليات والقادة. إن الحركة التي تُعرّف نفسها بأنها سريةٌ بينما يرتبط بها ملايين الأعضاء بدرجاتٍ متفاوتةٍ من العلنية هي مفارقةٌ تَعيّن علينا التعاملُ معها خلال مناقشاتنا ومقابلاتنا وتواصلنا. من الناحية العملية كان ذلك يعني أن عملية بناء الثقة مع من قابلناهم غالباً ما استغرقتْ جهداً هائلاً ووقتاً طويلاً، فثمة مقابلاتٌ أجريناها على مدى جلستين أو أكثر. علاوةً على ذلك، لم تكن بعض المقابلات لتحدثَ لولا أن زكّانا بعضُ من قابلناهم. وحتى بعد التواصل معهم عن طريق جهات اتصالٍ موثوقةٍ، رفض عدة أعضاءَ وقادةٍ كبارٍ من الإخوان التحدث إلينا لخوفهم في الغالب من انتقام السلطات من أفراد عائلاتهم الذين ما زالوا في مصر، بينما رفض البعض الآخر لأنهم ببساطةٍ لم يثقوا بنا.

من الجدير بالملاحظة عند النظر في توصيفاتنا لمن قابلناهم أن العضوية في جماعة الإخوان المسلمين قد تكون مفهوماً يصعب تعريفه، فثمة مستوياتٌ من العضوية تعكس مستوى المسؤوليات التي يضطلع بها الأعضاء، وغالباً ما ينطوي الانتقال من مستوىً إلى آخرَ على فترة انتقاليةٍ يَدرس فيها الأعضاء مناهجَ مختلفةً، ويخضعون لما يسمى «دورة التصعيد» التي يدرسون فيها جوانبَ معينةً من أيديولوجيا أو تكتيكات جماعة الإخوان، وعندها فقط يجري ترقيتهم إذا وافق مسؤولوهم. استمرت هذه الدورات في السجن وطوال السنوات القليلة الأولى بعد عام 2013. أما في المنفى، فقدِ اتخذت بعضُ مستويات العضوية معانيَ مختلفةً. ترك بعض الناس صفوف الإخوان رسميًا لأنهم شعروا أن التنظيم الحالي لا يشبه التنظيم الذي انضموا إليه في مصر، وجرى تخفيض رتبِ آخرين، فيما يسمى بعملية التضعيف، وهو ما وصفوه بأنه عقابٌ على المواقف السياسية التي اتخذوها علانيةً. وأخيراً تركتِ الجماعةُ لدى آلاف الأشخاص شعوراً بأنهم غير ممثَّلين، ولذا تلاشى ارتباطهم العضوي بالجماعة شيئًا فشيئاً رغم أنهم لم يغادروها رسمياً.

وتجدر الإشارة إلى أن هذا المشروع اعتمد أيضاً على وثائق كتبتْها جماعة الإخوان رسمياً للجمهور الداخلي أو الخارجي، وأخرى تبنتْها بعض الفصائل التي تكونت بفعل الأمر الواقع أو بقرارات بعض القادة في أعقاب مجزرة عام 2013. تتضمن هذه الوثائق واحدة على الأقل كُتبت في السجن.

وفضلاً عن كيفية وسبب نشرها، توضح لنا هذه الوثائق نظرة الجماعة لجمهورها والكيفية التي تقدم فيها نفسها في الظروف المختلفة.

الجزء الثاني

الإخوانُ وأزماتُهُمُ الثلاثُ

الفصل الأول: أزمة الهوية

«هذه ليست ثورتَنا»

— عضوٌ في مكتب الإرشاد في جماعة الإخوان، 2011 [1]

تنظيمٌ لماذا؟ تنظيم لمن؟

لا يزال فشل تجربة الإخوان المسلمين في السلطة موضوعَ نقاشاتٍ حادةٍ، إذ طالما افتُرض أنهم سيكونون المنتصرَ الطبيعيَّ في أي تغييرٍ للنظام في القاهرة بعد حسني مبارك. يهدف هذا الفصل إلى شرح أسباب فشل الإخوان، ويرى أنّ لهذا الفشل جذوراً في ردود فعل التنظيم التكتيكية على الضغوط الاستبدادية والتنافسية التي ساعدته في البقاء تحت حُكم حسني مبارك، لكنها قللتْ من قدرته على التعامل مع المشهد السياسي بعد ثورة 2011. كما نرى بأن فشل الإخوان السياسيَّ لم يكن محدداً مسبقاً ولا مدفوعاً بأسبابٍ أيديولوجيةٍ، على عكس التحليلات الماهوية (الجوهرية) التي تفترض وجود توترٍ متأصلٍ وكامنٍ بين أسس الحركات الدينية ورغبتها في الوصول إلى السلطة في الدول الحديثة.[2] كما كان ثمة ضغوطٌ على التنظيم من الأسفل، أوجدها ما يسمى بالصحوة الإسلامية والخطابات الإسلامية المتنافسة التي قوّضت هيمنة الإخوان على الإسلام السياسي المدني غير العنيف، فمنذ أواخر التسعينات، راح مجالٌ عامٌّ إسلاميٌّ أكثرُ حداثةً يثير نقاشاتٍ حول القضايا الاجتماعية والسياسية المعقدة، ولا سيما من خلال التوسع في استخدام الإنترنت، وظهور نخبةٍ

جديدةٍ من المثقفين المتدينين، الأمر الذي كشف قصور الأفكار السطحية والشعبوية التي شكّلت سردية الإخوان بين الطبقات المتوسطة المتعلمة. بيْد أن الأمر الذي شكل ضغطاً أكبر على التنظيم كان السلفية التي تَعيّن على الجماعة التعاملُ معها كيلا تفقد الشعبية والدعم من طبقات المجتمع الأدنى التي تفوق عدداً الطبقات الوسطى في بلدٍ يصنَّف في الشريحة الأدنى من الدول ذات الدخل المتوسط.[3] إن الطرق التي أثّرت بها هذه العناصر وسوابقُها التاريخية في تصور التنظيم لنفسه ودوره، وكيف تجلى كل ذلك في الفترة التي ندرسها، تشكّل ما نطلق عليه أزمة الهوية.

على مدار القرن العشرين، استجابت أكبر منظمةٍ سياسيةٍ مستقلةٍ في مصر للضغوط الاستبدادية الرأسية من النظام وللضغوط الأفقية من «إخوانها» في الصحوة الإسلامية بتكتيكاتٍ قصيرة المدى للبقاء، فعززت بذلك معاقلها التقليدية، وأبقتْ أعضاءها تحت سيطرة قيادتها. غير أن هذه التكتيكات نفسَها أضعفتِ التقاليد السياسية للإخوان، وقلصت قدرة التنظيم على مواجهة التغييرات الاجتماعية في مصر قبل عام 2011، وقوضت قدرته على التصرف كلاعبٍ سياسيٍ وطنيٍّ بعد الثورة. علاوةً على ذلك، حوّلت هذه التكتيكاتُ جماعةَ الإخوان إلى مجرد مخزونٍ من الناخبين المتدينين غير الفعال نسبياً في التأثير في السياسة الوطنية على الرغم من العدد الهائل لأعضائها.

جاءت ثورة يناير 2011 بمثابة مفاجأةٍ لمعظم السياسيين في الداخل، وكذلك للمحللين في الداخل والخارج، ولم تكن أقلَّ إثارةً للدهشة بالنسبة للإخوان المسلمين. كان التنظيم قد أعاد ترتيب هيكله الداخلي للتو بترسيخ الوضع القائم فيه بين عامي 2005-2010، واختار محافظا عتيدا (محمد بديع) مرشدا للجماعة في عام 2010. أجبرتْ سرعة أحداث الثورة الإخوانَ المسلمين على رسم مسارٍ سياسيٍّ جديدٍ تحت ضغط التوقعات الشعبية المتصاعدة، وانعدام الثقة المتبادل مع كثيرٍ من أجهزة الدولة، والتنافس بين الإسلاميين أنفسهم. تعامل التنظيم مع مصادر الضغط المتضاربة تلك باتباع تكتيكاتٍ يوميةٍ تحمل روح حقبة ما قبل 2011. وأبقت هذه التكتيكات جماعة الإخوان على قيد الحياة، بيْد أنها فشلت في تمكينها من طرح مشروعٍ سياسيٍّ مقنعٍ، أو التواصل بفعالية مع المجال

العام الحيوي ومتعدد الأوجه بعد عام 2011، أو تشكيل جبهةٍ وطنيةٍ صلبةٍ لتعزيز موقفها التفاوضي مع العسكر.

في أعقاب الثورة بدا أن المجلس الأعلى للقوات المسلحة الحاكم قد توصل بسرعةٍ إلى توافقٍ مع جماعة الإخوان لاحتواء تقلبات الشارع المصري، وسرعان ما شكّل لجنةً لصياغة تعديلاتٍ على دستور عام 1971. ورأى معظم الثوار غير الإسلاميين في عام 2011 أن الدستور غير قابلٍ للتعديل، فقد كان من مخلفات النظام القديم ومن ثمَّ توجب إلغاؤه تماما لو كانتِ الأحزاب السياسية جادةً في بناء دولةٍ جديدةٍ قائمةٍ على شرعية الثورة.[4]

أما الحركات الإسلامية فكانت لديها أسبابٌ براغماتيةٌ لإعادة الحياة إلى طبيعتها، الأمر الذي أمكن تحقيقه على نحو أسرع بدستورٍ معدلٍ مقارنةً بكتابة دستورٍ جديدٍ من الصفر. كان هاجسُ الإخوان المسلمين الذين عانَوا أكثر من غيرهم من وطأة الحكم الاستبدادي في عهد جمال عبد الناصر هو احتمالية دخول البلاد في حقبةٍ أخرى من هذا الاستبداد بفعل التقلب المؤسسي الذي أحدثته ثورة 2011. لم تكن حقبة نظام عبد الناصر هي الحقبة الوحيدة التي خضعت فيها مصر لسلطةٍ استبداديةٍ: فعلى الرغم من التقاليد الدستورية والقانونية العريقة، لدى مصر أيضًا تقليدٌ طويلٌ وراسخٌ من الحكم الاستبدادي، حيث أضفى الحُكام المستبدون الشرعيةَ على أنفسهم، في حالاتٍ عديدةٍ، بحجّة أنهم يحمون ثورةً أو يدشنون مشروع تحديث سريع.

في المقابل جاء دستور عام 1971، الذي وُضع فور وصول أنور السادات إلى السلطة، ليجسد نهاية «شرعية عبد الناصر الثورية» وعودة «الشرعية الدستورية»،[5] فمكّن هذا التحولُ نظامَ السادات من إنتاج سلالةٍ جديدةٍ من المثقفين السياسيين والقانونيين المحافظين، وأطلق حقبةً انحسر فيها نسبيا حكم الفرد القائم على الشعبوية. بالنسبة للإخوان المسلمين، ضَمِنَ هذا الدستور حداً أدنى من السياسة التوافقية، فكان بمثابة عصفورٍ في اليد، في حين أن دستوراً جديداً وأكثر كمالاً من الناحية النظرية كان بمثابة عصفورين على الشجرة.

أراد المجلس العسكري والإخوان والناخبون جميعهم طوي صفحة أحداث الثورة لأسبابٍ متباينةٍ، ولم تظهرِ التناقضات داخل هذه الكتلة التي بدت متماسكةً في ظاهرها إلا بعد الانتخابات البرلمانية والرئاسية، وقدِ اتضح لاحقاً أن قبضة الإخوان على مجتمعٍ يغلبُ عليه التدين لم تكن قويةً كما كان يُفترض؛ وأن ثمة تصدعاتٍ في الحِلف الاجتماعي الذي أطلق الثورة؛ وأن قوةً مضادةً للثورة كانت تشتري الوقت لترتيب صفوفها.

جذور الأُخوّة الإسلامية

تطورتِ السياسة الحديثة في مصر في أعقاب ثورة 1919 وتأسيس حزب الوفد، فقد شكلتِ التحولاتُ الاجتماعيةُ والاقتصاديةُ أثناء الحرب العالمية الأولى نقطةَ لاعودةٍ في العلاقات بين الجماهير والنخبة القومية الصاعدة من ناحيةٍ، والحكم الفردي للقصر الملكي والإدارة الاستعمارية البريطانية من الناحية الأخرى. خلال التقلباتِ التي رافقت تجربة الديمقراطية البرلمانية الجزئية التي امتدت لثلاثة عقودٍ في مصر، لعبت الجامعاتُ دوراً مُعتبرا، ووفرت قناةً بديلةً للسياسة عندما خنق القصرُ العمليةَ الديمقراطيةَ، لا سيما لجيلٍ جديدٍ من الطبقة الوسطى الآخذة في التوسع بعد الحرب العالمية الثانية. استولى الضباط الأحرار على السلطة في عام 1952، فحلّوا الأحزاب السياسية وعلّقوا السياسة الديمقراطية لما يقرب من ستة عقودٍ، ما أدى إلى إنهاء دور الجامعات كمركزٍ للنشاط السياسي والاحتجاجات ومصنعا لأجيال متعاقبة من السياسيين والناشطين المصريين. سيطر نظام عبد الناصر القومي العربي على الشارع بأقلّ قدرٍ من المعارضة لما يقرب من خمسة عشر عاماً، بيْد أن هزيمته في الحرب العربية-الإسرائيلية سنة 1967 أطلقتِ العنان للاحتجاجات الطلابية في عام 1968، وعادتِ الجامعاتُ إلى الساحة السياسية بقوةٍ بعد حوالي عقدٍ من الاستبداد غير المسبوق.

أُسست جامعة القاهرة، أولُ جامعةٍ في مصر، في عام 1908، وبعد عقدٍ من الزمن أمسى الحرم الجامعي قاعدة من قواعد موجة التعبئة القومية سنة 1919. وفي ثلاثينات القرن الماضي قاد طلابُ جامعة

القاهرة انتفاضة عام 1935 ضد الاحتلال البريطاني، ما أدى إلى إبرام معاهدة 1936 وقلَّصت رسميا سلطات الاحتلال. كما شهدتِ الثلاثيناتُ ظهورَ حركاتٍ أيديولوجيةٍ راديكاليةٍ ابتعدت تدريجياً عن النزعة الدستورية المحافِظة لحزب الوفد، وقد تراوحت هذه من حزب مصر الفتاة اليميني إلى عدة حركاتٍ شيوعيةٍ. وقد أُسست جامعة الإسكندرية عام 1938 في ثاني أكبر مدن مصر من حيث عدد السكان حينئذٍ، وزاد التحاق الطلاب بالجامعتين تدريجياً. في هذا الجو من السياسة الراديكالية، وعلى إثر توسع التعليم العالي ومن ثمَّ توسع المهن الحديثة بين أفراد الطبقة الوسطى، برزت جماعة الإخوان لتحتل مكانةً راسخةً في السياسة والمجتمع المصريَّين تحت قيادة مؤسسها حسن البنا.[6]

حظي البنا بشعبيةٍ كبيرةٍ لدى الطبقة البرجوازية الصغيرة التي اندمجت في المدن حديثاً، حيث تلقى كثيرٌ من أفرادها تعليماً عربياً إسلامياً تقليدياً في الكتاتيب (المدارس الابتدائية الإسلامية التقليدية)، قبل الانتقال إلى مدرسةٍ ثانويةٍ حديثةٍ ثم إلى الجامعة، مثلما فعل البنا نفسه. ميّز هذا المزيج من التطلعات الحديثة والحضرية، والمشاعر القومية، والخلفيات الدينية المحافظة أعضاءَ الإخوان لعقودٍ تلث. وبعد تنامي التنظيم وفتْحه فروعاً في جميع أنحاء مصر، أصبح تطوره وثيق الارتباط بتطور المجتمع ككلٍّ، وربما أكثر من أي مؤسسةٍ أخرى في البلاد باستثناء الدولة نفسها.

شهدت مصر ارتفاعاً مستمراً في الالتحاق بالجامعات، حيث زاد عدد طلاب الجامعات عشرة أضعافٍ بين عامي 1930 و1952. كما تضاعف عدد طلاب الجامعات تقريباً بين عامي 1955 و1965 بالتوازي مع صدور قرارٍ من حكومة عبد الناصر بجعل التعليم الجامعي مجانياً للجميع. أما الأزهر، وهي الجامعة الإسلامية التي أُسِّست في القرن العاشر الميلادي، فقد سُمِّيت جامعةً وطنيةً في عام 1961، ففقدت استقلاليتها وازداد عدد طلابها زيادةً كبيرةً، وافتُتحت فيها كليات للعلوم والعلوم الإنسانية مثل أي جامعة أخرى.[7]

شهدت العقودُ التالية تحولاتٍ مختلفةً في مصر، وأصبح وضع الطبقة الوسطى أكثر تعقيداً. وقد توفي عبد الناصر في عام 1970، فأُغلق أولُ فصلٍ من فصول تاريخ ما بعد الاستعمار في تاريخ البلاد. ثم أبلى الجيش

المصري بلاءً حسناً في حرب تشرين الأول / أكتوبر 1973 ضد إسرائيل، ما عزز من حضور السادات، ومهّد الطريق أمامه للانفتاح على الغرب، وعقْد السلام مع إسرائيل، وتحويل البلاد إلى اقتصادٍ رأسماليٍّ، لكنّ الدولة المصرية لمّا راحت تتنصل من بعض التزاماتها الاجتماعية والاقتصادية السابقة، وسياساتها القومية بعد عبد الناصر، تضاءلت قدرتُها على قيادة الجماهير، ونتيجةً لذلك رضخت الدولة لحتمية الانفتاح السياسي الجزئي، ما سمح للإخوان بالظهور على الساحة السياسية من جديدٍ. كان السادات حريصاً على هزيمة الناصريين والشيوعيين الذين احتجوا بشدةٍ على سياساته، ورأى في الانفتاح الحذِرِ على جماعة الإخوان وسيلةً لإضعاف نفوذ الناصريين، وخاصةً في الجامعات المصرية التي كانت تعج حينئذٍ بعددٍ غير مسبوقٍ من الطلاب وموجةٍ من النشاط السياسي.

في أعقاب الانتفاضات الطلابية بين عامي 1968 و1972، اتسع نطاق الالتحاق بالجامعات المصرية ليشمل جميع خريجي الثانوية العامة. وكانت عمليات القبول الموسعة في جزءٍ منها محاولةً لجعل الكتلة الطلابية أكثر تنوعاً عن طريق قبول طلابٍ من خلفياتٍ ريفيةٍ يُفترض أنها محافظةً ومتدينة أكثر من غيرها،[8] ونتيجةً لذلك تضاعف عدد طلاب الجامعات ثلاث مراتٍ تقريباً بين منتصف السبعينات ومنتصف الثمانينات، فأُنشئت لهم ستُّ جامعاتٍ في المحافظات المصرية، بالإضافة إلى العديد من أفرع الجامعات الحكومية في المحافظات الأصغر.[9] أدتْ هذه الطفرة إلى ظهور جيلٍ جديدٍ من النشطاء الإسلاميين الذين كانوا على علاقةٍ جيدةٍ بنظام السادات في بادئ الأمر.[10]

وفي السبعينات أُطلق سراحُ أعضاء الإخوان ممن كانوا يقبعون في السجون تحت حكم عبد الناصر، فانجذب خريجو الجامعات الجددُ نحو الجيل الأكبر من الإسلاميين بحثاً عن منصةٍ سياسيةٍ أكثر ديمومةً من نشاط الحرم الجامعي، وسعَوا للإفادة من خبرة الرعيل الأول من حقبة ما قبل عام 1952. ترك هذا الاندماج بين من بلغوا سن الرشد في السبعينات ومن فاقوهم سناً من الرعيل الأول الذين أُطلق سراحهم في نفس العقد إرثاً راسخاً سرعان ما شكَّل ما يسمى بالقيادة التاريخية للإخوان المسلمين.

عودة جماعة الإخوان المسلمين

قبل حملة عبد الناصر القمعية ضد الإخوان، كان التنظيم يضم ما يقرب من 70 ألف عضوٍ، وبحلول منتصف السبعينات ظل أقلُّ من مئةٍ ممن أُطلق سراحُهم من السجون نشطين على هيئة تنظيمٍ لمواصلة ما بدأه البنا،[11] وكان غالبية هؤلاء الأعضاء النشطين أعضاءَ سابقين في الجهاز الخاص التابع لجماعة الإخوان المسلمين، بمن فيهم محمود عزّت الذي كان قد نبذ العنف في عام 1969، لكنه ورجالاً آخرين سابقين في الجهاز الخاص استوعبوا الأساليب السرية وشِبهالسوفييتية، التي اتبعها الجهاز في التنظيم السياسي، وبذا جرى إحياء جماعة الإخوان المسلمين، لكن جيل «العمل العام» ممن كانوا في الغالب نشطاء طلابيين سابقين، حُرم من السلطة السياسية الفعالة، في حين هيمن أعضاء الجهاز الخاص السابقون على صُلب الجماعة، وفي نهاية المطاف فرضوا هيمنتهم على التنظيم بأكمله.

وأما الجماعة الإسلامية، تلك الحركة التي انتشرت وتصدَّرت السياسةَ الطلابية المصرية في مطلع السبعينات، فقدِ انقسمت بنهاية ذلك العقد، وانضمت معظمُ فروعها في القاهرة والدلتا (شمال مصر) إلى الإخوان المسلمين بقيادة مرشدهمُ العامِّ الجديدِ عمر التلمساني، في حين أَسست فروعُها في معظم محافظات صعيد مصر تنظيماً احتفظوا فيه باسم «الجماعة الإسلامية»، والذي تبنّى العنفَ ضد النظام، كما أُنشئت مجموعةٌ أصغرُ في الإسكندرية وهي شبكة «الدعوة السلفية»، وظلت بعيدةً إلى حدٍّ كبيرٍ عن السياسة وعلى علاقةٍ طيبة بالأجهزة الأمنية طوال عهد مبارك. وقد شهدت جماعة الإخوان المسلمين إعادة تشكيلها الثانية في عهد التلمساني؛ فبعثت الخط المحافظ الوطني الذي تبناه البنا، ونبذت أفكار سيد قطب.[12] لقد مهدت الحركة الطلابية الفتية إذن الطريقَ أمام ثلاث أقطاب إسلامية هي: الجماعة الإسلامية المتشددة، والدعوة السلفية، وجماعة الإخوان المسلمين المنبعثة من جديدٍ، والتي هيمنت على المجتمع المصري لما يقرب من أربعة عقودٍ وإن لم تتمتع بأي سلطةٍ سياسيةٍ رسميةٍ.

نمتْ قوةُ وشعبية جماعة الإخوان تدريجياً في العقد الأول من رئاسة مبارك، إذ كانت مصر في حالة تغيرٍ مستمرٍّ في السبعينات والثمانينات، حيث عاد مئات الآلاف من جبهة الحرب، وتَخرّج مئات الآلاف من الجامعات بإعداد قياسيةٍ في ظل اقتصادٍ ضعيفٍ بدأ يُهمل التصنيع وسارع في تفكيك سياسات دولة الرفاهة التي أرساها عبد الناصر. واهتزت الدولة الهشة التي اعتمدت في السابق على شعبية عبد الناصر لقيادة الشارع بانتفاضةٍ شعبيةٍ غير مسبوقةٍ في عام 1977 احتجاجاً على تخفيض الدعم للسلع الأساسية، وصُدمت أكثرَ باغتيال السادات في عام 1981. وعندما وصل نظام مبارك إلى السلطة اختار احتواء الكُتَل الاجتماعية الجديدة، والنشطاء الإسلاميين، والبيروقراطيين الناصريين السابقين بدلاً من الاستمرار في المواجهة المكلفة مع المعارضة، وهي مواجهةٍ اشتدت في نهاية رئاسته.

وما ساعد مبارك في نزع فتيل التوتر الاجتماعي هو الاقتصاد النفطي المزدهر في العراق والخليج الذي أتاح الملايين من فرص العمل لخريجي مصر الجددِ. بالإضافة إلى ذلك أثمرت الرؤية المحافظة والوطنية والسلمية للتلمساني عن وفاقٍ مع نظام مبارك الذي ركز على محاربة الجماعات الإسلامية العنيفة طوال الثمانينات. وفي الوقت نفسه وسّعت جماعة الإخوان نطاق تأثيرها الاجتماعي في جميع أنحاء مصر بصفتها جماعةً إسلاميةً غير عنيفةٍ تربطها بالدولة علاقةٌ جيدةٌ. وأُجريتِ انتخاباتٌ برلمانيةٌ حرةٌ جزئياً مرتين، في عام 1984 و1987، وأَظهرتِ النتائج قوةَ الإخوان الصاعدةَ على المستوى الوطني. في عام 1984، حصل حزب الوفد المنبعث من جديدٍ على 56 بالمئة من أصوات المعارضة بعد تحالفه مع الإخوان المسلمين، في حين حصل حزب العمل الاشتراكي (الذي أصبح إسلامياً فيما بعد) على 26 بالمئة فقط. لكن حزب العمل تمكن في عام 1987 من الفوز بنحو 56 بالمئة من أصوات المعارضة بعد أن تحالف مع جماعة الإخوان، بينما انخفضت نسبة حزب الوفد إلى 36 بالمئة.[13] كما حدثت هيمنةٌ مماثلةٌ في النقابات العمالية حيث نجح الإخوان في تنظيم أعضائها وسيطروا على النقابات المهمة وأعادوا هيكلتها لتوفير مزايا نسبية لأعضائها.[14]

لم يكن صعود جماعة الإخوان مجردَ مسألة تكتلاتٍ تصويتيةٍ وجاذبيةٍ شعبيةٍ وحسب، بل جسّد أيضاً طبقةٌ جديدةٌ نشأت من ممارسة التجارة في حقبة ما بعد عبد الناصر، ومن تحقيق وفرة مالية هائلةٍ من العمل في الخليج. وبحلول أواخر الثمانينات كانت ثماني من أكبر ثمان عشرة عائلةً تجاريةً في مصر على صلةٍ بجماعة الإخوان المسلمين. لم يكن هذا المجتمع الإسلامي الجديد تحت قيادة الإخوان مباشرةً، لكنه تأثر بها بشدةٍ، ونما تدريجياً حتى راح يهيمن على المجال العام اجتماعياً واقتصادياً. وتكيَّفت الدولة مع هذا الوضع ببطءٍ وعدم ارتياح، وراحتِ الطبقة الوسطى القديمة المرتبطة بالدولة تنجذب نحو الإسلاميين بعض الشيء - على الأقل ثقافياً - وراحت أنماط حياة أفرادها تتوافق تدريجياً مع الاتجاهات الاجتماعية الجديدة، غير أن جلّ الطبقة الوسطى القديمة ظلت لا تثق بجماعة الإخوان سياسياً، مقتنعةً برواية الدولة الرسمية بأن الأحزاب الإسلامية لم تصنع ساسةً أكْفاءَ، وأنها ببساطةٍ متعطشةً للسلطة، وستزعزع استقرار مصر وعلاقاتِها مع القوى الغربية. وأدى انعدام الثقة هذا إلى حدوث تباين بين التدين المتنامي لأفراد الطبقة الوسطى وانحيازهم السياسي (للإخوان المسلمين)، وهو تباين استعصى حلُّه على جماعة الإخوان لسنواتٍ، وساهم في سقوطها في عام 2013.

أصبحتِ الأفكار الإسلامية في الثمانينات أكثر تأثيراً في مجالاتٍ غير المجالات السياسية، فعلى سبيل المثال أصبح رأس المال الإسلامي مركز ثقل في الاقتصاد، كما راحت البرامج الخيرية والتضامنية الإسلامية تتحول إلى بديلٍ عن خدمات الدولة الآخذة في الاختفاء. نشأتِ الشبكات الإسلامية في معظم أحياء الطبقة الدنيا والطبقة المتوسطة-الدنيا التي بُنيت في معظمها على عَجلٍ وبشكلٍ مخالفٍ للقانون على أطراف المدينة القديمة لإيواء الملايين من المهاجرين من الريف، كما أصبحتِ الشبكات الإسلامية مهيمنةً في معظم محافظات الدلتا، وصعدت كذلك بين الطبقات العليا بفعل انعدام الثقة في الدولة، لا سيما فيما يتعلق بالمؤسسات المالية الرسمية. وتضمنتِ الشبكات الإسلامية المساجدَ الخاصةَ (التي شكلت أكثر من 80 بالمئة من المساجد في مصر بحلول أواخر الثمانينات)، والمنظمات الخيرية التطوعية بما في ذلك العيادات والمدارس والجمعيات الخيرية، والجهات الإسلامية الهادفة للربح بما في

ذلك الشركات والبنوك الإسلامية والمؤسسات التجارية ودور النشر.[15]

أدتِ الصحوة الإسلامية، كما أصبح يُطلق عليها، إلى انخراط شريحةٍ كبيرةٍ من السكان في النقابات والمنظمات الاجتماعية والسياسية الحديثة، وإن كان ذلك بدوافعَ دينيةٍ أكثر منها بدوافع وطنيةٍ. وكان دور الإخوان في النقابات مهماً لأن الجماعة ساعدت في دمج شرائحَ جديدةٍ اجتماعياً واقتصادياً في كنف مؤسسات تقديم الخدمات العامة، وبذا زادت إيرادات النقابات وقدرتها على تقديم الخدمات.[16] وطوّر الإخوان والإسلاميون الآخرون تكتيكاتٍ للتوسع اجتماعياً في حين أرجأوا أي عملٍ سياسيٍّ علنيٍّ. وفي غضون ذلك أدتِ الحملة التي شنها نظام مبارك ضد الجماعات العنيفة في الثمانينات إلى نشوء قطاعٍ أمنيٍّ قويٍّ وشبكةِ محسوبيةٍ ضمِنت عدم ترجمة أي شكلٍ من أشكال السلطة الاجتماعية الإسلامية إلى تهديدٍ سياسيٍّ. وقد أصبح لدى الإخوان، الذين لم ينتووا الاكتفاء ببناء شبكاتٍ اجتماعيةٍ إلى الأبد، طموحاتٌ سياسيةٌ، وراحوا يفكرون في سبلٍ لاكتساب سلطةٍ سياسيةٍ في نظامٍ استبداديٍّ، واستلهموا في ذلك التجربة السودانية التي شهدت صعود الإسلاميين إلى السلطة تدريجياً حتى هيمنوا على النظام السياسي في عام 1989، ليُطاح بهم لاحقاً في انقلابٍ قاده عمر البشير بعد ذلك بعشر سنواتٍ.[17]

كان نظام مبارك مدركاً أن الشبكات الاجتماعية المترامية الأطراف للإخوان والإسلاميين الآخرين تشكل تهديداً لنظامه، فنقض التفاهم الهش والضمني مع جماعة الإخوان المسلمين عندما اشتد عود النظام في التسعينات. وباتت لدى النظام حاجةٌ أقلُّ للتسامح السياسي الجزئي مع المعارضة، كما اكتشف خطةً سريةً تُعدها جماعة الإخوان المسلمين لحيازة السلطةِ السياسيةِ.

حيث تفشل الدولة يأتي الإخوان

مثّلت التسعينات العقدَ النموذجي لحسني مبارك، فقد قوّى سقوطُ الاتحاد السوفييتي شوكة كثيرٍ من حلفاء الولايات المتحدة، وعزز سياسةَ

مبارك الخارجية الموالية للغرب، فأدى ذلك إلى مشاركة مصر في حرب الخليج 1990-1991، وهي أول عملٍ عسكريٍّ لمصر منذ عام 1973. والأهم من ذلك توسُّط مصر في محادثات السلام بين الفلسطينيين وإسرائيل. لقد ولّت أيام الضباط القوميين المتمردين في صفوف الجيش، وكانت المشاركة السلسة لمصر في الحرب التي قادتها الولايات المتحدة ضد جيشٍ عربيٍّ شقيقٍ إشارةً إلى أن القومية العربية قد جرى ترويضها داخل الجيش المصري إلى حدٍّ كبيرٍ.

وعلى إثر مشاركتها في حرب الخليج حصلت مصر على إعفاءٍ كبيرٍ من الديون من قبل نادي باريس، ما ساعدها على تفادي أزمةٍ ماليةٍ. سمح هذا الإعفاء من الديون لمصر بالإبقاء على دعمٍ كبيرٍ للسلع الأساسية (بما في ذلك النفط) وزيادة الإنفاق على قطاع الأمن، ما أعطى نظام مبارك فرصةً جديدةً للمضي قدما. في غضون ذلك استمرتِ الحرب ضد الجماعات الإسلامية العنيفة حتى عام 1998 عندما نبذت الجماعة الإسلامية العنف أخيراً، فحوّل النظام انتباهه إلى جماعة الإخوان بهدف تحجيم مكاسبها السياسية.

جاءتِ الضربة الأولى للإخوان عام 1992 عندما داهمت قوات الأمن مكاتب شركة سلسبيل، وهي شركة كمبيوترٍ امتلكها عضوان بارزان في الإخوان، خيرت الشاطر وحسن مالك. وعثرتِ قوات الأمن في تلك المداهمة على مسودات خططٍ لـ «التمكين» السياسي للإخوان. ويُزعَم أن الخطط تضمنت «مشاريعَ عسكريةً سريةً، وأنشطةَ تضليلٍ إعلاميٍّ، وخططاً لتزويرِ انتخابات الجمعيات.»[18]

ثم راح النظام المصري يتخذ خطواتٍ أكثر حزماً لعرقلة طموحات الإخوان السياسية. فقد تطلب قانون الجمعيات (القانون رقم 100) الذي أقره البرلمان في عام 1993 نِصاباً قانونياً بنسبة 50 بالمئة من الأعضاء المسجلين في انتخابات مجالس النقابات، ما أعاق جماعة الإخوان فعلياً لأن نجاحاتِها اعتمدت على تنظيم المؤيدين في انتخاباتٍ نقابيةٍ ذات مشاركة منخفضة عموماً. وفي عام 1993 وضعتِ الحكومة نقابة المهندسين، والتي كان لديها مجلس إدارةٍ يهيمن عليه الإخوان، تحت الحراسة وحلّت مجلسَ إدارتها.

وفي عام 1994 أدى تعديل قانون الجامعات المصرية إلى تقويض سلطة الإخوان في مجالس إدارة أندية أعضاء هيئة التدريس بالجامعات، وإلغاء انتخاب عمداء الكليات الذين صار تعيينهم بعد ذلك من قبل رؤساء الجامعات. كما واجهت نقابة المحامين مصيراً مماثلاً في عام 1995، وتلت ذلك حملةُ قمعٍ أوسعُ نطاقاً شهدت محاكمتين عسكريتين لعشراتٍ من أعضاء جماعة الإخوان البارزين. وشملتِ التعديلاتُ الإضافيةُ لقانون النقابات في عام 1995 الإشرافَ القضائيَّ على الانتخابات، ما أتاح للنظام وسيلةً جديدةً للتلاعب بالأصوات من خلال إداريين موالين للنظام يعيّنهم القضاة.[19]

وجدت جماعة الإخوان نفسها تحت ضغوطٍ متزايدةٍ عندما راحت السياساتُ الأمنيةُ المتشددةُ تحلّ محلَّ الاحتواء في الثمانينات. وفي هذه الفترة توفي المرشد العام الرابع للإخوان محمد حامد أبو النصر (الذي بدأت ولايته عام 1986) في عام 1996 وخلَفه مصطفى مشهور ذو القبضة التنظيمية المحافِظة.

وحينئذٍ تقلصتِ الشرائح المجتمعية التي دعمت عبد الناصر، ولم يكن ثمة معارضةٌ حقيقيةٌ غيرُ إسلاميةٍ يمكن الحديث عنها، إذِ استمالت الدولةُ ما يسمى بالنخبة المثقفة العلمانية تدريجياً في مواجهة التيار الإسلامي المتجدد، فتحولت هذه النخبة إلى مجرد جهةٍ فاعلةٍ معتمِدةٍ على الدولة، وبالكاد تجاوزتِ «الخطوط الحمراء» للنظام حتى وإن عبّرت عن معارضتها لكثيرٍ من سياسات الدولة ما بعد الناصرية. وقد أكد عمر حسين، وهو قياديٌّ طلابيٌّ سابقٌ في جماعة الإخوان، أنه بحلول الوقت الذي التحق فيه جيله بالجامعات (في منتصف التسعينات) لم تكنِ المواجهة بين الإسلاميين واليساريين، بل بين الإسلاميين والمتعاونين الأمن، وقال حسين: «كان المرء إما إسلامياً أو أمنجياً [متعاونٌ أمنيٌّ]».[20] عزز نظام مبارك الذي لم يتبنَّ أي أيديولوجيا سياسيةٍ واضحةٍ - على عكس عبد الناصر - سلطتَه من خلال تجنيد المثقفين العلمانيين جنبا إلى جنب مع مؤسساته الأمنية الآخذة في الاتساع. واكتسب مبارك ميزةً كبيرةً من خلال استمالة كثيرٍ من غير الإسلاميين ممن كانوا يخشَون تنامي قوة الإخوان. وبالرغم من قلة عددهم هيمن هؤلاء المثقفون العلمانيون على

المشهد الإعلامي والثقافي، وهما ساحتان غاب عنهما الإسلاميون إلى حدٍّ كبيرٍ. كان هذا الغياب في جزءٍ منه نتيجة منع الدولة لهم من استخدام وسائل الإعلام الوطنية، والمنصات الثقافية للتواصل مع المجتمع أو التأثير فيه، لكنه كان أيضاً نتيجةً لمحدودية أدوات الإسلاميين ومعرفتهم بذا المجال، ويشهد على هذه النقطة الأخيرة الغيابُ شبهُ التام للإخوان المسلمين عن الإنتاج الإعلامي الخاص قبل عام 2011، وتواضعُ قدرتهم على استخدام وسائل الإعلام من خلال بضع محطاتٍ تلفزيونيةٍ راحت تبث من إسطنبول بعد عام 2013.[21]

نجح نظام مبارك إلى حدٍّ كبيرٍ في إقصاء جماعة الإخوان المسلمين من المؤسسات المفصلية لسلطة الدولة منذ استقلالها، مثل النقابات ومجالس الجامعات. وبدلاً من منافسة النظام في المناطق التي هيمن عليها، سعت جماعة الإخوان للتوسع في مناطق كان وصول الدولة إليها هشاً أو معدوماً. وكجزءٍ من هذه الاستراتيجية سعت جماعة الإخوان لأن تكون منبراً للمطالب القومية الشعبية عندما بدا أن سياسة الدولة بعيدةٌ كل البعد عن الرأي العام، ومن الأمثلة المهمة على ذلك العلاقات مع إسرائيل، حيث رفض الإخوان موقف مبارك الأكثر تكيفاً معها. كانتِ الاستراتيجية الجديدة للإخوان المسلمين جزءاً من هوسهم بالبقاء، الأمر الذي ميّز سنواتِ المرشد العام مصطفى مشهور، لكنها كانت أيضاً رد فعلٍ على صعود طبقاتٍ اجتماعيةٍ عليا ووسطى جديدةٍ ظهرت بفعل الانفتاح الرأسمالي والتوظيف في الخليج، فضلاً عنِ الطبقات الدنيا الجديدة التي كانت تعمل في معظمها في الاقتصاد غير الرسمي.

كان توسع الاقتصاد غير الرسمي في مصر منذ منتصف الثمانينات السمةَ الأبرز للاقتصاد ولاحقاً من الأسباب الرئيسة لاندلاع ثورة عام 2011. لم يأت هذا التوسع بفعل الهجرة من الريف إلى المدينة وحسب، بل بفعل الطفرة النفطية في الخليج التي استوعبت شريحةً كبيرةً من السكان في سن العمل في مصر (شكلتِ التحويلات من المغتربين 5 بالمئة من الناتج المحلي الإجمالي في عام 2016، وهي حالياً أكبر مصدرٍ للإيرادات الأجنبية في البلاد).[22] وأدى تدفق رأس المال هذا إلى الاقتصاد غير الرسمي إلى تغييرٍ في بنية الطبقات الوسطى والوسطى الميسورة التي كانت ترى

في الوظيفة الحكومية حتى مطلع الثمانينات الطريق النموذجي للترقي الاجتماعي. وأصبحتِ الطبقة البرجوازية المتنامية الآن تمتاز، لا بالاندماج في كنف الدولة، بل بالاستقلال المالي عنها، وسرعان ما أصبح كون المرء موظفاً في الدولة مؤشراً على محدودية فرصِ الترقي الاجتماعي. وكان التزاوج بين الاقتصاد غير الرسمي والخطاب الديني محسوساً في الاقتصاد في أواخر الثمانينات عندما استغل بضعةٌ من رواد الأعمال السلفيين غيابَ الثقة في المؤسسات المالية الرسمية، فضلاً عن الفتاوى التي تقول بأن فوائد البنوك شكلٌ من أشكال الربا (الذي تحظره الشريعة)، فأسسوا شركات صرافة موازيةٍ باتت تُعرف باسم «شركات توظيف الأموال». ورغم أن الحكومة راحت في وقتٍ لاحقٍ تقمع هذه الشركات، فإن ظهورها يشير إلى وجود مشهدٍ جديدٍ لم يستثمر فيه الإخوان بالكامل بعد.[23]

ولغاية حملة القمع في عام 1992، اعتمدت جماعة الإخوان اعتماداً كبيراً على الطبقات المتعلمة والمنظمة، وهو ما كان واضحاً في نجاحاتها في النقابات والجامعات، لكنّ ذلك تغير تغيراً جذرياً بفعل ضغوط الاستبداد عندما راح التنظيم يركز على البقاء باستخدام رأس ماله الاجتماعي للتوسع بين الطبقات الاجتماعية التي عملت في معظمها في الاقتصاد غير الرسمي. وساهم تدفق رأس المال في الاقتصاد غير الرسمي في خلق فرص عملٍ في جميع الصناعات والتجارات تقريباً طوال عهد مبارك، وقد تضمن الاقتصادُ غير الرسمي الأعمالَ التجارية والإنتاج في «التجارة والزراعة والأثاث والمعادن وتصنيع الأغذية، والتي عملت بأكملها خارج قوانين الدولة والرقابة الحكومية ... وبين عامي 1980 و2012، نما الاقتصاد غير الرسمي بنسبة 1 بالمئة كل عامٍ ... [و] وفقاً للبنك الدولي، مثّل الاقتصاد غير الرسمي 50 بالمئة من إجمالي الناتج المحلي للبلاد.»[24] حينئذٍ راحت جماعة الإخوان تتوسع خارج المركز السياسي التقليدي من خلال الاستفادة من وضع الطبقات الوسطى، والوسطى الميسورة المستقلة مالياً، والطبقات العاملة غير الرسمية، فافتتحت عشرات المدارس والمستشفيات والمشاريع التجارية عالية الجودة، والتي كانت توفر للطبقة الوسطى والوسطى الميسورة ما عجزت دولة الرفاهة المريضة عن تقديمه، فضلاً عن تقديمها خدماتٍ دينيةً لم تُعتبَرِ الدولةُ جديرةً بالثقة بتوفيرها؛ وأما الطبقات العاملة، فقد توددت لها الجماعةُ من

خلال مئات المبادرات الخيرية والخدمات الضرورية.

تخلى الإخوان عن السعي لتحقيق العدالة الاجتماعية من خلال الدولة، وهو سعيٌ مثّل عنصراً أساسياً في خطاب الجماعة خلال الأربعينات ومطلع الخمسينات من القرن الماضي، وأصبح علاج الإخوان للفقر بعد الثمانينات يتمثل في تطوير شبكات خدماتٍ موازيةٍ خاصةٍ بهم،[25] فقد وجدوا في القطاع غير الرسمي فرصةً لتأسيس حضورٍ قويٍّ، أو ما صار حصناً فيما بعد، على طول ما يُمكن تسميته بـ«خطوط الصدع» لدولة القومية الحديثة، وبين الطبقات المهمشة التي لم تكنِ الدولة قادرةً على إدماجها سياسياً ولا انتشالها من الفقر. في النهاية لم يكن من الصعب الترويجُ لذلك بوصفه نموذجا لمنظمة مجتمعٍ مدنيٍّ تقدم الخدمات والسلع الأساسية بدلاً من الدولة في حقبةٍ النيوليبرالية الولِيدة التي ساد فيها اعتقاد بأن وظائف الدولة الكلاسيكية في طريقها إلى الزوال. كان قرار النظام دفع جماعة الإخوان إلى الهامش غير الرسمي مع إحكام قبضته على المركز الاجتماعي السياسي بمثابة توزيع أدوار لا بأس به في وقتٍ لم تكن فيه للنظام طاقة على تقديم نموذجٍ تنمويٍّ حقيقيٍّ. وقد أدت هذه الاستراتيجية، في دولةٍ مركزيةٍ إلى حدٍّ كبيرٍ، إلى إضعاف جماعة الإخوان المسلمين في نهاية المطاف وإن سمحت لها بتوسيع قاعدتها الشعبية من الناحية الكمّية بين المهمشين.

وقد طُبق نفس المنطق غير الرسمي على الطبقة البرجوازية الثرية الصغيرة نسبيا، التي تُركت لتنجوَ بمفردها، فقد تأثرت بالكاد ثروة هذه الطبقة بالضرائب، ولم يكن لها أي تمثيلٍ في عمليات صنع القرار. وتميز العقد الذي سبق الثورة بإضعافٍ غير مسبوقٍ للدولة القومية الحديثة كنظام اجتماعي بطرقٍ قد يصعب على المتابعين في الغرب تصوُّرها، فقد نشأت فضاءات اجتماعية موازيةٌ منعزلةٌ، وازدهرتِ الهويات الفرعية لدى كثيرٍ من الفئات الاجتماعية، ولم يكن هذا حكراً على جماعة الإخوان المسلمين. وأصبح لدى شريحةٍ ذاتِ توجّهٍ غربيٍ وليبراليٍّ من الطبقة العليا مشاريعُها الاجتماعية والاقتصادية الخاصةً بها، كما ظهرتِ العديد من المساحات والشبكات القبطية بين الأغنياء والفقراء على حدٍّ سواء. وكانت كثيرٌ من المدارس والمستشفيات والجمعيات الخيرية ومنتجعات

الإجازات الصيفية وأحياناً صالونات تصفيف الشعر تُعرف بارتباطها بالمسلمين المحافظين أو أعضاء الإخوان المسلمين أو السلفيين أو الأقباط أو الليبراليين، وكان لهذا التشرذم أثرُه على خطاب الإخوان، لا سيما داخل صفوف الجماعة، فبحلول أواخر التسعينات كان أعضاؤها حريصين أكثر من أي وقتٍ مضى على الزواجِ من بعضهم البعض، وإرسالِ أطفالهم إلى مدارسهمُ الخاصةِ، والاستثمارِ في مشاريعهمُ الخاصةِ، وهلم جرا. واستمرت جماعة الإخوان في الضغط قدرَ استطاعتها للحفاظ على وجودها في النقابات، وحافظت على وجودها وأنصارها بين طلاب الجامعات، غير أن هذه الجماعاتِ هُمشت تدريجياً داخل بنية جماعة الإخوان التي راحت تفقد طابعها كتنظيمٍ وطنيٍّ، وبدأت بالتحول إلى مجالٍ اجتماعيٍّ اقتصاديٍّ منعزلٍ نسبياً لصالح طبقةٍ وسطى وميسورةٍ صغيرةٍ مرتبطة ارتباطاً ضعيفاً بالفئات المُهمَّشة من خلال عددٍ كبيرٍ من الخدمات التي قدمتها على طول خطوط الصدع الاجتماعية للدولة القومية الحديثة.

كان التغير الذي طرأ على قاعدة أنصار الإخوان واضحاً وضوح الشمس عندما أتيحت للبلاد أولُ فرصةٍ لإجراء انتخاباتٍ ديمقراطيةٍ في عام 2012، وكشف كيف تطور ميزان القوى في المجتمع والسياسة بعد التسعينات. فرغم الحضور القوي للإخوان المسلمين في محافظات الدلتا الرئيسة الأقرب إلى القاهرة (المنوفية والغربية والشرقية)، كانتِ شبكات الزبائنية التي صنعها نظام مبارك أقوى من غيرها في هذا الجزء من مصر، وخرج شفيق آخرُ رئيس وزراءٍ في عهد مبارك بوصفه المرشح المفضل هناك. كانتِ النتائج مذهلةً للغاية في المنوفية التي عادةً ما حازت نصيبا من النكات السياسية لكونها مسقط رأس السادات ومبارك، حيث تمكن شفيق من الفوز بأكثر من 50 بالمئة من الأصوات في الجولة الأولى. كما فاز شفيق في الانتخابات في الشرقية، مسقط رأس مرسي، على نحوٍ غير متوقعٍ وبهامشٍ ضئيلٍ في الجولة الأولى، وبنحو 160 ألف صوتٍ في الجولة الثانية. وبطبيعة الحال لم يكن مفاجئاً أن يحقق مرسي أفضل النتائج في معظم محافظات صعيد مصر، وفي المحافظات الريفية المهمشة، لا سيما بني سويف والفيوم، وفي الجيزة ثاني أكبر محافظات مصر من حيث عدد السكان، والتي تضم منطقةً «ريفيةً» كبيرةً فيها مساحات شاسعة من المساكن العشوائية. حلّ مرسي هنا في المرتبة

الأولى في الجولة الأولى وكذلك بين المصريين المغتربين، تلاه العضو السابق في جماعة الإخوان عبد المنعم أبو الفتوح والمرشح الناصري حمدين صباحي، فيما حلّ شفيق في المرتبة الأخيرة بحصوله على أقل من 10 بالمئة من الأصوات.[26] أشارتِ النتائج عموماً إلى وجودٍ متواضعٍ نوعاً ما للإخوان المسلمين في المراكز الحضرية في مصر. (يتناقض هذا بشدةٍ مع الأداء القوي لحزب العدالة والتنمية التركي في المراكز الحضرية الكبرى في البلاد حتى عام 2015، وهو عاملٌ عزز قوته في التفاوض مع الجيش التركي، وجعل تنفيذ مؤامرةٍ انقلابيةٍ أكثر صعوبةً).

حِصْنُ الإخوان

في أواخر التسعينات والعقد الأول من القرن الحادي والعشرين وفّرتِ الإستراتيجية الجديدة لجماعة الإخوان المسلمين حِصنا ضَمِن بقاءها الاجتماعي وزيادة عدد أعضائها، لكنها أدت إلى تراجع طموحاتها السياسية. منذ أواخر التسعينات اقتصر الانخراط السياسي لجماعة الإخوان المسلمين مع النظام على استخدام الفضاء العام عندما أعطتهم الدولة الضوء الأخضر لإظهار معارضةٍ محدودةٍ (مثل الاحتجاج من أجل فلسطين أو العراق)، والاحتفاظ بنفوذٍ ضئيلٍ في النقابات والجمعيات، وحماية الشبكات الطلابية في الجامعات. في المقابل تمثّلتِ القوة المركزية للإخوان المسلمين في الثمانينات في قدرتهم على منافسة الدولة داخل عُقر دارها من مؤسسات التنظيم الاجتماعي كالنقابات والجامعات.

خلال التسعينات وحتى مطلع القرن الحادي والعشرين بدت حركة الإخوان راضيةً نسبياً من الناحية السياسية، لكنها تحت السطح ظلت في صراعٍ سياسيٍّ مريرٍ مع النظام الذي شرع في قمع وجودها في النقابات والجامعات. كما واصلتِ الجماعة سعيها إلى تعزيز سلطتها دون المواجهة المباشرة مع الحكومة من خلال استغلال نقاط ضعف الدولة في مناطقَ معينةٍ، ورفع صوتها كلما قصّرتِ الدولة في تغذية المشاعر القومية، وتقديم الخدمات أينما كانت الدولة شبهَ غائبةٍ.

لقد آتى هوس جماعة الإخوان بالحفاظ على بنيتها التنظيمية ثماره، إذ أوجدتِ الجماعة لنفسها مجالاً اجتماعياً موازياً يمكن أن تنسحب إليه تكتيكياً كلما اشتدتِ الخلافات مع النظام. وغالباً ما تقاطعت عقلية الحِصن الدفاعية - بل وعُززت أيديولوجياً- مع خطابٍ مستلهمٍ من السلفية والقُطبية، التي دعت إلى الابتعاد عن «السياسة الفاسدة» في المركز السياسي، واعتمدت جزئيا على أفكار سيد قطب المعادية للحداثة. أما خط التلمساني المحافظ المعتدل فراح يتراجع عندما عادت الجماعة إلى تبني تفسيرات غير عنيفة لكتابات سيد قطب، وهو تحولٌ أيديولوجيٌّ تزامن وتلاءم مع التغيرات التي طرأت على جماعة الإخوان المسلمين بعد عام 1992 عندما هيمن عليها رجالٌ سابقون في الجهاز الخاص ممن كانوا يبجلون أفكار سيد قطب. كما عُزز هذا المنظور على يد أعضاء جماعة الإخوان المسلمين من الطبقة الوسطى والوسطى الميسورة ممن رأوا في جماعة الإخوان ملاذاً آمناً يقيهم «استبداد الدولة الحديثة». وقد روّج لهذا التحول حينئذٍ مفكرون ونشطاء من غير الإخوان المسلمين ممن كانوا معجبين بأفكار سيد قطب وثوريته وانتقاده الحداثة. هذا وأُعدم سيد قطب – كما قيل - بسبب كتاباته في عام 1966، لكن بحلول أواخر التسعينات كانت تلك الكتب نفسها معروضةً للبيع على رفوف مكتبة الشروق، المكتبة الأكثر شهرةً وليبراليةً في مصر. وبحلول تلك الفترة كان كثيرٌ من قراء مؤلفات سيد قطب من الميسورين والمتعلمين.

إن هوس جماعة الإخوان بالتكتيكات قصيرة المدى المصممة للبقاء وتقصيرها النسبي في التخطيط الاستراتيجي السياسي طويل الأمد وعلى نطاقٍ وطنيٍّ أضر بالحركة بعد عام 2011، ومهّد إلى نفي طبيعتها السياسية كما يرى محمد عفان،[27] ففي خضم سعيها إلى الحفاظ على حِصنها، لم تفقد جماعة الإخوان هويتها بوصفها تنظيما وطنيا وحسب، بل فقدت أيضاً قدرتها على أن تكون لاعبًا سياسيًّا ينافس على السلطة في مركز المجال السياسي. وعلى الرغم من النقد الذي تعرض له التنظيم من الأصدقاء والأعداء على حدٍّ سواء جراء هذا التحول، خدمت هذه الاستراتيجية التنظيم كثيراً من بعض النواحي في ظل حكم مبارك الاستبدادي، لا سيما في ضوء أولويات الجماعة حينئذٍ.

ومن الناحية الأخرى، ساهمتِ التوجهات الدينية المحافظة داخل جماعة الإخوان في إضعاف دورها السياسي بعض الشيء، وإن كان البقاء أحدَ أهدافِ تبنّيها هذه التوجهات. فقبل عقدٍ من الثورة همشت جماعةُ الإخوان ناشطيها السياسيين في الجامعات والنقابات بأمرٍ من زمرةٍ إداريةٍ محافظةٍ كانت تنحو أكثر فأكثر إلى نمط تديُّنٍ سلفيٍّ شعبويٍّ، كما راح تنافس الإخوان مع السلفية يطغى على أنشطة الإخوان الأخرى، لا سيما أن جماعة الإخوان والسلفيين كانت لديهم دوائرُ أنصارٍ متقاطعةٌ بين المهمشين في المجتمع المصري، وقد طغت مُعطيات هذا التنافس على نحوٍ متزايدٍ على حساب الفكر الديني الأصلي للإخوان.

ويذكرُ عمر حسين، القيادي الطلابي السابق في جماعة الإخوان، كيف أن بعض أعضاء الإخوان كانوا يَنهَون زملاءهم عن قراءة مؤلفات المفكرين الإصلاحيين ممن ارتبطوا بالإخوان وأظهروا وعياً بالسياسة الوطنية والحديثة، مثل محمد الغزالي ويوسف القرضاوي، لكونهم «منفتحين فكرياً أكثر من اللازم».[28] يُعد الغزالي والقرضاوي أشهر رجلَي دينٍ أزهريين انضما إلى جماعة الإخوان المسلمين في مرحلةٍ ما من حياتهم، قبل أن يختارا الانفصال عن التنظيم لأسبابٍ مختلفةٍ، وتشهد خطاباتهما المعتدلة نسبياً، والتي نُشرت طوال ثمانينات القرن الماضي فصاعداً، على أن العضوية في جماعة الإخوان بصفتها منظمةً سياسيةً حديثةً ساهمت في تعزيز الاتجاه المعتدل والمتواكب مع الحداثة السياسية حتى أواخر الثمانينات. باستجابته للضغوط الاستبدادية في عام 1992 وما تلاه اختار التنظيم بناء حصنٍ أقوى لسلطته الاجتماعية، وبالتالي استرضى الفكرَ السلفي القوي الذي هيمن على جمهور التنظيم المستهدف الجديد.

أدى الجنوح نحو السلفية إلى زوال هيمنة الإخوان شبه الكاملة على النزعة الدينية المحافِظة لدى الطبقات الوسطى المهنية التي طالما كانتِ السلفية فيها قوةً ثانويةً، فيما راحت موجةٌ جديدةٌ من العولمة تسمح بظهور أشكالٍ جديدةٍ من التدين البرجوازي والفكر الديني.

أفول نجم الصحوة الإسلامية الأول

منذ السبعينات أسس الإخوان المسلمون وجودهم على أنهم طليعة الصحوة الدينية التي شهدت إعادة الترسيخ الاجتماعي للشعائر الدينية مثل صلاة الجماعة وارتداء النساء الحجابَ، فضلاً عنِ اقتصاد «الزكاة» الذي كان أحدَ دعائم قوتهمُ الاجتماعيةِ. غير أن الركود الأيديولوجي التدريجي للإخوان في العقد الأول من القرن الحادي والعشرين، لا سيما في الطبقة الوسطى الميسورة، مثّل ضربةً كبيرةً للتنظيم، وأحد الأمثلة على ذلك هو الداعية التلفزيوني عمرو خالد، وهو عضوٌ سابقٌ في جماعة الإخوان المسلمين من حي المهندسين الراقي في القاهرة الكبرى، والذي حقق شهرةً واسعةً كداعيةٍ تلفزيونيٍّ في مطلع العقد الأول من القرن الحالي ببرنامجه الذي بُثَّ على شبكةٍ سعوديةٍ، وأصبح رمزاً لنمطٍ جديدٍ من التدين اللاسياسي يتماشى مع إملاءات النظام حينئذٍ. رحب الإخوان بصعود خالد كونه «أخاً» يساعد إخوانه المسلمين في التمسك بعقيدتهم، غير أن هذه المودة كانت من طرفٍ واحدٍ، فقد كان لدى خالد فهمٌ عميقٌ للحسابات السياسية الوطنية السائدة، وخاصةً بعد تأسيسه منظمةً خيريةً كبيرةً سماها «صناع الحياة»، ومن ثمَّ نأى بنفسه عن جماعة الإخوان تجنباً لحنق النظام.[29]

وثمة عدة أمثلةٍ أخرى من هذه الفترة تشير كيف كان الإخوان المسلمين يفقدون تأثيرهم على الخطاب الديني، فقد حفزتِ الطفرة النفطية في الخليج بعد عام 2003 تنويعات جديدةً من الخطاب الديني، وأبرزها القنوات الفضائية السعودية الخاصة اقرأ والرسالة اللتان تبثان برامج دينية صِرفة، إلى جانب تلفزيون الشارقة (الذي كان مملوكاً لإمارة الشارقة الإماراتية وله صِلاتٌ بالدعاة الإسلاميين). كما ازداد تأثير موقع إسلام أونلاين IslamOnline.net ومقره الدوحة. حينئذٍ أصبح لدى دول الخليج اهتمامٌ جديدٌ ومفاجئٌ بصياغة خطاباتٍ دينيةٍ جديدةٍ استجابةً للمطالب الأمريكية بعد هجمات 11 أيلول / سبتمبر بهدف مواجهة الجماعات الإسلامية المتطرفة. لم تتخذ جماعة الإخوان، والتي عدت نفسها منظمةً إسلاميةً كلاسيكيةً، خطواتٍ كافيةً للمشاركة في خطاب «الحرب العالمية على الإرهاب»، ولم تحاولِ الاستفادة من الانفتاح الأمريكي على الفكر

الإسلامي المعتدل من خلال تقديم نفسها بأنها حزبٌ دينيٌّ معتدلٌ (كما فعل حزب العدالة والتنمية في تركيا) فيما خلا تصريحاتٍ من أعضاء الجماعة في الخارج بأنها ليست منظمةً عنيفةً، كما أن الجماعة لم توطد قاعدتها الإسلامية التي كانت شعبويةً وسلفيةً حينئذٍ لأنها أرادت تجنب التصعيد مع النظام وكي لا ينظر إليها الغرب بوصفها جماعة متطرفة.

ومن أمثلة ذلك امتناع جماعة الإخوان عن إبداء رأيها بحركة بطالبان بوضوحٍ، وفقاً للباحثة هبة عزت، فقد دافعتِ الجماعة بفتورٍ عن طالبان بصفتها ضحيةً للإمبريالية دون انتقاد تحالفها مع تنظيم القاعدة.[30] ورأى الإخوان المسلمون أن معاداة أمريكا، والتي ظلت زمناً طويلاً أداةً يستخدمها كلٌّ من النظام والحركات الإسلامية عند الحاجة، عنصرٌ مهمٌّ في قوتهم الشعبية، حتى لو لم يكن قادة التنظيم أنفسُهم مناهضين لأمريكا بالضرورة. وفي أثناء «الحرب على الإرهاب» حسبت قيادة الحركة أنها إذا اتخذت خطوةً جريئةً للانفتاح على الولايات المتحدة - مثلما فعل حزب العدالة والتنمية في تركيا حينئذٍ - فلن تجلب على نفسها غضب النظام فحسب، بل أيضاً اتهاماتٍ في وسائل الإعلام الرسمية بأن الجماعة مطيّةٌ للإمبريالية الأمريكية، وقد كانتِ الجماعة محقةً في خشيتها من خسارة موقفها المناهض لأمريكا لصالح النظام، وهو ما أثبتته الأحداث اللاحقة عندما أصبحت جماعة الإخوان هدفاً للخطاب المناهض لأمريكا خلال الحملة الشعبوية التي أُطلقت ضدها في عام 2013 على إثر ما أبدته الجماعة من استعداد جاد للحوار مع الولايات المتحدة.

وعموماً تأرجح خطاب الإخوان بين مواقفَ راديكاليةٍ لاسترضاء قاعدتها الشعبوية بين المهمشين في المجتمع، وأفكارٍ إصلاحيةٍ أكثر اعتدالاً لاحتواء الطبقات الوسطى في المركز وإبراز صورةٍ إيجابيةٍ للغرب. وكانتِ النتيجة أن النوايا الحقيقية للإخوان ظلت غير واضحةٍ لشريحةٍ كبيرةٍ من المصريين المتعلمين، حتى أولئك الذين تعاطفوا معها على أساس التدين. وطوال العقد الأول من القرن الحادي والعشرين استمرت جماعة الإخوان المسلمين في الإصرار على أنها منفتحةٌ على حكومةٍ دستوريةٍ وديمقراطيةٍ حديثةٍ، وقدمت تطميناتٍ كثيرة بأنها لا تنوي تحويل مصر إلى إيران أو سودان أخرى. ومن الناحيةِ الأخرى، ومن إدراكها لبقاء المسائل

الثقافية والدينية في صلب اهتمام قاعدتها المحافِظة، استمرتِ الجماعة في التأكيد على أن دور المرأة هو أولاً وقبل كل شيءٍ في منزلها، وهو موقفٌ ظل ثابتاً إلى حدٍّ كبيرٍ، وتُوِّج في صياغة دستور عام 2012 بالتركيز على ما يسمى بالقيم الأسرية. على سبيل المثال، في عام 2008 صرّح سعد الكتاتني، أحد كبار أعضاء مكتب الإرشاد والمعتدلين في الجماعة، أن تجريم ختان الإناث «يتعارض مع أعراف وعادات وطبيعة الشعب المصري.»[31] من الصعب تصديق أن أياً من عائلات الإخوان البارزة أيَّد الختان لأنها مورست في محيطه الاجتماعي، لكن من الواضح أن الكتاتني كان يسترضي المشاعر العامة الريفية المحافظة في بلدٍ لا يزال ختانُ الإناث فيه عادة شائعة خارج المدن. مرةً أخرى اختارت جماعة الإخوان أن تنأى بنفسها عن اتخاذ موقفٍ تقدميٍّ كان من شأنه أن يجتذب أفراد الطبقة الوسطى، وآثرتِ استرضاء قاعدتها الشعبية الريفية.

النفور من الأفكار التقدمية

طوال العقدين الذين سبقا عام 2011 شاع بين الإخوان نفور من الأفكار التقدمية، فقد ربطتِ الجماعةُ الماركسيةَ بالإلحاد، والأفكارَ التقدميةَ عموماً بأسلوب حياة مروجيها «المُنحَل». وأصبح الإخوان مهووسين بالعلمانية بدلاً من الاستبداد، الأمر الذي شكّل أفكار الجيل الأكبر سناً ممن عانوا من قمع عبد الناصر، ثم خاضوا حروباً ضروساً مع اليساريين والشيوعيين. حينئذٍ تركزتِ الأسئلة البارزة بمعظمها حول المرأة والحجاب وفوائد البنوك وصنوف الفن المنافية للدين والكحول والسياحة وما إذا كانتِ الديمقراطية والتعددية متوافقتين مع الشريعة الإسلامية.[32]

لكن برغم نفور قيادة جماعة الإخوان من الأفكار التقدمية، ظهر جيلٌ جديدٌ من الإخوان عُرف بعدائه لعناصر الأمن في الجامعات. كان هذا الجيل أكثرَ انفتاحاً على الأفكار الغربية والإصلاحية فيما يخص مواجهة استبداد النظام، فقد راحتِ العديد من الأفكار تطوف بين شباب النخبة المثقفة الإسلامية، أفكارٌ ترى أن النمط الأنجلو-أمريكي من العلمانية، والذي يحترم الدور العام للدين، هو نمطٌ يمكن قبوله، على عكس العلمانية الفرنسية. واشتهر

عبد الوهاب المسيري، وهو ماركسيٌّ شهيرٌ تحوّل إلى مفكرٍ إسلاميٍّ حينذاك، بعمله المكوَّن من مجلدين بعنوان «العلمانية الجزئية والعلمانية الشاملة» حيث رأى في الأولى الشكلَ المعتدلَ والمقبولَ.[33] وفيما بعدُ انتقد كثيرٌ من الشباب الإسلاميين وما بعد الإسلاميين ما اعتبروه فهمَ المسيري الضحلَ لمفهوم العلمانية، لكن بحلول مطلع العقد الأول من القرن الحالي، ثبت لدى كثيرٍ من الإسلاميين الشباب أن الصدام مع القوى العلمانية - الهامشية إلى حدٍّ كبيرٍ في مصر - كان صداماً من زمنٍ ولّى، وأن التهديد الحقيقي للصحوة الإسلامية كان استبداد النظام.

كما أن النظام نفسه رضخ لحقيقة أن الصحوة الدينية قد أصبحت أمراً سائداً، ولذا راح ينشر أشكالاً غيرَ سياسيةٍ من التدين ليتصدى بها للدعاةَ والمفكرين الإسلاميين، لا سيما منذ التسعينات فصاعداً، وكان أشهرُ هذه الأصوات حينئذٍ الشيخ محمد متولي الشعراوي، وهو شيخ أزهريٌّ غير سياسيٍّ نأى بنفسه عن النظام دون مناقشة السياسة، وقدّم قراءاتٍ روحانيةً للقرآن. لقد تحوَّل التنافس الأيديولوجي إلى صراعٍ بين التدين الإسلامي السياسي والتدينِ غير السياسي. أما قادة الإخوان الأكبر سناً فقد ظلوا ينظرون إلى نفوذهم الاجتماعي من خلال المنظور الضيق الذي يضع التدين مقابل العلمانية، ما أدى بهم إلى المبالغة في تقدير حجم أنصارهم بافتراضهم أن تديُّن المرء وحده صوتٌ مضمونٌ في صناديق الاقتراع، وبذا احتل التدين مركز الصدارة في التأسيس الأيديولوجي للإخوان، وطغى على أي أيديولوجيا اجتماعيةٍ أو سياسيةٍ واضحةٍ.

وبمجيء الثورة التكنولوجية في مطلع العقد الأول من القرن الحادي والعشرين، والتوسع السريع في استخدام الهواتف المحمولة وأجهزة الكمبيوتر إلى جانب الوصول إلى الإنترنت، هيمن جيلٌ من الإسلاميين الإصلاحيين على طلاب الطبقة الوسطى. وجلَبَ هذا الجيل إلى الخطاب الإسلامي أفكاراً أكثر تعقيداً، وجدّد الاهتمام بالعلوم الإنسانية والإصلاح ومسائل الحداثة والدولة القومية. وانضم بعض هؤلاء المفكرين إلى جماعة الإخوان المسلمين لكنهم واجهوا خيبة الأمل والإقصاء بعد الثورة. وفي العقد الأول من القرن الحالي راح خطابٌ جديدٌ يتطور ضمن مجموعةٍ صغيرةٍ من المثقفين الإسلاميين، وعلى الرغم من تمكنهم من رأب الصدع

بين الأفكار التقدمية والدين، اقتصر تأثير هؤلاء على شريحةٍ صغيرةٍ من الطبقة الوسطى المتعلمة، لكن تأثير ذلك كان ملحوظا حيثما حلَّ، لا سيما في الجامعات.[34]

لم يؤد ظهور المجال العام الإسلامي البرجوازي إلى الزوال النهائي للإخوان بالمعنى الأيديولوجي لأن الأصوات الجديدة في هذا المجال احتفظت بروابط حاليةٍ أو سابقةٍ بجماعة الإخوان، غير أن هذه الكتلة الإسلامية تخطت حدود تنظيم الإخوان بصفته الرسمية، وأصبحت أكثر فاعليةً في الترويج للخط الإسلامي المحافظ بصرف النظر عن الولاء لجماعة الإخوان من عدمه، الأمر الذي حدّ من الهيمنة السياسية للإخوان. أدى انتشار الأيديولوجيا الإسلامية بجماعة الإخوان المسلمين لتحوُّلها إلى شبكة مصالح اجتماعيةٍ-سياسيةٍ، في حين أصبح تديُّنها العام المتجدد سائداً وواسع الانتشار لدرجة أنه لم يعد يشكل أي أيديولوجيا سياسيةٍ مفيدةٍ ومحددةٍ. وخلاصة القول إن صعود الإسلاميين مثّل نجاحاً اجتماعياً، لكنه طرح تحدياً سياسياً حول دور جماعة الإخوان في مجتمعٍ صار معظمه متدينا، مجتمعٍ كانت شرائحه الاجتماعية المختلفة تسعى لخدمة مصالحها المتباينة في سياق تآكل نظام مبارك بالتزامن مع موجةٍ من السخط الاجتماعي السياسي.

وصَفَ مَن قابلناهم كيف اعتمد الإخوان المسلمون في التجنيد اعتماداً كبيراً على حلقات دراسة القرآن في الجامعات، إذ مثلتِ الأنشطة الطلابية المكرسة للشعائر الدينية الدعامةَ الأساسية لاستراتيجية الإخوان المسلمين في تجنيد أعضائها،[35] وقد كانت هذه الاستراتيجية فعالةً في جذب أعضاء أكثر تنوعاً، فكان الناس من مختلف الطبقات الاجتماعية والمناطق في مصر يقفون «كتفاً لكتفٍ» على حد تعبير أحد من قابلناهم داخل فروع جماعة الإخوان في الحرم الجامعي.[36] غير أن الطبيعة المتقلبة وغير السياسية للتدين جعلت من المستحيل تماماً على التنظيم أن يصور نفسه بوصفه جماعة مصالح صلبةٍ الملامح، أو أن يدعي امتلاك برنامجٍ أيديولوجيٍّ واضحٍ. كان النظر إلى التدين الشخصي بوصفه مؤشراً على الدعم أو الدعم المحتمل للإخوان بقيةً من آثار السبعينات، وهو ما لم يفهمه الإخوان. وبحلول العقد الأول من القرن الحالي، وبالتأكيد بعد الثورة،

أصبح هذا التركيز على التدين الشخصي عاماً جداً بحيث لم يكن ممكناً اعتباره تصنيفاً سياسياً مفيداً.

وفيما كان الضعف الأيديولوجي للإخوان المسلمين يتكشف ويصبح أكثر وضوحاً، فشلتِ الجماعة في محاولاتها التكيف مع صعود النظام العالمي الليبرالي الجديد، ما كشف مزيداً من التصدعات داخل التنظيم. ولما كان الهيكل الإداري للإخوان يحاكي هيكل الدولة إلى حدٍّ كبيرٍ، فليس من المستغرب تحويل الجماعة تركيزها إلى الإدارة أكثر من السياسة بالتزامن مع تحولٍ مماثلٍ كان يحدث داخل النظام الحاكم.

خلال رئاسة أحمد نظيف للوزراء (2004-2011) انعطف مبارك نحو النيوليبرالية، وضم رجال أعمالٍ ناجحين إلى الحزب الحاكم ومجلس الوزراء، وراح يبذل جهوداً لمعالجة إخفاقات بيروقراطية ما بعد الحقبة الناصرية. وبالمثل شرعت جماعة الإخوان في إصلاحاتٍ إداريةٍ غير سياسيةٍ خلال هذه الفترة، وكان الهدف من التعديلات الهيكلية بقيادة خيرت الشاطر تحريرَ جماعة الإخوان من تركيز جيلها السابق على النشاط الطلابي وسياسات التمثيل الجزئي خلال السبعينات والثمانينات.[37] بدت هذه السياسة سديدةً في تلك الحقبة بالنظر إلى انحسار الطبقة الوسطى المصرية التي كانت تمد الإخوان بالأعضاء المهنيين. وسعت قيادة الإخوان إلى الاستفادة من مصادر قوةٍ جديدةٍ، ألا وهي رأسمالها التجاري، وقاعدتها الشعبية المُتسلِّفة.

وثمة عاملٍ سياسيٍّ-اقتصاديٍّ في تشكيل الفجوة بين المحافظين والإصلاحيين داخل الجماعة حينها، وهي فجوة لطالما صُوِّرت على أنها أيديولوجيةٌ بطبيعتها، غير أنها كانت مدفوعةً إلى حدٍّ كبيرٍ بالاختلافات في المصالح الاجتماعية والاقتصادية بين المهنيين ورجال الأعمال ممن بالكاد جمعتهم مصالحُ مشتركةٌ، ولم توحدهم سوى الميول الإسلامية العامة. شغل النشطاء والنقابيون من الطلاب وسط أو يسار-وسط الطيف السياسي، في حين احتلت زمرة التجار ورجال الأعمال على رأس جماعة الإخوان الطرف الأيمن من هذا الطيف. (بعد ثورة 2011 مثّل هذين القطبين حزبُ الوسط وحملة عبد المنعم أبو الفتوح الرئاسية على يسار الطيف الإسلامي، ومحمد مرسي على يمينه).

في أواخر عام 2011 صرّح القيادي بجماعة الإخوان ورجل الأعمال حسن مالك أنه ليس لدى الإخوان أي تحفظاتٍ على السياسات الاقتصادية لحكومة مبارك الأخيرة، لكنهم ببساطةٍ عارضوا فساد رجال الأعمال المرتبطين بها.[38] أتى هذا التصريح في توقيتٍ غير مناسبٍ نظراً لأن الاستياء المتراكم كان أكبر بكثيرٍ من مسألة الفساد الذي ينخر الاقتصاد المصري منذ عقودٍ. وقد شابَ الفسادُ كثيراً من جوانب السياسات النيوليبرالية التي اتبعها أحمد نظيف، ما أثار حفيظة العمال وأدى إلى موجةٍ غير مسبوقةٍ من الإضرابات العمالية قبل عام 2011. يمكن اعتبار تصريحات مالك جزءاً من جهود جماعة الإخوان المسلمين الأوسعِ لتصوير نفسها بأنها قوةٌ محافظةٌ لن تقلب الوضع السياسي والاقتصادي الراهن، ولن تذعن لمطالب الثورة الأكثر ثورية، كما جسّدت هذه التصريحاتُ الفجوةَ بين أولويات الإخوان المسلمين والسخط السياسي المتصاعد في مصر حينئذٍ.

تنافرٌ متزايدٌ

قُبيل الانتخابات البرلمانية في عام 2005، سار أنصار الإخوان في شارعٍ في حي مصر الجديدة شرق القاهرة تعبيراً عن دعمهم لأحد مرشحيهم، وكانوا يهتفون «طيبة! طيبة!» وهي اسم من أسماء المدينة المنورة، بهدف استثارة الجموع عبر تذكيرهم كيف وفّرتِ المدينة المنورة ملاذاً للنبي محمدٍ عندما أُخرج من مكة في صدر الإسلام.

غير أن الهتاف أصاب كثيراً من المتفرجين بالحيرة، فطيبة هي أيضاً اسمُ عاصمةٍ قديمةٍ كانت تقع على نهر النيل في مصر القديمة، وتُستخدم كناية عن مصر كوطنٍ أمٍّ، وهو المعنى الذي يتبادر إلى ذهن معظم المصريين المتعلمين حين يسمعونها. وقد كانت طيبة محدودةَ الاستخدام نسبياً في الخطاب الإسلامي الحديث والدعوة الشعبية كاختصارٍ للملاذ الذي لجأ إليه النبي، ولذا التبس الأمرُ على سكان مصر الجديدة، وقد لَخصت لحظةُ التباين هذه الفجوةَ بين شباب الإخوان المفعمين بالنشاط، وشرائحَ واسعةٍ من المجتمع المصري.[39]

في السنوات التي سبقتِ الثورةَ كانت هذه الحوادث في غاية الأهمية لفهم كيف أن استجابة جماعة الإخوان للضغط الاستبدادي وضعتها في موقفٍ اجتماعيٍّ وسياسيٍّ غير مُواتٍ عموماً عندما اندلعت الثورة بالرغم من نجاحها في معاقلها الاجتماعية. كان ثمة تنافرٌ متزايدٌ بين قيادة الإخوان وجزءٍ من صفوفها من جهةٍ، والسخطِ الشعبيِّ المتعاظمِ ضد النظام من الجهة الأخرى، ويُعد هذا التنافر من أهم سمات نشاط الإخوان في هذه الفترة.

في عام 2005 وضَعَ التنظيم تسلسلاً هرمياً مركزياً متيناً، وأعلن عن برنامجٍ حزبيٍّ مثيرٍ للجدل في عام 2007، إذ تضمن البرنامجُ تدابيرَ منها منعُ النساء والمسيحيين من الترشح للرئاسة، وإنشاءُ لجنةٍ مستقلةٍ لـ «كبار علماء الدين» مهمتُها الإشراف على مجلس النواب ورئاسة الجمهورية.[40] مرةً أخرى، كان برنامج جماعة الإخوان يستهدف جمهورها في المقام الأول، ونجح في إيصال فكرها المحافظ إليهم، غير أنه قوبل بانتقاداتِ كثيرٍ من المصريين المثقفين، بمن فيهم الأعضاء الشباب في جماعة الإخوان، وكذلك من علماء ونشطاء إسلاميين مستقلين، وأشهرُهم يوسف القرضاوي.[41] عكس إعلانُ البرنامج رغبة جماعة الإخوان في إحياء اهتمامها بالسياسة وتعريف نفسها سياسياً، غير أن الرسائل المختلطة من مكوناتها المتنوعة، وردود الفعل السلبية من غير الإسلاميين والإسلاميين الإصلاحيين أجبرتها على سحب البرنامج كلياً.

إن الشروع في عملٍ سياسيٍّ لجسّ النبض فيما يتعلق بدورٍ سياسيٍّ أكثرَ علانيةً، ثم المسارعة إلى سحبه أو تعديله للتكيف مع الانتقادات أو تجنب الضغط السياسي، أظهَر مرونة الإخوان في بعض الأحيان؛ وفي أحيانٍ أخرى كشف هذا النمط من السلوك مدى افتقار التنظيم إلى أيديولوجيا سياسيةٍ متماسكةٍ، وبيّن كيف أن استراتيجيتها كانت تهدف ببساطةٍ لمعرفة اتجاه الريح قبل الإقدام على أي أمرٍ حازم سياسياً، وقد أصبح هذا النمط أكثر وضوحاً وإشكالاً بعد عام 2011.

مزيدٌ من التراجع السياسي

حظيت جماعة الإخوان المسلمين بانفتاحٍ قصير الأجل في المناخ السياسي في مصر بين عامي 2003 و2007، واستطاع مرشدها الجديد، محمد مهدي عاكف (2004-2010) الاستفادة من هذا الانفتاح، فأعاد إحياءَ السياسة الوطنية التوافقية للإخوان، وشارك الإخوانُ تحت قيادته في حركة «كفاية» التي عارضت رئاسة مبارك، ونشأت من مبادراتٍ دعمتِ الانتفاضةَ الفلسطينية عام 2001، وعارضتِ الحرب في العراق عام 2003. كما شارك الإخوان في الجمعية الوطنية للتغيير التي أُسست في أعقاب اجتماعٍ عُقد في شباط / فبراير 2010 بدعوةٍ من محمد البرادعي، وضم لفيفاً من السياسيين والمثقفين للدفع من أجل إحداث التغيير في مصر.[42] غير أن هذه التحركاتِ اقتصرت على قضايا محددةٍ، ولم تؤشر إلى مشاركةٍ سياسيةٍ أوسع من جانب جماعة الإخوان المسلمين. وعلاوةً على ذلك، عندما أصدرت جماعة الإخوان مسودة برنامجها الحزبي الجديد في عام 2007، لم تفعل شيئاً يُذكر لدحض التصور الشائع بين قطاع من المصريين بأن الإخوان يفضلون نظاماً دينياً شبيهاً بالنظام الإيراني. نبع إطلاق البرنامج من رغبة الإخوان في الانخراط في السياسة، لكنه في نهاية المطاف لم يساعد في ترسيخ جماعة الإخوان كلاعبٍ سياسيٍّ له وزنه.

بدأت حملة قمعٍ جديدةٍ ضد جماعة الإخوان بمحاكماتٍ عسكريةٍ في عام 2007، فعاد الإخوان إلى موقع الدفاع، وفي مواجهة جولةٍ جديدة من الضغط الاستبدادي، ردت جماعة الإخوان - مرةً أخرى - بإحكامِ قبضتها على هياكلها الداخلية.

تزامنت هذه التطورات مع إضراباتٍ عماليةٍ ضخمةٍ وأشكالٍ جديدةٍ من النشاط الطلابي لم يَحدث مثلُها في مصر منذ منتصف السبعينات، غير أن الجماعة لم تنخرط كلياً في هذه الموجة الجديدة من السخط، وركزت بدلاً من ذلك على تجنب التصعيد ضد نظام مبارك، بغضّ النظر عن مدى زيادة النظام الضغطَ على الجماعة. أصبح هذا الاجتناب، أو بمعنى أدق الانسحاب التدريجي من السياسة، السمةَ المميزةَ لسياسة الإخوان في السنوات القليلة التي سبقت الثورة، كما أن الجماعة ظلت منعزلةً اجتماعياً نسبياً،

كما كان حالها منذ بدء حملة قمع مبارك الأولى في عام 1992. ولم تساعد هذه العزلة في قراءة المزاج الشعبي أو التخطيط المناسب لمواجهة النظام عندما حان الوقت.

في عام 2010 اشتد قمع الدولة للإخوان المسلمين، وكان من الواضح أن التنظيم ينسحب مرةً أخرى إلى حصنه من أجل البقاء، وقد تزامن هذا الانسحاب مع اختيار محمد بديع مرشداً عاماً. فشلت القيادة الجديدة في إقناع شباب الإخوان، وعلى رأسهم مجموعةٌ من المدونين الشباب ممن عارضوا التيار المحافظ في التنظيم.[43] وانخرط كثيرٌ من أعضاء الإخوان في هذا النشاط الجديد من أجل التغيير الذي اعتمد على الإنترنت، وساهموا في تكوين نخبةٍ مثقفةٍ جديدةٍ وقفت في قلب الأحداث السياسية خلال السنوات التي سبقت عام 2011، غير أن قيادة الإخوان لم تستوعب مبادراتهم. (من أبرز الأمثلة على تجاهل القيادة اجتماعٌ عقدته عام 2007 مع المدونين، بمن فيهم عياش). كما كان الاحتجاج علناً ضد النظام أمراً غيرَ واردٍ، إذ أن «الشارع خطٌّ أحمر»، كما تذكَّر أمير ما تلقاه من أوامرَ من كبار أعضاء جماعة الإخوان ونهيَهم أعضاءَ الجماعة عن الاحتجاج ضد النظام.[44]

في أثناء الثورة اتضحتِ الفجوة بين القيادة والشباب الإخواني الأكثرَ تقدمية، ففي 4 شباط / فبراير 2011، لمّا استمر مئات الآلاف بالتدفق على ميدان التحرير، انتشرت على نطاقٍ ضيقٍ أخبارٌ عن اجتماعٍ بين عدة سياسيين (بمن فيهم قادة الإخوان) وعمر سليمان مدير المخابرات العامة في نظام مبارك. وبالنظر إلى المزاج السائد في الميدان، لم يكن مفاجئاً أن كثيراً من أعضاء جماعة الإخوان المسلمين لم يدعموا هذا الاجتماع، فعلى سبيل المثال رفض إسلام لطفي القياديُّ الطلابيُّ السابق في جماعة الإخوان حضورَ الاجتماع على الرغم من مكالمةٍ هاتفيةٍ من مرسي دعاه فيها للجلوس إلى طاولة المفاوضات.[45]

لم يكن أعضاء جماعة الإخوان حاضرين في ميدان التحرير وحسبُ، بل كانوا نشطين في الثورة أيضاً، واشتُهروا بدفاعهم البطولي عن المتظاهرين خلال ما يسمى بمعركة الجمل في 2 شباط / فبراير، بيْد أن الموقف السياسي لقيادة الإخوان ظلّ مهووساً بالبقاء، ما مثل مؤشراً على بُعدها

عن زلزال الأحداث الذي كانت تشهده البلاد.

في 11 شباط / فبراير 2011، وقبل ساعاتٍ من إعلان استقالة مبارك، اجتمعت مجموعةٌ من أعضاء الإخوان في فندقٍ بالقرب من ميدان التحرير، وأشار لطفي الذي حضر الاجتماع رفقة كبار أعضاء الجماعة إلى أن أحد أعضاء مكتب الإرشاد حذّر الحاضرين من تبني موقفٍ يرى فيه نظام مبارك «تصعيداً»، وكان هذا التحذير بمثابة رسمٍ كاريكاتوريٍّ قاتمٍ لإحجام الإخوان المفرط عن خوض المخاطرة: في هذه المرحلة، حتى المجلس الأعلى للقوات المسلحة كان يعلم - كما هو حال كُثرٍ آخرين - أن نظام مبارك كان يلفظ أنفاسه الأخيرة وإنْ ظلت مؤسسات الدولة متماسكة في معظمها. وقد أصدر المجلس الأعلى للقوات المسلحة بياناً ظهر يوم 11 شباط / فبراير بتعليق حالة الطوارئ، وأعلن عزمه إجراء تعديلاتٍ دستوريةٍ وانتخاباتٍ رئاسيةٍ جديدةٍ، وأشار إلى الاحتجاجات بـ «الأحداث المتتالية الحالية التي ستحدد مصير البلاد.» بعد بضع ساعاتٍ ظهر نائب الرئيس عمر سليمان على أجهزة التلفزيون والكمبيوتر في جميع أنحاء العالم في كلمةٍ أُعدت على عجَلٍ للإعلان عن استقالة مبارك. وكان من الواضح أن قيادة الإخوان كانت متأخرةً عن زخم الأحداث ببضع خطواتٍ على الأقل.

كان للانفصال عن المشاعر والآراء السائدة بين الطلاب والأعضاء من المدن وخارج الحلقة الضيقة من القادة أثرُه على التنظيم في أعقاب الثورة، فوفقاً لدراسةٍ أجراها ياسر فتحي استناداً إلى مقابلاتٍ مكثفةٍ مع أعضاء حاليين وسابقين في جماعة الإخوان، انتقد 17 بالمئة فقط من الإخوان المجلسَ الأعلى للقوات المسلحة في شباط / فبراير 2011 وسط ما بدا أنه حالة وفاقٍ بين الإخوان والمجلس العسكري، لكن بحلول أواخر عام 2011 أعرب 79 بالمئة من أعضاء الجماعة عن دعمهم للحملات المعارضة للمجلس العسكري. كشفتِ المقابلات مع القادة الطلابيين الإخوان في الدراسة أنهمُ امتنعوا عن إيصال أوامر الإخوان بالابتعاد عن الاحتجاجات ضد المجلس الأعلى للقوات المسلحة أثناء أحداث محمد محمود في تشرين الثاني / نوفمبر 2011. كما اتخذ القادة الطلابيون الإخوان قراراتٍ مشابهةً في جميع أنحاء البلاد رغم أنهم لم يتوصلوا لاتفاقٍ مسبقٍ على تجاهل أوامر الإخوان، وذلك أنهم سعَوا إلى تجنب حنق الطلاب الذين راحوا

ينتقدون حُكم المجلس الأعلى للقوات المسلحة وأرادوا الانضمام إلى الاحتجاجات في ميدان التحرير. كانت هذه قراراتٍ مرتجلةً اتخذها القادة الطلابيون على نحوٍ مستقلٍ في جامعاتٍ عدةٍ.[46]

في آذار / مارس 2012 قررت جماعة الإخوان تسمية محمد مرسي مرشحاً رئاسياً بعد تعهداتٍ سابقةٍ بعدم الترشح للانتخابات، وكانت جماعة الإخوان قد أشارت إلى أنها لا تنوي خوض الانتخابات الرئاسية لتجنب خلق تصورٍ بأنها تهرول للهيمنة على مؤسسات الدولة. بررتِ الجماعة تراجعها عن هذه التعهدات بحجّة أنها رأت تحركاتٍ من قبل المجلس الأعلى للقوات المسلحة لخنق البرلمان الذي مثّل قلب قوة الإخوان بعد الانتخابات البرلمانية في تشرين الثاني / نوفمبر 2011. وللمفاجأة أظهرت دراسة فتحي دعماً محدوداً لمرسي بين أعضاء جماعة الإخوان المسلمين في مستهل الحملة الرئاسية، حيث أيّد 27 بالمئة فقط ترشيحَ مرسي، بينما أيد 63 بالمئة مرشحاً من خارج جماعة الإخوان، وأغلب الظن أنه كان عبد المنعم أبو الفتوح الذي اجتذبت حملتُه شريحةً كبيرةً من شباب الإخوان الساخطين. لكن بحلول موعد الانتخابات تغير الحال عندما قال 61 بالمئة إنهم صوتوا لمرسي، بينما أفاد 2 بالمئة فقط أنهم صوتوا لمرشحٍ من خارج الجماعة، وبالتالي يبدو أن الولاء التنظيمي ظلّ قوياً حتى بين الأعضاء المنتقدين للجماعة.

رأى كثيرون مؤشراً على احتكارٍ وشيكٍ للسلطة في تحوُّل جماعة الإخوان المسلمين المفاجئ نحو السعي للحصول على أعلى منصبٍ سياسيٍّ بعد وعودٍ سابقةٍ بأنها ستتقاسم السلطةَ (كانت عبارة «مشاركة لا مغالبة» شعاراً شهيراً للإخوان حينئذٍ)، غير أن محاولة الإخوان الظفرَ بالرئاسة لم تكن مدفوعةً بالتعطش للسلطة بقدر ما كانت مدفوعةً بالخوف من أن تُسحق الجماعة على يد نظامٍ جديدٍ.

وثمة عاملٌ رئيسٌ آخر لهذا التحول، ألا وهو التنافس بين الإسلاميين والمخاوف التي كانت تساور الجماعة من أن يؤدي ترشيحُ إسلاميٍّ آخر إلى خسارتهم أصواتَ المتعاطفين معهم، وقد ثبتت صحة هذه المخاوف عندما ترشّح حازم صلاح أبو إسماعيل المحامي والداعية السلفي الشهير للانتخابات واجتذب الآلاف من المصريين المحافظين. كما كان ترشيح

أبو إسماعيل مؤشراً على أن الشارع الإسلامي كان شديد السيولة بحيث لا يمكن أن ينصهر تحت قيادة تنظيمٍ واحدٍ، وأن الإخوان كانوا على وشك خسارة رأسمالهم الاجتماعي لصالح منافسيهم إذا ما تقاعسوا عن تلبية الرغبة الشعبية بوجود «رئيسٍ إسلاميٍّ». بدا إذن أن هناك ثمن باهظ سيدفعه الإخوان لافتراضهم أن عدم تقديم مرشحٍ سيكسبهم ثقةَ مؤسسات الدولة وثقةَ مَن اتهموهم بالسعي إلى الهيمنة على الدولة، ويبدو أن هذه اللحظة قد وضعتِ التنظيمَ تحت ضغطٍ لكي يميل أكثر نحو اليمين ويؤكد على إسلاميته أثناء الانتخابات الرئاسية وصياغة الدستور، ويتحالف مع السلفيين في البرلمان. وإلى جانب تخوُّفه من تجدد القمع، تشكلتِ استراتيجية التنظيم بالضغط التنافسي المتمثل في وجود منافسين أكثر تشددا منه في المجال العام الإسلامي. وغالباً ما دفع هذان الهاجسان التنظيمَ إلى انتهاج سياساتٍ متناقضةٍ وإيصالِ رسائلَ متباينة للجمهور.

في إحدى الحالات التي وضّحت علاقةَ الإخوان المشوشةَ بالمجال العام في مصر، لا سيما بعد التوسع المفاجئ لهذا المجال بعد عام 2011، تحدث مرسي الرئيسُ المنتخب حديثاً إلى الحشود عن شدة استبداد عهد عبد الناصر (قائلا تصريحه الشهير «الستينات وما أدراكم ما الستينات»). وغنيٌّ عن القول إن معظم المصريين حينها لم يعيشوا الستينات، وأن كثيراً من أبناء الطبقة العاملة ظلوا ينظرون إلى عهد عبد الناصر كمعيارٍ للقومية والرفاهة الاجتماعية، وسرعان ما أصبح تحذير مرسي الصريح بشأن الستينات موضوعَ سخريةٍ. ولم تمض سوى بضعة أشهرٍ حتى أشاد مرسي في عيد العمال بجهود عبد الناصر في تعزيز التصنيع خلال زيارةٍ لمصانع الصلب الشهيرة في حلوان جنوب القاهرة، وتعهد بأنه «سيكمل ما بدأه عبد الناصر.»[47] لم يقتصر هذا التقلب على السياسة الداخلية والروايات التاريخية، بل امتد إلى السياسة الإقليمية، لا سيما فيما يتعلق بتركيا وإيران.

الطائفية والجهاد

في آب / أغسطس 2012 سافر مرسي إلى طهران لحضور قمة حركة عدم الانحياز، وفي شباط / فبراير 2013 زار محمود أحمدي نجاد القاهرة لحضور القمة الإسلامية لمنظمة التعاون الإسلامي. وقد وُصفت هذه الزيارات بأنها تاريخيةٌ لأنها مثلت إشارةً إلى أن مصر تنفتح أخيراً على إيران بعد سنواتٍ من العلاقات الباردة في عهد مبارك. كما اقترح مرسي تشكيل «مجموعة اتصالٍ» تضم مصر والمملكة العربية السعودية وتركيا وإيران لمناقشة القضايا الإقليمية، وقد فهم بعض المحللين هذا الأمر على أنه رفضٌ ضمنيٌّ من قِبل جماعة الإخوان المسلمين لجعل السياسة الخارجية لمصر طائفيةً على أسسٍ سنيةٍ.[48]

لكن بحلول حزيران / يونيو 2013 أذعن مرسي للسلفية الشعبوية والنهج الطائفي لدول الخليج تجاه إيران وسوريا، ففي فعاليةٍ نظمتها الأحزاب الإسلامية في استاد القاهرة، أعلن مرسي أن مصر ستقطع العلاقات مع نظام الأسد، وتعهد بدعم الثورة السورية،[49] ووقف على منصةٍ أمام آلاف المؤيدين وبجواره مجموعةٌ من الدعاة السلفيين وكبار أعضاء جماعة الإخوان وقادة الجماعة الإسلامية. وتعهد كبار الحاضرين علناً بدعم الجهاد في سوريا، ومن بين هؤلاء داعيةٌ سلفيٌّ له صلاتٌ بالسعودية حثّ الدول العربية على عدم إعاقة تدفق المقاتلين لمساعدة من يقاتلون الأسد. قبل ذلك بيومين، وفي اجتماعٍ في فندقٍ بالقاهرة حضره إسلاميون وقادةٌ سلفيون، وصف صفوت حجازي، وهو داعيةٌ بارزٌ له صلاتٌ بجماعة الإخوان، الأسدَ ونظامَه وحزبَ الله بأنهم «كفار».

ومن المثير للاهتمام ما جاء في صحيفة «اليوم السابع» المصرية عن حدوث خلافٍ محتملٍ حينئذٍ بين القرضاوي والداعية صلاح سلطان الذي كان على صلةٍ أيضاً بجماعة الإخوان المسلمين، إذ يقال إن سلطان حثّ القرضاوي على طرد العلماء الشيعة من الاتحاد العالمي لعلماء المسلمين الذي كان يرأسه في ذلك الوقت.[50] كان الاتحاد العالمي لعلماء المسلمين، المعروف بصلاته بالإخوان، صريحاً في دعمه لحزب الله خلال حربه مع إسرائيل عام 2006، وهو موقفٌ وضع الاتحاد بوجه العلماء السلفيين

المقربين من المملكة العربية السعودية ممن انتقدوا دور حزب الله في لبنان (رغم بغضهم لإسرائيل). ولما راحت موجةٌ من التعاطف مع حزب الله تجتاح العالم العربي، كان هؤلاء العلماء أكثرَ تركيزاً على تسليط الضوء على الاختلافات العقائدية بين المسلمين السنّة والشيعة.[51]

كما انقلب الإخوان لاحقاً على حزب الله، فبطبيعة الحال فقدت الجماعة اللبنانية المسلحة كثيراً من شعبيتها في العالم العربي بعد عام 2011 عندما راحت تساعد نظام بشار الأسد في قمع الثورة في سوريا، وأصيب النشطاء الإسلاميون المعتدلون في كل مكانٍ بالذهول من عنف حزب الله ضد الشعب السوري. غير أن التحول في موقف جماعة الإخوان كان في المقام الأول مدفوعاً بتحالفها السياسي المتعاظم مع السلفيين، الأمر الذي راح يلقي بظلاله على تصور الإخوان العقائدي بأن الشيعة إخوةٌ في الدين، ويقوّض هذا التصور. كانت جماعة الإخوان تنجرُّ أكثر فأكثر نحو حملةٍ طائفيةٍ شعبويةٍ كثيراً ما اختلطت فيها معارضة الأسد بالمشاعر المعادية للشيعة والأولويات السعودية والجماعات الجهادية.

ووفقاً لضابطٍ مصريٍّ تحدّث دون الكشف عن هويته إلى إذاعة صوت أمريكا في تموز / يوليو 2013،[52] أثار الاصطفاف الجديد للإخوان مع الجماعات الجهادية في سوريا هواجس المجلس العسكري بالنظر لما جرى مع الجهاد خارج البلاد فيما مضى، عندما أيّد الساداتُ رسمياً إرسالَ مقاتلين متشددين للمشاركة في الجهاد في الخارج بعد الغزو السوفييتي لأفغانستان. ففي نهاية المطاف عاد مئات الجهاديين المصريين من أفغانستان إلى ديارهم، وأطلقوا العنان لموجةٍ من العنف خلال الثمانينات والتسعينات. ومنذ ذلك الحين أصبح تأييد تصدير الجهاديين خطاً أحمرَ بالنسبة للجيش المصري، ولذا مثّل تأييد الإخوان لتصدير الجهاديين إلى سوريا عام 2013 نقطةَ تحولٍ في موقف المجلس الأعلى للقوات المسلحة من جماعة الإخوان.[53]

ومرةً أخرى حوّل التقلب السياسي في فترة رئاسة مرسي تكتيكاتِ الإخوان من سعيٍ لإيجاد حلفاءٍ إلى سلسلةٍ من التجارب والأخطاء. أكسبت بعض هذه التجارب جماعةَ الإخوان حلفاءَ جدداً، غير أن بعضها الآخر قوّض التفاهمَ بين الإخوان والمجلس العسكري، تفاهماً كان ضرورياً للإخوان

للحفاظ على السلطة، كما كان التعامل مع التحدي السلفي يتعارض على نحوٍ متزايدٍ مع الجهود الرامية للحفاظ على ثقة مؤسسات الدولة في الحركة.

تحالفات متناقضة وهشة

وبالمثل سرعان ما تحوّل عِداء الإخوان لحزب العدالة والتنمية التركي، والذي رأتِ الجماعةُ ذات يومٍ أنّ أجندته «علمانيةٌ ومتأثرةٌ بالغرب»، إلى تحالفٍ وثيقٍ في عام 2013 وما تلاه، فأثناء زيارة رجب طيب أردوغان لمصر في أيلول / سبتمبر 2011، تحدث الزعيم التركي الشاب والإصلاحي (حينئذٍ) لصالح دولةٍ علمانيةٍ تحكم مجتمعاً مسلماً، فكان رد عصام العريان، القيادي الإخواني البارز والذي كان يُعد عادةً إصلاحياً، ردًا صارماً حين قال: «لا أردوغان ولا غيره له حق التدخل في شؤون دولةٍ أخرى وفرض نمطٍ بعينه عليها. الشعب المصري لن يفهم ولن يقبل أي دفاعٍ عن أي نظامٍ علمانيٍّ حتى لو كان النظام التركي.»[54] غير أن العلاقات بين القاهرة وأنقرة تحسنت بمجرد وصول مرسي إلى السلطة.

عادةً ما يسلط المحللون الضوء على التشابهات الأيديولوجية بين الحزبين (اللذين لهما جذورٌ متشابهةٌ)، لكن لا يبدو أن الأيديولوجيا كانت الحافزَ الرئيسَ لتحالفهما خلال فترة مرسي في الحكم. في المحصلة كانت جماعة الإخوان قد أبدت سابقاً تحفظاتِها على نموذج حزب العدالة والتنمية، وكانت بالفعل متحالفةً مع الأحزاب السلفية. ربما كانت الخبرة الإدارية الهائلة لدى حزب العدالة والتنمية في تركيا قد حفزت جماعة الإخوان على التحالف معه بمجرد اكتشافها أن حكم الدولة ومعالجة مسائل الحكم مهمةٌ شاقةٌ. أما بالنسبة لحزب العدالة والتنمية، فكان التحالف مع الجماعة منطقياً نظراً لدعم الحزب للثورات العربية، ومَن رأت فيهم أنقرة إسلاميين معتدلين. كما كان التحالف منطقياً بالنسبة إلى جماعة الإخوان المسلمين، بيْد أنه مثّل تقلباً آخر في سياساتها.

غير أن التقرب من السلفيين لم يؤت ثماره. لقد أدرك الإخوان والمجلس

العسكري على حدٍّ سواء ضرورة التعامل مع الشعبية الكبيرة للسلفيين الذين بدأوا في إثارة التوترات مع جماعة الإخوان المسلمين. فقد كانتِ «الدعوة السلفية»، وهي تنظيمٌ مصريٌّ أُسس عام 1984، تمقت السياسة منذ لحظة تأسيسها، ولطالما انتقدتِ الإخوان المسلمين. لم يكن هذا النقد مجرد مسألة تنافسٍ بين جماعتين إسلاميتين، بل كان مدفوعاً بالاختلافات الاجتماعية والسياسية. تألفت الدعوة السلفية في معظمها من دعاةٍ غير محترفين نما عددهم وزاد تأثيرهم في وقتٍ راحت فيه الرابطة التقليدية والمهنية لرجال الدين في الأزهر تفقد جزءاً من جاذبيتها. كانت جماعة الإخوان بطبيعتها أقربَ إلى رجال الدين التقليديين الذين كانوا يحاولون التوفيق بين الإسلام بتعريفه التقليدي والحداثة، إذ كانت تقودها طبقاتٌ ظلت تحترم العلماء التقليديين.[55] كان الإخوان يميلون إلى تمثيل المهنيين من الطبقة الوسطى والوسطى الميسورة، في حين أن التوسع السريع للسلفية في السبعينات حدث في الغالب (وإن لم يكن حصرياً) بين صفوف الطبقات الدنيا والوسطى-الدنيا.

ورغم تزايد اعتماد الإخوان على السلفيين بعد الثورة، غالباً ما أهملتِ الجماعة هذه الاختلافات الاجتماعية الكبيرة، على عكس الدعوة السلفية. وفي الواقع تمحورت معظم التوترات داخل صفوف الدعوة السلفية حول التحالف مع جماعة الإخوان المسلمين، وقد ظهر فصيلان داخل الدعوة السلفية في أعقاب الثورة بعد تأسيس حزب النور كذراعٍ لتنظيم الدعوة السلفية. وقاد أحد الفصيلين عماد عبد الغفور، وهو طبيبٌ ساعد في تأسيس الحركة في السبعينات وانتقد عدم انخراطها في الثورة والسياسة. وأما الفصيل الآخر فكان بقيادة الداعية السلفي ياسر برهامي إلى جانب الشيوخ الذين تزعموا حركة الدعوة السلفية. أدى نجاح الثورة عام 2011 إلى تعزيز موقف عبد الغفور الذي أسس حزب النور رغم استمرار التوترات مع برهامي.[56] في كانون الثاني / يناير 2013 غادر عبد الغفور الحزب وتنازل عنه فعلياً لبرهامي، وبعدئذٍ تصاعدت التوترات بين تنظيم الدعوة السلفية وجماعة الإخوان، وبلغت ذروتها بظهور الدعوة السلفية في البثّ المتلفز للإعلان عن الانقلاب على رئاسة مرسي في 3 تموز / يوليو 2013.[57]

أما الجماعة الإسلامية فكانت آخر حليفٍ يتخلى عن الإخوان. يتركز جل أنصار الجماعة في صعيد مصر، وتاريخياً كانت الجماعة أقلَّ من غيرها انتقاداً لممارسة السياسة، وكانت صاحبة نفوذٍ في صعيد مصر بعد نبذها العنفَ في عام 1998. أظهرت الجماعة الإسلامية استعداداً لدعم الإخوان بقوةٍ، حتى أنها انتزعتِ السيطرة على بضع محافظاتٍ في صعيد مصر بعد انقلاب 3 تموز / يوليو بهدف رفع التكلفة على المجلس العسكري إن استخدم العنف إلى حين التوصل إلى اتفاقٍ مقبولٍ مع الإخوان.[58]

وقد بدا أن الإخوان خسروا الجماعة الإسلامية كحليفٍ عندما وافقوا، أي الإخوان، على مطالب المجلس الأعلى للقوات المسلحة في وقتٍ لاحقٍ من ذلك الصيف. فوفقاً للطفي أُبرمت عدة صفقاتٍ خلف الكواليس بين جنرالات الجيش وسياسيين من الإخوان حينما تجمع المتظاهرون في ميدان رابعة العدوية في صيف 2013 لدعم الرئيس المخلوع مرسي. تضمّنت إحدى هذه الصفقات تخلي جماعة الإخوان عن الرئاسة والاحتفاظ بحصة 30 بالمئة فقط في البرلمان والحكومة في المستقبل، ويقال إن المرشد العام محمد بديع قبِل هذه الصفقة رغم أن أكثر من مصدرٍ أفاد إنه تراجع لاحقاً عنها وعن صفقاتٍ غيرها. يرى أمير أن عجز بديع عن إعلان الصفقة أمام الحشود الغفيرة في اعتصام رابعة – والذين بدا أنهم أصبحوا قوةً بحد ذاتهم – هو مثالٌ آخر للصلة المتقلبة بين جماعة الإخوان والموجة الشعبوية التي حفَّزتها الجماعة دون أن تتمكن من السيطرة عليها بالكامل.[59] ومن ناحيةٍ أخرى يرى لطفي أن افتقار الإخوان لاستراتيجيةٍ تفاوضيةٍ واضحةٍ كان عاملاً أكثر أهميةً في تخلي حلفائهم الإسلاميين عنهم، أكثر مما فعل الاعتصام تحديداً. وسواءً فشل بديع حقاً في إبلاغ الحشود المتململة بأمر الصفقة، أو قرر فجأةً أن بإمكانه الحصول على صفقةٍ أفضل عندما هاله عددهم، أو كان ينوي ببساطةٍ أن يستعمل المفاوضات كتكتيكٍ لكسب الوقت، فإن النتيجة كانت خسارةَ الإخوان للجماعة الإسلامية كحليفٍ. بعد بضعة أيامٍ من سيطرتها على عدة مدنٍ في صعيد مصر انسحبتِ الجماعة الإسلامية بهدوءٍ من مواقعها، وبذا أرسلت إشارةً إلى الجيش بأن سيطرته قد عادت إلى هذه المدن.

خسارةٌ كاملةٌ للهوية

تزعزع موقف جماعة الإخوان بعد أن خسرت جميع حلفائها باستثناء قاعدتها الاجتماعية والسياسية التي ثبُتَ أنها أقل هيمنةً وقوةً مما كان يُفترض في السابق. لم تفقد جماعة الإخوان هويتها كحزبٍ وطنيٍّ وقدرتَها التنظيمية على ممارسة السياسة فحسب، بل فقدت أيضاً ثقة فاعلَين إسلاميَّين لا يملكان أي تطلعاتٍ سياسيةٍ على المستوى الوطني. لقد أبدى الطرفان الآن استعدادا للتجاوب مع الجيش بدلا من السقوط مع مشروع لم تكن هناك سمات مُشتركة تُذكر بينه وبينهما كجماعتيْ مصالح، اللهم سوى اللُحى وحجاب النساء.

في الحقيقة كانت جماعة الإخوان الحزبَ الوحيدَ الذي افتقر إلى هويةٍ واضحةٍ بوصفها جماعة مصالح، إذ كانت في حالة تنقلٍ دائمٍ في المشهد السياسي في محاولةٍ للبقاء على قيد الحياة، وجلّ همها كسب الأنصار والسلطة السياسية دون تقديم أي ارتباطٍ هيكليٍّ قويٍّ بين أنصارها وسلطتها. إن الفئات التي أسهمت كثيراً في نجاح ثورة 2011 وحسِبتْ أنها ستجني ثمارها عندما شرع الإخوان المسلمون في مشروعٍ «وطنيٍّ» طموحٍ أصبحت في نهاية المطاف ضحايا فشل الإخوان واستبدادً النظامٍ المتجدد.

من الصعب إلقاء اللوم على التنظيم لعدم توقعه ثورةً لم يكن يتوقعها أحد تقريباً، لكن ما من شكٍّ بأن النفوذ الكبير للرجال السابقين في الجهاز الخاص، وفشلَ الجماعة في وضع برنامجٍ سياسيٍّ، وأفولَ الدور السياسي للتنظيم بصعود محمد بديع، هي عواملُ أضعفت موقف الإخوان عندما حلّ عام 2011، فأصبح من الصعب على الجماعة فهمُ المشهد السياسي، أو التواصل مع الشعب، أو وضعُ استراتيجيةٍ سياسيةٍ سليمةٍ، لا سيَّما في فترةٍ انتقاليةٍ قصيرةٍ تعرضت خلالها لضغوطٍ متضاربةٍ. وضعتِ الثورةُ جماعةَ الإخوان أمام واقعٍ اجتماعيٍّ لم يكن بمقدورها التعامل معه لأنها كانت معزولةً اجتماعياً نسبياً لمدة عقدين من الزمن. كما راح الواقع الجديد يكشف عن أوجه القصور في التكتيكات التي استخدمها الإخوان في عهد مبارك، فوجدتِ الجماعة نفسها في وضعٍ لا تُحسد عليه، وتعيّن عليها

التعامل مع كثيرٍ من التحولات والمعطيات الجديدة في وقتٍ لم تمدها نزعتها المحافِظة بالأدوات الضرورية للقيام بذلك على أتم وجهٍ.

وفي الوقت نفسه لم تستطع أكبر منظومةٍ اجتماعيةٍ في مصر البقاء بمعزلٍ عن التنافس على السلطة، ولم يكن انخراطها في هذه المنافسة مدفوعاً بالتعطش للسلطة بقدر ما كان بمثابة احترازٍ من القوى المعادية التي أمكن لها أن تصعد سلّم السلطة والهيمنة، بما في ذلك منافسوها الإسلاميون. إن المَهمة السياسية التي طالما طمح الإخوان إلى الاضطلاع بها وتعلموا على مر السنين أن يتخلوا عنها من أجل فرصهم في البقاء، أطلت برأسها أخيراً عندما كانت الجماعة أقل استعدادا لها من أي وقت مضى.

الفصل الثاني:
أزمة الشرعية

كان اثنان من أعضاء الإخوان يسيران في احتجاجٍ ضم مليون شخصٍ، فسأل أحدهما الآخر: «هل نحن سائرون في الاتّجاه الصحيح؟» فأجاب الآخر: «ألا ترى هذين الزعيمين في المقدمة؟ إنهما يعلمان إلى أين نتجه وبالتأكيد يسيران في الاتجاه الصحيح.» في اللحظة نفسها كان هذان الزعيمان يتحدثان وسأل أحدهما الآخر: «هل نحن سائرون في الاتجاه الصحيح؟» فأشار الآخر إلى المليون متظاهر وقال: «ألا ترى هذه الجموع؟ لم يكونوا ليتبعونا لو لم نكن نسير في الاتجاه الصحيح.»

— نكتةٌ رواها زعيمٌ طلابيٌّ سابقٌ في جماعة الإخوان المسلمين

بأي وسيلةٍ ممكنة!

في 28 آب / أغسطس 2020 أعلنت وزارة الداخلية المصرية أن قواتِها اعتقلت محمود عزّت القائمَ بأعمال المرشد العام لجماعة الإخوان المسلمين، والذي كان يُعد الأكثر نفوذاً بين مَن يوصفون بأنهم صقور الحركة.[60] كان عزت آخرَ زعيمٍ رفيعٍ في مكتب الإرشاد الإخواني يُعتقَل رغم كونه على رأس قائمة المطلوبين للحكومة منذ سنواتٍ. وعزت أستاذٌ في الطب وشغل مناصب الأمين العام للحركة قبل عام 2009 ونائب المرشد

العام منذ الانتخابات الداخلية عام 2009، وتولى تلقائياً منصبَ القائم بأعمال المرشد العام بعد اعتقال المرشد العام السابق محمد بديع في آب / أغسطس 2013، فوفقاً للنظام الداخلي لجماعة الإخوان، فإن على أكبر أعضاء مكتب الإرشاد سناً - من غير المعتقلين - تولي هذه المسؤولية.

شهدت جماعة الإخوان عدة أزماتٍ أدت إلى انقسام الحركة رأسياً، لكن عزّت وفصيلَه استطاعوا الهيمنة على الحركة وإسكات المعارضة الداخلية لقيادته. أصدرتِ الجماعة عقب اعتقاله بياناً جاء فيه أن «أعمالها تسير بصورةٍ طبيعيةٍ ومؤسسيةٍ دون أن تتأثر بغياب قائد من قادتها»،[61] وهي خطوةٌ بدت تتماشى نسبياً مع تاريخ جماعة الإخوان المسلمين في المرونة والصمود.

غير أن هذا التصريح كان بعيداً عن الحقيقة، ففي الأشهُر التي أعقبت اعتقال عزّت، انقسمتِ الحركة بطرقٍ أثّرت على أنشطتها اليومية وقيادتها وعامة أعضائها. رأى المراقبون الخارجيون أن الانقساماتِ السريعةَ التي ظهرت في جسد الإخوان كشفت مدى هشاشة التنظيم الذي قاده عزّت، غير أن أعضاء الحركة رأوا أن كثيراً من هذه التغييرات كانت تختمر منذ زمنٍ طويلٍ.

الصدمة (من تموز / يوليو 2013 إلى تموز / يوليو 2015)

في أعقاب مذبحة رابعة العدوية في 14 آب / أغسطس 2013 والتي راح ضحيتَها المئات من أعضاء جماعة الإخوان وأنصارها، استخفى عزّت، المرشدُ العامُّ المعيَّن حديثاً، عن أنظار الدولة والإخوان، غير أن الحركة شديدةَ المركزية واصلت أنشطتها بطريقةٍ لامركزيةٍ مثيرةٍ للإعجاب. إن جماعة الإخوان المسلمين ليست، كما يزعم البعض، تنظيماً شبيهاً بالمافيا لا يستطيع العمل إذا ما «قُطِع رأسُها».[62] أفاد عدة أشخاصٍ ممن قابلناهم أن الاجتماعات الأسبوعية الأسرية استؤنفت في جميع أنحاء

البلاد بعد شهرٍ واحدٍ فقط من المجزرة، في فترةٍ كانت تخضع فيها لمراقبةٍ شديدةٍ وتشديدٍ أمنيٍّ. علاوةً على ذلك، استمرتِ المظاهرات والأنشطة المناهضة للانقلاب بالرغم من انقطاع الاتصالات بين القاعدة والقادة، غير أنها افتقرت إلى الاستراتيجية، وكانت عفويةً ومدفوعةً بصدمةٍ نفسيةٍ وغضبٍ ورغبةٍ في الانتقام بعد المجزرة والبطش غير المسبوق.[63]

تمكّن ثلاثةٌ فقط من أعضاء مكتب الإرشاد العشرين من تنظيم واستئناف مسؤولياتهم بصفتهم قادةً للحركة، إذ كان الباقون إما مسجونين أو متوارين أو في الخارج. كان هؤلاء القياديون الثلاثة قد انضموا إلى مكتب الإرشاد مؤخراً، وهم محمد كمال في آب / أغسطس 2011، ومحمد طه وهدان في شباط / فبراير 2012، ومحمد سعد عليوة في كانون الثاني / يناير 2013.[64] كان معظم أعضاء مكتب الإرشاد قد انضموا للمكتب قبل ذلك بعدة سنواتٍ، مثل محمود عزّت، وخيرت الشاطر النائب السابق للمرشد العام، ومحمد مهدي عاكف المرشد العام السابق، ومحمود غزلان الأمين العام آنذاك، وجميعهم انتُخبوا في عام 1995. وبصفتهم قادمين جدداً، لم يكن كمال ووهدان وعليوة ممن يمكن تسميتهم «القيادة التاريخية» للتنظيم. في شباط / فبراير 2014 وبعد أشهرٍ من الفوضى التنظيمية، استدعى القادة الثلاثة أعضاءَ مجلس الشورى العام ممن لم يُعتقلوا وأنشأوا كياناً ليحل محل مكتب الإرشاد في قيادة الحركة: اللجنة الإدارية العليا. تألفت اللجنة من تسعة أعضاء على الأقل وضمت ثلاثة قادةٍ من الصف الثاني: عليّ بطيخ رئيس أحد المكاتب الإدارية في القاهرة، وحسين إبراهيم العضو السابق في البرلمان والقيادي في حزبِ الحرية والعدالة، الذراعِ السياسي لجماعة الإخوان المسلمين، وعبد الفتاح ابراهيم السيسي عضو مجلس الشورى العام وعضو لجنة التربية المركزية. اختير السيسي ليكون أمين عام اللجنة الإدارية العليا، ومكّنه هذا المنصب من متابعة الأنشطة اليومية للحركة في جميع أنحاء البلاد، وأن تكون له صلاتٌ مباشرةٌ مع أعضاء جماعة الإخوان النشطين من جميع المستويات رغم أن هذه التفاعلاتِ كانت محدودةً بسبب المخاوف الأمنية. وفي الواقع جعل هذا الموقف من السيسي أحد أقوى الشخصيات الإخوانية في مصر.

التنظيم الدولي

غير أن المشهد كان مختلفاً بعض الشيء خارج مصر، فلسنواتٍ عديدةٍ كان للإخوان كثيرٌ من الفروع في جميع أنحاء العالم، وغالباً ما ذكَرَ قادة الحركة أن الإخوان ينشطون في أكثرَ من ثمانين دولةً.[65] وبطبيعة الحال كان العنصر الدولي للإخوان واضحاً في هيكل الحركة.

يدير شؤونَ الإخوان المسلمين خارج مصر هيكلان: الأول هو التنظيم الدولي المكون من قيادةٍ منتخبةٍ من كل بلدٍ يوجد فيه الإخوان، ويتْبع هؤلاء القادةُ المنتخبون إلى المرشد العام لجماعة الإخوان المسلمين. يُدار التنظيم الدولي من لندن، وكان أمينُه العام إبراهيم منير (مواليد 1937) حتى وفاته أواخر عام 2022، محامياً أمضى أكثر من أربعة عشر عاماً في السجون المصرية بين عامي 1955 و 1972.

أما الهيكل الثاني فهو رابطة المصريين بالخارج والتي أسسها منير في مطلع الثمانينات لتكون مسؤولةً عن شؤون أعضاء جماعة الإخوان المصريين خارج وطنهم الأم. وجد الآلاف من الأعضاء الذين فروا من مصر بين الخمسينات والثمانينات من القرن الماضي ملاذاً في دول الخليج العربي، وعلى مر السنين دعموا جماعتَهم في الداخل بالمال والخبرات. وقد سهلتِ الرابطةُ هذا الدعمَ، واقتصرتْ مهامُها على شؤون جماعة الإخوان المسلمين في الشتات وليس داخل مصر، لكن منذ الإطاحة بمحمد مرسي في عام 2013 راحتِ الرابطة تتخذ قراراتٍ نيابةً عن القادة المسجونين في مصر، وفي تشرين الأول / أكتوبر وتشرين الثاني / نوفمبر 2013 أنشأت رابطة المصريين بالخارج لجاناً مركزيةً لتفعيل النشاطات المناهضة للانقلاب في مجالات الإعلام والسياسة والقانون وحقوق الإنسان.[66]

ووفقاً لوثيقةٍ داخليةٍ للإخوان اطلعنا عليها، توقعتْ قيادة الإخوان مصاعبَ مستقبليةً قُبيل الانقلاب العسكري عام 2013، فأمرتْ أربعةً من أعضائها بمغادرة البلاد لتمثيل الحركة في الخارج ودعم نشاطها في مصر، وكان هؤلاء الأربعةُ هم محمود عزّت الذي رفض التكليف، ومحيي حامد عضو

مكتب الإرشاد ونقطة الاتصال بين المكتب والرئاسة في عهد مرسي، وجمعة أمين نائب المرشد العام ومؤرخ الإخوان لسنواتٍ عديدةٍ، ومحمود حسين أمين عام جماعة الإخوان المسلمين منذ عام 2009، والذي كان موجوداً في الخارج وقت الانقلاب لأسبابٍ شخصيةٍ. ولاحقاً سيكون منصبُ حسين كأمينٍ عامٍّ أحدَ المصادر الرئيسة للصراع الذي أدى إلى انقسامٍ كبيرٍ بين اللجنة الإدارية العليا والقيادة التاريخية للإخوان.

اللجنة الإدارية العليا

منذ لحظة إنشائها كان على اللجنة الإدارية العليا أن تجيب عن مسألة شرعيتها كبديلٍ لمكتب الإرشاد، ولهذا السبب، وتحت قيادة محمد طه وهدان ثم محمد كمال، أعطتِ اللجنة الأولويةَ لترميم التنظيم وضخ دماءٍ جديدةٍ فيه من خلال ضم أعضاء أصغر سناً في هيكل القيادة.[67] ألغتِ اللجنة الإدارية العليا عدة لجانٍ مركزيةٍ وغيرت تسمية مهام لجانٍ أخرى. فعلى سبيل المثال أُلغيت اللجنة المركزية لطلاب الثانوي، في حين غُيِّر اسمُ لجنة البِر المركزية والتي أشرفت سابقاً على توزيع السلع والخدمات للفقراء والمحرومين في المجتمع المصري، إلى لجنة أصحاب الحقوق وركّز عملُها على أُسَرِ الإخوان المعتقلين وضحايا عنف الدولة.[68]

كما أعلنت اللجنة الإدارية العليا في آذار / مارس 2014 عن خطةِ احتجاجاتٍ وأنشطةٍ مُدّتُها ستة أشهرٍ بهدف زيادة الضغط على النظام ونشر خطاب الإخوان في جميع أنحاء المجتمع، بيْد أن الخطة تعرضت لانتقاداتٍ شديدةٍ من أعضاء وقادةٍ متوسطي المستوى على حدٍّ سواء لكونها «ضعيفةً جداً وكلامُها فضفاضٌ ولا تحمل أيَّ جديدٍ.»[69] أراد الإخوان ما هو أكثرُ من ذلك، إذ لم تُغير الخطة شيئاً فيما صعّدت الحكومة من قمعها ضد أعضاء وأنصار الجماعة المسلمين إلى مستوياتٍ غيرِ مسبوقةٍ. أدى الضغط المتزايد وتخبط خطط الإخوان المسلمين إلى موجةٍ من السخط بين قاعدة الجماعة التي بدأت في الاعتراض على قيادة اللجنة الإدارية العليا.[70]

مَأسسة العنف

في صيف عام 2014 وردّاً على عنف الدولة وغضب أعضاء جماعة الإخوان، وضعتِ اللجنة الإدارية العليا خطةً من ثلاثِ مراحلَ تضمنت تبنياً لـ «السلمية المبدعة» أو «العمليات النوعية»، وهما مصطلحان يُستخدمان بالتبادل ويشيران إلى استخدام العنف الموجه ضد من ثَبت تورطهم في القتل أو غيره من الانتهاكات الجسيمة ضد أعضاء جماعة الإخوان وأنصارها. تشير بعض الروايات إلى وجود موافقةٍ عامةٍ على هذه التكتيكات داخل جماعة الإخوان المسلمين، غير أن النزاعاتِ الداخليةَ اللاحقةَ تشير إلى أن تأييد المقاومة المسلحة لم يكن موضع إجماعٍ وأثار مخاوفَ كبيرةً بين قادة الإخوان في مصر وخارجها. جاءت خطة اللجنة الإدارية العليا بالتزامن مع زيادةٍ كبيرةٍ في الهجمات على المباني الحكومية وأبراج الكهرباء والاتصالات وأفراد الشرطة ونقاط التفتيش.

منذ الانقلاب العسكري في 3 تموز / يوليو 2013 قوبلتِ احتجاجاتُ الإخوان بالعنف، سواءً من قِبل قوات الأمن أو عملاء مدنيين يتبعون للدولة. فعلى سبيل المثال، بعد أسبوعين من الانقلاب هاجم بلطجيةٌ يعملون بالتنسيق الوثيق مع قوات الأمن في المنصورة مظاهرةً للإخوان، ما أسفر عن مقتل أربع نساءٍ بينهن قاصرٌ.[71] دفع هذا الهجوم وغيرُه من الهجمات بمنظمي جماعة الإخوان المحليين إلى تسليح عدة متظاهرين في كل احتجاجٍ بأسلحةٍ ناريةٍ خفيفةٍ للأغراض الدفاعية. لم يكنِ المتظاهرون من الإخوان بحاجةٍ إلى موافقةٍ مركزيةٍ من القيادة لحمل هذه الأسلحة، لكن بمرور الوقت أصبحت الأسلحة أكثر تعقيداً وفتكاً، وراح حاملوها يستخدمونها في هجماتٍ محدودةٍ دون موافقة قيادة الإخوان.[72]

لاقتِ الخطة الجديدة المثيرة للجدل دعماً من أغلبيةٍ ضئيلةٍ من اللجنة الإدارية العليا، لكنها اكتسبت دعماً أوسع بين القادة المحليين ورؤساء المكاتب الإدارية في جميع أنحاء مصر. كان هذا مؤشراً واضحاً على أن التغييراتِ الجذريةَ داخل الحركة كانت مدفوعةً بقادةٍ من المستوى المتوسط وعامة الأعضاء وليس بالقيادة العليا.[73]

قال إبراهيم منير، 85 عاماً، المحامي والقائم بأعمال المرشد العام للحركة (2020-2022) في مقابلةٍ مع المؤلفين: «من الخطأ استبعاد العوامل الشخصية والعاطفية من فهمِ أسباب تحول بعض الإخوان إلى العنف. هؤلاء الناس رأوا إخوانهم وأخواتهم يُقتلون في رابعة، وردُّ فعلهم ليس له علاقةٌ بالأيديولوجيا أو المناهج الداخلية.»[74]

ربما فسّرت العواطف نوباتِ العنف في الأسابيع والأشهر التي أعقبت فضَّ الاعتصامات، لكنها لا تفسر القرارَ المؤسسي الذي اتخذته اللجنة الإدارية العليا بعد نحو عامٍ من المجزرة. ففي الواقع، في أعقاب المذبحة مباشرة، رفض كمال وغيره من القادة الذين شكلوا اللجنة الإدارية العليا فيما بعدُ الدعواتِ للانتقام، وفي أيلول / سبتمبر 2013 أصدروا أوامر بحظر جميع مظاهر السلاح في احتجاجات الإخوان،[75] ولذا يبدو أن قرار اللجنة الإدارية العليا بدعم الأنشطة العنيفة ضد النظام جاء بعد تفكيرٍ طويلٍ ودقيقٍ. علاوةً على ذلك، احتاجتِ اللجنة الإدارية العليا إلى مسوغاتٍ دينيةٍ لتبرير قرارها والخروج عن التعاليم القديمة للحركة، فلعقودٍ من الزمن دأب الإخوان على تأكيد سلمية أدوات الجماعة وأساليبها وعلى تفسير تعاليم حسن البنا وتاريخ الجماعة بألطف الطرق لقطع الطريق على أي محاولةٍ لربط الحركة بالعنف السياسي.

إن أفكار البنا، وإصرار بديع على السلمية أثناء اعتصام رابعة، وتقاليد الجماعة الراسخة لعقود والنسيج الاجتماعي للإخوان بصفتهم مهنيين من الطبقة الوسطى، ومناهجها الداخلية كلها لم تُقدم أي مسوغٍ لدعم العنف كأداةٍ للتغيير السياسي، غير أن دعاة العنف السياسي وجدوا سبلاً لإعادة تفسير - أو حتى ليّ عنق - تعاليم البنا والأحداث التاريخية التي تَورط فيها أعضاءُ جماعة الإخوان المسلمين في الاغتيالات السياسية. على سبيل المثال رفض البنا فكرة الثورة مؤكداً أن «الإخوان المسلمين لا يفكرون في الثورة ولا يعتمدون عليها ولا يؤمنون بنفعها ونتائجها» لكنه في الوقت نفسه كتب أن «الإخوان المسلمين سيستخدمون القوة العملية حيث لا يجدي غيرُها».[76] هذه البيانات مربكةٌ، لا للمراقب الخارجي وحسب، بل أيضاً للأعضاء والمؤيدين للجماعة. يرى البعض من داخل الحركة أن القيادة دأبت على إبطان جوانبَ «خطيرةٍ» من أيديولوجيا الإخوان الحقيقية في

موضوعاتٍ مثل الجهاد خوفاً من إساءة استخدامها، وأن هذه الأيديولوجيا المخفية ربما وفّرت أسساً للمقاومة العنيفة للنظام بعد عام 2013. في مقابلةٍ هاتفيةٍ عام 2018 قال عضوٌ سابقٌ في جماعة الإخوان عندما كان في السجن إن شباب الإخوان في السجون شعروا بـ «الخيانة» و «الخداع» من قبل قادة الإخوان لعدم تزويدهم بفهمٍ كافٍ لمفاهيم المقاومة مثل الجهاد.[77]

احتاجتِ اللجنة الإدارية العليا مزيداً من المصادر والحجج المقنعة لتبرير استخدام العنف بعيداً عن النصوص المتضاربة للإخوان، وجاءتِ التبريراتُ الدينية التي كانت تنتظرها اللجنة الإدارية العليا في شكل بيانين في كانون الثاني / يناير وأيار / مايو 2015. الأول كان وثيقةً داخليةً بعنوان «فقه المقاومة الشعبية للانقلاب» وأعدّتها لجنةٌ من علماء الإخوان شكلتها اللجنة الإدارية العليا، وكانت أولَ وثيقةٍ يدعو فيها الإخوان إلى المقاومة وإسقاط الحكومة بالوسائل العنيفة.[78] وفي رسالة نُشرت بعد أشهرٍ، قال محمد عبد الرحمن عضو مكتب الإرشاد الذي واصل نشاطه في 2015 بعد عدة أشهرٍ من التواري عن الأنظار، إن الوثيقة لم تحظَ بموافقة قيادة الحركة، وهو زعمٌ رفضه كمال في رسالةٍ أخرى.[79]

وأما الوثيقة الثانية فكانت فتوىً حملت توقيعاتِ 150 من علماء المسلمين من عشرين بلداً بعنوان «نداء الكنانة». رأى كثيرون في الفتوى تشجيعاً لقرار اللجنة الإدارية العليا على استخدام العنف الموجه ضد «الجُناة ومن حَرّضوا على قتل النفوس البريئة»، بما في ذلك «الحكام والقضاة والضباط والجنود وعلماء الدين والإعلاميون والسياسيون.»[80] وأشادتِ اللجنة الإدارية العليا بالبيان قائلة: «هذا هو ديننا وهؤلاء هم علماؤنا.»[81]

قبل يومين فقط من نشر الوثيقة الثانية، نَشر محمود غزلان عضو مكتب الإرشاد مقالاً على أحد المواقع الرسمية للإخوان يؤكد فيه أن «السِّلمية» هي السبيل الوحيد لمقاومة نظام الانقلاب.[82] يُعتقد أن المقال كُتب بالاشتراك مع عبد الرحمن البر، وهو عضوٌ آخرُ في مكتب الإرشاد يُعرف بأنه مفتي جماعة الإخوان المسلمين. دعتِ الوثيقة شبابَ وأعضاء الإخوان إلى «عدم الكفر بالديمقراطية» ومواصلة الثورة و»التوحد على رؤيةٍ وطنيةٍ

واضحةٍ لمستقبل مصر الحرة التي تتسع لجميع أبنائها دون استثناءٍ أو إقصاءٍ.» في الأيام التي أعقبت نشر المقال، اعتقلت قوات الأمن الحكومية غزلان والبر، وكذلك طه وهدان وعبد العظيم الشرقاوي، وكلاهُما من أعضاء مكتب الإرشاد المعروفَين باختلافهما مع مواقف كمال في اللجنة الإدارية العليا. أشارتِ الاعتقالات إلى أن الحكومة المصرية على الأقل لم تُفرّق بين من دعا إلى المقاومة المسلحة ومن نهى عنها. غير أن كثيرين كانوا مقتنعين بأن الاعتقالاتِ حدثت كجزءٍ من جهود السلطات المستمرة لدفع المعارضين نحو سلوك مساراتٍ عنيفةٍ.

وقدِ اتضح هذا التوجه من جانب النظام في عدة حوادث وُثقت في السجون، إذ أفاد محمد سلطان، وهو سجينٌ سياسيٌّ مصريٌّ-أمريكيٌّ سابقٌ أضرب عن الطعام لمدة 489 يوماً قبل أن تُفرج عنه السلطات المصرية بشرط التخلي عن جنسيته المصرية، أن سلطات السجن أرسلت له أولاً إماماً معممًا لثنيه عن الاستمرار في الإضراب عن الطعام، وعندما لم تفلح في ذلك، أرسلتِ السلطاتُ سجناءَ من تنظيم الدولة الإسلامية. يروي سلطان:

> راحوا يُحْضرون رجالاً من داعش، وكانوا يُحْضرون هؤلاء الرجال لأنهم كانوا متحالفين مع السلطات، وكانوا يقولون إن «المقاومة هي المقاومة، وكل شيءٍ آخر لا طائل منه. هؤلاء الناس لا يحترمون سوى القوة والسلاح. إنهم لا يحترمون حالة الضعف التي تعيشها الآن. يجب أن تمتلك القوة للمقاومة.» إن [جعلك متطرفاً من خلال هذه الأساليب] منطقيٌّ تماماً إذا لم تستطع إدارةُ السجن إقناعَك [أن الإضراب عن الطعام] غيرُ جائزٍ دينياً، وهو يخدم روايتها في حال قررت السير في الطريق العنيف.[83]

الإخوان المصريون في الخارج

كان وضع الإخوان المسلمين في الخارج فوضوياً بنفس القدر، فبعد المجزرة هاجر الآلاف من أعضاء الإخوان من مصر في موجاتٍ، لا سيما إلى

تركيا وقطر وماليزيا والسودان وعددٍ من الدول الأفريقية الأخرى. كان كثيرٌ ممن فرّوا من البلاد من بين أكثر الأعضاء نفوذاً في الجماعة، وكان بعضهم قد شغلوا مناصب وزاريةً ومناصب رسميةً أخرى في حكومة مرسي، أو خدموا كأعضاء في البرلمان، أو كانوا جزءاً من قيادة الصف الثاني في التنظيم (كأعضاء مجلس الشورى العام).

شكّل وجود أعضاء جماعة الإخوان المصريين خارج مصر على هذا النطاق تحدياتٍ جديدةً لهياكل الجماعة في الخارج. حينئذٍ قاد كيانان عمَلَ الإخوان في الخارج مباشرةً. الأول كان مكتب الاتصال للإخوان في الخارج، وهو كيانٌ أُسس بعد فترةٍ وجيزة من الانقلاب وترأّسه محمود حسين المسؤول الرفيع الوحيد الذي كان خارج مصر عند وقوع الانقلاب في مهمةٍ لصالح جماعة الإخوان المسلمين وأمينها العام. تنقّل حسين بين عدة بلدانٍ قبل أن يستقر في قطر عام 2013. وبعد ضغوطٍ إقليميةٍ طلبتِ الدوحة منه ومن عدة قادةٍ آخرين من الإخوان مغادرة البلاد في أيلول / سبتمبر 2014 فانتقل إلى اسطنبول في تركيا.[84] كان لدى حسين شرعيةٌ مؤسسيةٌ كعضوٍ منتخبٍ في مكتب الإرشاد وكانت له معارفُ سمحت له بأن يعمل كصلة وصلٍ بين محمود عزّت والإخوان المسلمين خارج مصر.

وأما الكيان الثاني فكان رابطةَ الإخوان المسلمين بالخارج، وهي الممثل الرسمي لجماعة الإخوان المصريين خارج مصر والتي أدارها محمد عبد الوهاب بإشراف إبراهيم منير مؤسس الرابطة بصفته أمين عام التنظيم الدولي للإخوان المسلمين. كان دور التنظيم الدولي استشارياً في المقام الأول في هذه الفترة وحاول التوسط بين الفصائل المختلفة.

لم يكن مكتب الاتصال جزءاً من الهيكل الرسمي للإخوان، ولذا دعا العديدُ من قادة الإخوان إلى إنشاء هيئةٍ رسميةٍ لتمثيل اللجنة الإدارية العليا في الخارج في خريف عام 2014، فرحّب حسين ومنير بالفكرة في بادئ الأمر.[85] أدى هذا الاقتراح إلى إجراء انتخاباتٍ داخليةٍ في البلدان حيث الحضور الأكبر للإخوان المصريين في تشرين الثاني / نوفمبر وكانون الأول / ديسمبر 2014 لاختيار أعضاء الهيئة الجديدة المقترحة. انتهت الانتخابات بتشكيل مكتب إدارة الأزمة بالخارج من ممثلين عن مختلف أطياف الإخوان ممن يمثلون القيادة التاريخية واللجنة الإدارية العليا في

تركيا والسودان وقطر وماليزيا، وأُعلن عن تشكيل مكتب إدارة الأزمة بالخارج في كانون الثاني / يناير 2015 بقيادة أحمد عبد الرحمن، وهو طبيبٌ من الفيوم في صعيد مصر عُين مباشرةً من قبل اللجنة الإدارية العليا. كما كان عبد الرحمن عضواً في مجلس الشورى العام ممثّلاً لصعيد مصر، وهو نفس القطاع الجغرافي الذي يمثله كمال في مكتب الإرشاد وحيث كان كمال يقيم ويعمل. كان التطورُ المهم الآخر في كانون الثاني / يناير 2015 وفاةَ جمعة أمين نائبِ المرشد العام لجماعة الإخوان في لندن، وتعيين إبراهيم منير نائباً جديداً للمرشد، ما جعل منير ثاني أرفع قياديٍّ في جماعة الإخوان.

بعد أيامٍ فقط من إعلان تشكيل مكتب إدارة الأزمة بالخارج، تولتِ اللجنةُ الإداريةُ العليا، بدعمٍ من القيادة المنتخبة الجديدة في الخارج، السيطرةَ على الوسائل الإعلامية للإخوان، بما في ذلك الموقع العربي الرسمي إخوان أونلاين ikhwanonline.com. كما أعلنت اللجنة تعيينَ متحدثٍ رسميٍّ جديدٍ باسمٍ مستعارٍ هو محمد منتصر.[86]

أيّد منتصر علانيةً «الخيارَ الثوري» على المنابر الرسمية للإخوان، فيما أدلى عبد الرحمن بتصريحاتٍ إعلاميةٍ ظهر فيها متبنيًا للخيار الثوري. في نيسان / أبريل 2015 ظهر عبد الرحمن على قناة الجزيرة قائلاً إن مكتب إدارة الأزمة بالخارج يمثل مكتب الإرشاد في مصر وأن جماعة الإخوان المسلمين قد أجرت مراجعةً شاملةً لاستراتيجياتها وتكتيكاتها، وقال إن الحركة أجرتِ انتخاباتٍ في الأسابيع القليلة الماضية غيّرت من خلالها 65-70 بالمئة من المناصب القيادية للحركة وأن 90 بالمئة من القيادة الحالية هم الآن من الشباب،[87] كما أكد عبد الرحمن أن الحركة خلُصت إلى أن «النهج الإصلاحي لا يمكن أن ينجح بعد الثورات» وأن «التغيير الجذري» هو السبيل الوحيد المقبول للمضي قُدماً.[88]

أغضبت هذه التصريحات وهذا الظهور الإعلامي حسين ومنير، فالقيادة التاريخية للإخوان، سواءً في مصر أو في الخارج، استشعرتْ تهديداً وجودياً في المسار الذي راحت تسلكه القيادة الجديدة. وفضلاً عن توجسهم من «الخيار الثوري» الذي دعا إليه عبد الرحمن واللجنة الإدارية العليا، رأى القادة التاريخيون أن عبد الرحمن ادعى زوراً بأن اللجنة الإدارية العليا باتت

بديلاً عن مكتب الإرشاد لا تابعةً له.[89]

وحتى ذلك الحين قد يُنظر إلى الخلافات بين قيادة الإخوان على أنها آلامٌ متنامية وأمرٌ طبيعيٌّ خلال فترةٍ يسودها الاضطراب، غير أن التطوراتِ التي حدثت في الشهر التالي في أيار / مايو 2015 حولت هذه الخلافات إلى أزمةِ شرعيةٍ من خلال ضمها لقاعدةٍ أوسعَ من جماعة الإخوان المسلمين والشعب المصري.

عودة الحرس القديم

في أيار / مايو 2015 أصدر محمود عزّت بياناً - وهو الأول منذ تخفيه في عام 2013 - بحلّ اللجنة الإدارية العليا الحالية وإنشاء لجنةٍ جديدةٍ بقيادة محمد عبد الرحمن وعضوية كمال. كما أعلن عزّت أن مكتب إدارة الأزمة بالخارج سيتبع رابطة الإخوان المسلمين بالخارج في لندن تحت قيادة إبراهيم منير، ما أنهى فعلياً تبعيته للجنة الإدارية العليا داخل مصر.

جاء تصريح عزّت في جزء منه رداً على دعم اللجنة الإدارية العليا لتبنّي «الخيار الثوري»، لكن ربما كان للاعتبارات التنظيمية الأخرى دوافعُ أكثرُ أهميةً. كانت غالبية أعضاء اللجنة الإدارية العليا الحالية تؤيد تعديل النظام الداخلي لجماعة الإخوان المسلمين، والتي في حال الموافقة عليها من قِبل مجلس الشورى العام، ستفرض على الجماعة إجراء انتخاباتٍ داخليةٍ عاجلةٍ «من الرأس حتى أخمص القدمين» واختيار قيادةٍ جديدةٍ لتحل محل القادة الموجودين في السجن وكذلك في مصر وخارجها.[90] كانتِ الحالة المزاجية لدى قيادة الصف الثاني للحركة والمكونات الداخلية حينئذٍ - كما يتضح من الانتخابات الأخيرة التي أفرزتِ اللجنة الإدارية العليا والمكاتب الإدارية للمحافظات - لصالح كمال وأفكاره الداعية للتغيير داخل الحركة. في التنظيم الداخلي للإخوان، تضم المكاتب الإدارية الثلاثة والثلاثون في مصر سبعة قطاعاتٍ جغرافيةً تغطي البلاد بأكملها. بعد تصريح عزّت أيد ممثلو قطاعَين فقط قراراتِه،[91] وكان إجراءُ انتخاباتٍ جديدةٍ في هذه الظروف من شأنه أن يُفقد عزّت المنصبَ الذي عيّنه فيه

بديع، وهو أمرٌ غير مقبولٍ له ولحلفائه في القيادة التاريخية في اسطنبول (حسين) ولندن (منير).

أما حسين فقد أصدر بياناً يؤيد فيه قراراتِ محمود عزّت، مؤكداً أن عزّت هو القائد الحقيقي للحركة وليس اللجنة الإدارية العليا، ووقّع البيانَ مستخدماً لقبه القديم: الأمين العام لجماعة الإخوان المسلمين. أثار البيان واستخدامُ هذا اللقب غضبَ محمد منتصر المتحدث باسم جماعة الإخوان، والذي قال في بيانٍ له إن حسين لم يكنِ الأمينَ العامَّ منذ الانتخابات التي أجراها الإخوان في شباط / فبراير 2014 حين انتَخبتِ الحركةُ قيادةً جديدةً وأميناً عامّاً جديداً.[92] كما رفض كمال قراراتِ عزّت، وكذلك فعل خمسةٌ من سبعة ممثلين للقطاعات الجغرافية في البلاد. كما رفض مكتب إدارة الأزمة بالخارج قراراتِ عزّت، وأعلن أنه سيستمر في التبعية للجنة الإدارية العليا وكمال في مصر. لم تَجر إعادة تشكيل اللجنة الإدارية العليا بناءً على أوامر عزت قطُّ، غير أن هيمنة كمال على اللجنة الإدارية العليا لم تكن لتدوم.

في 29 حزيران / يونيو 2015 أدى انفجارٌ في القاهرة إلى مقتل النائب العام المصري هشام بركات وهو أرفع مسؤولٍ يجري اغتياله منذ عام 1990.[93] ورغم عدم إعلان أي جماعةٍ مسؤوليتها عن الهجوم، اتهمت السلطات قادة الإخوان المسلمين بتدبير الاغتيال، وقال الرئيس السيسي في تشييع جنازة بركات إن «يد العدالة مغلولةٌ بالقوانين»وتابع» احنا حنعدّل القوانين إلي تخلينا (التي تجعلنا) ننفذ... العدالة.» وفي إشارةٍ واضحةٍ إلى قادة الإخوان المسجونين قال السيسي «همّ بيصدروا الأمر وهمّ في القفص».[94] وفي اليوم التالي، في 1 تموز / يوليو، اعتقلت قوات الأمن المصرية تسعةً من قيادات الإخوان المسلمين في شقةٍ في الجيزة قبل أن تعدمهم خارج نطاق القانون.[95] وقد كان الضحايا قياديين في أحد القطاعات الجغرافية المؤيدة لكمال، ومن بينهم عبد الفتاح إبراهيم السيسي أمين عام اللجنة الإدارية العليا. مثّل الإعدام بداية موجةٍ مماثلةٍ من حوادث القتل غير القانونية التي راحت تشتد بمرور الأيام.

القديم يكسب (من آب / أغسطس 2015 إلى آب / أغسطس 2020)

بعد مقتل قيادات الإخوان في الجيزة توارى عن الأنظار معظم أعضاء اللجنة الإدارية العليا أو فروا من البلاد. على سبيل المثال أدرك عليّ بطيخ أن مقتله وشيكٌ، فاستقل طائرةً إلى تركيا في خريف عام 2015.[96] عُين مجدي عبد الغفار وزيراً للداخلية في آذار / مارس 2015، وكثفتِ السلطات حملة الاعتقالات والتحقيقات بغية استهداف أكثر الأعضاء نشاطاً في اللجان المركزية للإخوان.[97] على الصعيد الداخلي راح عزّت يعيد تنشيط القادة المحليين الخاملين ممن اختاروا التواري عن الأنظار في أعقاب الانقلاب والمذبحة، فرَجّحت عودة هؤلاء القادة الموازين لصالح عزّت والقيادة التاريخية للتنظيم.

كانت إحدى الأدوات الرئيسة التي استخدمتها جبهة عزّت لكبح حماس الأعضاء تجاه كمال قَطْعَ الدعم المالي عن المكاتب والقطاعات الجغرافية التي أيدته. فعلى مدى عقودٍ اعتمد تمويل الإخوان اعتماداً كبيراً على رسوم العضوية والتبرعات من المؤيدين والمتعاطفين، وكان فائض التبرعات ورسوم العضوية يُستخدم لتمويل الأعمال التجارية التي يديرها الأعضاء المخلصون نيابةً عن التنظيم. لم تكن هذه الأعمال التجارية مقتصرة على داخل مصر، إذ تنتشر أصول وشركات الإخوان في كثيرٍ من بلدان أوروبا وآسيا وأفريقيا. درجت العادة قبل الانقلاب أن تلبي شُعَب الإخوان ومناطقهم احتياجاتِهم الخاصةَ دون تلقي دعمٍ مركزيٍّ من القاهرة، وكذلك الأمر بالنسبة للأنشطة الطلابية، فقد رعى طلاب الإخوان فعالياتهم وأنشطتهم المعتادة دون طلب دعمٍ مركزيٍّ، وقلّما احتاجت فروع الإخوان المحلية الدعم من مكتب الإرشاد. احتاجت الفعاليات الاستراتيجية، كالانتخابات، إلى دعمٍ مركزيٍّ من مكتب الإرشاد، وفي بعض الأحيان إلى الدعم من أعضاء جماعة الإخوان المسلمين في الخارج.

منذ الانقلاب وما تلاه من اعتقالاتٍ وإغلاقٍ لشركات الإخوان، أصبح الأعضاء ممن عملوا وأقاموا في الدول العربية الغنية وشرق آسيا وأوروبا الرعاة الأساسيين للإخوان المسلمين داخل مصر. كان معظم أعضاء جماعة

الإخوان المصريين في الخارج قد غادروا مصر قبل عقودٍ، وكانت شُعَب الإخوان في المهجر تحت قيادة رابطة الإخوان المسلمين بالخارج في لندن، وقد طوّر كثيرٌ من هؤلاء علاقاتٍ شخصيةً مع منير والقادة الآخرين في الرابطة، وهو جانبٌ مهمٌ من جوانب الشؤون المالية للإخوان المسلمين، وهذا يعني أن مكتب لندن والقيادة التاريخية - وبالتحديد منير وحسين وعزّت - هيمنوا بصورةٍ شبه حصريةٍ على القنوات المالية والأموال التي تدعم المكاتب المحلية للإخوان المسلمين في مصر.

استخدمت القيادة التاريخية هيمنتها شبه الكاملة والحديثة نسبيًا على إيرادات جماعة الإخوان لقطع الدعم عن خصومهم في التنظيم، وقد كان ذلك فعالاً في كبح جماح كمال، لكن كانت له عواقبُ وخيمةٌ على الثقة بين قاعدة الإخوان والقيادة. لم يؤثر قَطعُ الدعم على القادة من المستوى المتوسط في المكاتب الإدارية التي دعمت كمال فحسب، بل أثّر أيضاً على المعونات التي يعتمد عليها المعتقلون وعائلاتهم.

دفع الأفراد ذوو الرتب الدنيا وأسرهم الثمنَ الأكبر، فكثيرٌ من عائلات المعتقلين في المكاتب الإدارية التي دعمت كمال واللجنة الإدارية العليا، كما هو الحال في الإسكندرية، راحت تلاقي صعوبةً في الحفاظ على مستوىً معيشيٍّ جيدٍ وإعالة أحبائهم في السجون. كما راحت قصص العائلات المتعثرة تُنشر على الإنترنت، وانتشر العديد منها على نطاقٍ واسعٍ. رأى كثيرٌ من أعضاء جماعة الإخوان، بما في ذلك كبار القادة، في السيطرة على الموارد المالية للجماعة خطوةً دنيئةً من قبل القيادة التاريخية، غير أن الضغط من العائلات إلى جانب عوامل تنظيميةٍ وأمنيةٍ أخرى أنهتْ فعلياً الدعم الذي كانت تحظى به جبهة كمال.

اشتدت الأزمة الداخلية بين آب / أغسطس وتشرين الثاني / نوفمبر 2015 بعدما عيّن الإخوان لجانَ تحقيقٍ للنظر في قرارات جبهة كمال وممارساتها، وكانت نتائج التحقيق تُدين كمال وأنصاره أشد إدانةٍ.[98] وفي أيلول / سبتمبر استقال عدة قادةٍ لهم صلةٌ بـ «العمليات النوعية» أو «العنف الانتقائي» من مناصبهم في الإخوان وقرروا العمل على نحوٍ مستقلٍّ.[99] ثم شُكلت لجنةٌ إداريةٌ عليا ثانيةٌ وحاولت توزيع أدوارها ومسؤولياتها بين كيانات الإخوان في الخارج (الرابطة ومكتب إدارة الأزمة

بالخارج)، غير أن قيادة الرابطة رفضت قراراتِ اللجنة الإدارية العليا. وفي تشرين الثاني / نوفمبر عقدت القيادة التاريخية اجتماعاً في تركيا وأصدرت بياناً نددت فيه علناً بالعنف الذي أعقب الانقلابَ العسكري عام 2013، واتهمت ضمناً فصيلَ كمال باختطاف الحركة من خلال دفعها نحو العنف،[100] وجاء في البيان أنّ من يَنسب نفسه للجماعة يجب أن يلتزم بـ «السلمية المطلقة، فإن دعا إلى غير ذلك أو اختط لنفسه نهجاً غير نهج الجماعة فهو ليس من الجماعة وليست الجماعة منه.»[101]

وبالرغم من التزامه بمبادئ جماعة الإخوان المسلمين، كان البيان مضلِلاً في اعتباره «الخلاف حول العنف» نقطةَ الخلاف الرئيسةَ بين الجبهتين المتنافستين. سيكون من الأدق القول إن جبهتَي الإخوان المسلمين حينئذٍ كانتا تتبنيانِ وجهاتِ نظرٍ مختلفةٌ تماماً، أو حتى متعارضةٌ، فالجبهتان لم تختلفا في كيفية معارضة النظام وحسب، بل أيضاً في هوية الحركة ودورها في المجتمع.

مثّل فصيل كمال زخماً ثورياً كان حريصاً على تغيير الوضع الراهن بأسرع وأعمق ما يمكن، ولذا رأى كمال ورفاقه في الحركة وسيلةً لتحقيق غايةٍ: ثورةٌ تقتلع النظام. ومن أجل إعداد الحركة لهذا الدور، أجرى كمال كثيراً من التغييرات الداخلية، بما في ذلك البنية والنظام الداخلي واللجان والقيادة، بالإضافة إلى إعادة تفسير إرث مؤسِّس الحركة. في مقولته الشهيرة رفض البنا فكرة الثورة برمتها، غير أن القيادة الجديدة للتنظيم وصفت هذه التعليقات بأنها «تاريخيةٌ» و «سياقيةٌ»، مؤكدةً أنها «لم يكن مقصوداً بها بالطبع أن تكون صالحةً لكل زمانٍ وتحت أي ظرفٍ.»[102] اتهم أحمد عبد الرحمن ممثلُ كمال في الخارج أولئك الذين زعموا أن أفكار البنا عن الثورة كانت من بين ثوابت الإخوان بأنهم «يتناسون أن الجماعة بالفعل قد حسمت قرارها بالاندماج في الحالة الثورية، وحرّكت الجسم الإخواني في ذلك الاتجاه [خلال ثورة يناير].»[103]

غير أن تغيير حركةٍ كبيرةٍ كجماعة الإخوان ليس بالأمر السهل، فقد شُكل النسيج الاجتماعي للحركة حول فكرة التغيير التدريجي، وتغييرُ هذا يعني خلخلةً جذريةً لتركيبة جماعة الإخوان المسلمين بوصفها جماعةً اجتماعيةً. وعلاوةً على ذلك رأت القيادة التاريخية في هذه الأفكار تهديداً

وجودياً للحركة، الأمر الذي لم يكن يتوقعه القادة المنتخبون. وعلى حد تعبير ياسر فتحي: «كانت اللجنة الإدارية العليا هي القيادة الفعلية للإخوان المسلمين، ولأن الحركة كانت مركزيةً، لم يتخيل قادة اللجنة أن قراراتهم ستواجَه بهذا الرفض الشديد من قبل القادة التاريخيين،»[104] وبالتالي لم ير الحرس القديم للحركة في الانتخابات وظهور قيادةٍ جديدةٍ سبباً كافياً للتخلي عما اعتبروه المبادئ الأساسية للحركة.

لطالما اعتبر هؤلاء القادة التاريخيون تنظيم الإخوان غايةً في حد ذاتها، إذ لم تكن فاعلية جماعة الإخوان هي المسألة الأهم بالنسبة لهم، بل كان كلُّ همهم بقاءها على قيد الحياة، وكان توجههم أشبه بالقول المأثور والذي يُنسب إلى قادة حركة طالبان الذين وجهوه إلى الأمريكيين الذين غزوا أفغانستان والقلقين بشأن موعد عودتهم إلى بلادهم: «لديكم الساعات، لكن لدينا الوقت.» انعكست هذه العقلية في قرارات القيادة وبياناتها التي بدت أكثر تركيزاً على الديناميات الداخلية للحركة وكيفية الحفاظ على التسلسل الهرمي والعضوية أكثر من تركيزها على مواجهة التحديات الخارجية.

في حديثنا معه شارك سجينٌ سياسيٌّ سابقٌ محادثةً أجراها مع المرشد العام للجماعة محمد بديع في إحدى جلسات محاكمته عام 2014، وذكَرَ أن بديع قال إن القيادة «ستبقى في السجن لمدة عشرة أو عشرين عاماً ثم تعود إلى السلطة.» هذه القيادة، ولا سيما عزت ومنير، سُجنت في الستينات وشهدت فظائع سجون جمال عبد الناصر، لكنها شهدت أيضاً كيف نجت جماعة الإخوان المسلمين وازدهرت وانتصرت لتصبح تنظيماً رائداً في البلاد. قال إبراهيم منير في مقابلةٍ مع المؤلفين: «لقد عشت عام 1954 وسمعت قادة مصر يقولون إن جماعة الإخوان المسلمين قد انتهت. إذا خسرنا جيلاً سيظهر جيلٌ آخر.»[105]

غالبا ما يرى قادة الجماعة وأعضاؤها في نجاح الإخوان المسلمين نجاحاً اجتماعياً أكثر من كونه نجاحاً سياسياً، ففي مقابلةٍ روى عضوٌ سابقٌ في الجماعة حكايةً كان قد سمعها في اجتماعٍ تنظيميٍّ، ومفادها أن زعيماً متوسط الرتبة كان قيد الاعتقال والتحقيق خلال حملة القمع التي شنها النظام في أواخر التسعينات وجد نفسَه موضع سخريةٍ من ضابط أمن

الدولة الذي قال له: «أنتم تفعلون هذا الأمر منذ أكثر من سبعين عاماً، ولم تكسبوا شيئاً، ولم تحققوا أي نجاحاتٍ على الإطلاق.» لكن عضو الإخوان سرعان ما قلب الطاولة على المحقق، وقال: «لا أظن أننا لم نحقق أي نجاحٍ. في الواقع أنت واحدٌ من هذه النجاحات، فسأله الضابط بذهولٍ: كيف ذلك؟ فسأله العضو: «هل تصلي؟» رد الضابط: «بالطبع أنا أصلي.» «هل عندك مصحفٌ في البيت؟» سأل عضو الإخوان فكان الجواب بالإيجاب. «هل زوجتك تضع الحجاب؟ وهل ترسل أطفالك إلى مؤسساتٍ أو مدارسَ يحفظون فيها القرآن؟» كانت إجابات الضابط كلها بالإيجاب، ثم قال عضو الجماعة: «في الستينات من القرن الماضي لم يكن الضابط المسؤول عن التحقيق معنا يصلي، وكان يفتخر بقناعاته شبه الإلحادية، وكان متزوجاً من راقصةٍ شرقيةٍ. وكما ترى الآن، لقد غيرنا وجه هذا المجتمع وأنت نفسك تشهد على ذلك.»[106]

يتذكر العضو السابق الذي طار قلبه فرحاً عند سماعه هذه الحكاية لأول مرةٍ في مطلع العقد الأول من القرن الحادي والعشرين كيف أصبح من الصعب عليه تصديقها فيما بعد. وفي الواقع لخّصت هذه الحكاية كل انتقاداته ومآخذه على التنظيم: لم يكن لدى جماعة الإخوان أي وسيلةٍ لمقاومة القمع ومواجهة النظام. إذا لم تتغير حدة القمع، وتحولت أنماط حياة المسؤولين السياسيين والأمنيين لتصبح أكثر تديناً وحسب، فإن جماعة الإخوان المسلمين لم تغير شيئاً في المعادلة السياسية. والأسوأ من ذلك: إذا كان فِكر الإخوان الديني بهذا الخلو من أي مضمونٍ أو أي أيديولوجيا سياسيةٍ لدرجة أن يتبنى رجال النظام هذا الفكر دون أن يغير في ضمائرهم أي شيءٍ مما يفعلونه لخدمة النظام وقمع المعارضة، فإن جماعة الإخوان المسلمين في وضع كارثيٍّ بلا شكٍّ. يبدو أن كلام الضابط في التسعينات كان صحيحاً بشكلٍ أو بآخر، فجماعة الإخوان لم تحقق أي نجاحاتٍ «سياسيةٍ»،[107] وهو مالم تدركه قيادة الإخوان، وكان أحدَ أسباب دهشة قيادات جماعة وأعضائها من الدعم الشعبي الذي حظي به الانقلاب في صيف 2013.

المعركة تضع أوزارها

قال محمد منتصر المتحدث باسم جماعة الإخوان على المنابر الإعلامية الرسمية للإخوان إن اللجنة الإدارية العليا رفضت تصريحات الحرس القديم بشأن العنف، غير أن الوضع في الحقيقة سُوّي لصالح القيادة التاريخية في كانون الأول / ديسمبر 2015. ففي 14 كانون الأول / ديسمبر حلّ عزّت اللجنةَ الإدارية العليا مرّةً أخرى وكلّف نفس القيادي، محمد عبد الرحمن، بتشكيل لجنةٍ جديدةٍ، وهكذا أعيدَ تشكيلُ اللجنة الإدارية العليا بحلول شباط / فبراير 2016 دون عضوية كمال، الأمين العام، وخمسةٍ من أنصاره ممن كانوا أعضاء في اللجنة السابقة.[108] بالتزامن مع ذلك أصدر مكتب لندن بياناً بإقالة منتصر وتعيين طلعت فهمي ناطقاً باسم الجماعة، فرفض منتصر القرار وقال إن القيادة الحقيقية للإخوان موجودةٌ في مصر. وبعد بضعة أيامٍ، في 20 كانون الأول / ديسمبر، حلّ عزّت مكتب إدارة الأزمة بالخارج، فيما أصدر أربعةٌ من أعضائها بياناً أعلنوا فيه استقالتَهم من المكتب اعتراضاً على «عمله غير المؤسسي المخالف للوائح الجماعة وأعرافها.»[109] رفض أحد عشر مكتباً إدارياً فقط من بين 33 مكتباً في مصر قراراتِ عزّت، مما يشير إلى تراجع التأييد لكمال.[110]

في الأشهر التالية قُدمت عدة مبادراتٍ للتوفيق بين القادة، لكنّ أياً منها لم يتكلل بالنجاح.

وفي أيار / مايو 2016 أعلن كمال استقالته من «جميع المناصب التنفيذية» في جماعة الإخوان المسلمين ودعا القادة الآخرين إلى الاستقالة ونقْلِ القيادة إلى قادةٍ منتخبين جددٍ،[111] غير أن دعوة كمال لم تلق آذاناً صاغيةً ودفعت مكتب لندن إلى إقالة قادة الإخوان المسلمين في الخارج ممن أيدوه، بمن فيهم أعضاء مكتب إدارة الأزمة بالخارج: أحمد عبد الرحمن وعمرو دراج ويحيى حامد، ويُذكر أن الأخيرَين كانا وزيرين في حكومة مرسي.[112]

وبذا أَحكم القادة التاريخيون قبضتهم على الحركة، ففي تشرين الأول / أكتوبر 2016 أعدمت قوات أمن الدولة المصرية كمال خارج نطاق

القضاء، وبررت فعلتها بوصف كمال بأنه «مؤسس الجناح المسلح لجماعة الإخوان المسلمين.»[113] كما كانت قاعدة أنصار كمال منقسمةً في جميع أنحاء مصر، غير أنها ائتلفت في كانون الأول / ديسمبر 2016 وأجرتِ انتخاباتٍ داخليةً وأعلنت عن تشكيل كيانٍ جديدٍ ليحل محل مكتب الإرشاد تحت مسمى المكتب العام. وبموازاة ذلك أعلن منتصر ومكتب إدارة الأزمة بالخارج تعليق عملهم بعد أن رفضوا حله بأمرٍ من عزّت. وفي غضون بضعة أشهرٍ شكّل المكتب العام كياناً للإخوان المصريين في الخارج تحت قيادة عليّ بطيخ وهو أحد أنصار كمال.

وبالرغم من نقص الموارد البشرية والمالية، ظل المكتب العام موجوداً على الإنترنت وظل يمتلك هيئةً عاملةً نَشرت عدة مواد لمعالجة جوانب مختلفةٍ من مشاكل الإخوان المسلمين، وقد كان ذلك واضحاً في آذار / مارس 2017 عندما نَشر المكتب العام وثيقةً من ثمانية وعشرين صفحةً لتقييم «إخفاقات الإخوان في الماضي» بغية مساعدة أعضاء الجماعة على «تعلُّم كيفية تحسين سياساتهم في المستقبل.»[114] كما أصدر المكتب العام وثيقة أخرى في 29 حزيران / يونيو 2019 بعد وقتٍ قصيرٍ من وفاة مرسي (توفي مرسي في قاعة المحكمة بعد ست سنواتٍ طويلةٍ من العزلة الكاملة في السجون المصرية). قدمت هذه الوثيقة ما أَطلق عليه المكتب العام «استراتيجيةً جديدةً» ووضعت إطاراً جديداً للإخوان المسلمين في مصر،[115] وقد تضمنت الإستراتيجية الجديدة عدداً من الأفكار المثالية حول عمل الإخوان لم يكن بإمكان غالبية قادتها أو أعضائها قبولها بسهولةٍ، ومن أبرز هذه الأفكار أن جماعة الإخوان لن تترشح للسلطة السياسية مرةً أخرى، وستعمل فقط «كتيارٍ وطنيٍّ عامٍّ وستدعم كل الفصائل الوطنية التي تتقاطع مع رؤيتنا في نهضة هذا الوطن.»[116]

لم تكتسبِ تلك الاستراتيجية كثير زخمٍ داخل الجماعة ولا خارجها، غير أنها واحدةٌ من الوثائق القليلة التي وثّقت اللحظاتِ الرئيسةَ في النقاشات الداخلية حول الفكر السياسي للإخوان. فشلت القيادة التاريخية التي تهيمن على الحركة منذ منتصف عام 2016 في إصدار وثائقَ مماثلةٍ توفر فهماً جديداً لعمل الإخوان في مصر أو سبلاً إبداعيةً للتعامل مع التحديات التي تواجه الجماعة.

ولمّا حُسمتِ الخلافاتُ داخل جماعة الإخوان لصالح القيادة التاريخية، فَتح اعتقالُ محمود عزّت أواخر آب / أغسطس 2020 فصلاً مريراً جديداً في مسيرة الحركة.

صدعٌ في الجدار القديم
(من أيلول / سبتمبر 2020 إلى حزيران / يونيو 2022)

في أيلول / سبتمبر 2020 وبعد أيامٍ من اعتقال السلطات لعزّت، القائم بأعمال المرشد العام لجماعة الإخوان المسلمين، شهد التنظيم بداية أخطر صراعٍ في تاريخه الحديث. فحتى لحظة اعتقال عزّت، بدا أن جماعة الإخوان تضم جبهتين متعارضتين، لكن القيادة التاريخية اتضح أنها كانت بعيدةً كل البعد عن أن تكون موحدةً. جُمعت الرواية التالية للأزمة من خلال عدة مقابلاتٍ، وبعض الوثائق الداخلية السرية، وكثيرٍ من المقالات الإخبارية والمصادر الثانوية.

عند اعتقاله كان عزّت العضوَ الوحيد في مكتب الإرشاد الذي لم يُسجن أو يُقتل أو يُجبر على مغادرة مصر. العضو الآخر الوحيد في مكتب الإرشاد الذي لم يكن مسجوناً هو محمود حسين الذي كان في الخارج من قَبْل الانقلاب العسكري عام 2013. ظلّ حسين يتحكم بالاتصالات مع قيادة الإخوان في مصر لسنواتٍ، بما في ذلك مع عزّت نفسه. لم يؤد هذا الاحتكار للاتصالات إلى إثارة غضب أعضاء جماعة الإخوان وقادتها بسبب افتقاره للشفافية فحسب، بل أثار أيضاً تساؤلاتٍ حول مصداقية ونزاهة حسين بصفته ناقلاً للأوامر من القيادة إلى أعضاء الإخوان في جميع أنحاء العالم.

على سبيل المثال زَعَم إبراهيم منير أن حسين دأبَ على منع وصول الرسائل من المرشد العام محمد بديع، والتي كانت موجهةً إليه وإلى بقية القادة،[117] فاتخذ منير، بصفته أعلى مسؤولي الإخوان في مصر والخارج، والقائم بأعمال المرشد العام منذ عام 2020 (حتى وفاته في تشرين الثاني / نوفمبر 2022)، قرارين تنظيميين مهمين. أولاً، في أيلول / سبتمبر 2020 قرر منير تشكيلَ لجنةٍ من سبعة أعضاء لمساعدته في

إدارة شؤون جماعة الإخوان. رأى كثيرون أن هذه اللجنة شُكلت لتحل محل مكتب الإرشاد الذي كان جميع أعضائه الأحياء في السجن باستثناء حسين. ثانياً، ألغى منير منصبَ الأمين العام الذي شغله حسين طيلة أحد عشر عاماً مضتْ، وسوّغ منير قراره بأن لقب هذا المنصب، وفقاً للنظام الداخلي، هو «أمين عام مكتب الإرشاد» وليس «الأمين العام لجماعة الإخوان المسلمين» مما يعني أن وجود مكتب إرشادٍ نشطٍ كان شرطاً أساسياً لوجود منصب الأمين العام.

حظيت قرارات منير بتأييدٍ واسعٍ من أعضاء جماعة الإخوان، بمن فيهم المسجونون وأعضاء مجلس الشورى العام الذين يقيم معظمهم في تركيا، وممثلو المكتب العام ممن رأوا فيها محاولةً «لتوحيد صفوف الحركة».[118] ولا غرابة أن حسين ومجموعةً صغيرةً من أنصاره عارضوا القرارات بشدةٍ، وكان أحد هؤلاء محمد عبد الوهاب رئيس رابطة الإخوان في الخارج، والتي كانت مسؤولةً عن شؤون الإخوان خارج مصر طوال السنوات الأربع الماضية أو نحو ذلك. وفقاً لقياديٍّ وسيط، عرقل حسين عمل اللجنة المكونة من سبعة أعضاء طيلة الأشهر الثلاثة الأخيرة من عام 2020 واقترح تشكيل هيئةٍ جديدةٍ تتكون من عشرين عضواً لإدارة جماعة الإخوان كبديلٍ عن مكتب الإرشاد.[119]

وصحيحٌ أن حسين هو من اقترح تشكيل الهيئة الجديدة التي شُكلت بالفعل وأصبحت تعرف باسم «الهيئة»، غير أنه امتنع عن حضور اجتماعاتها وأَرسل رسالةً مفادها أنه «يمتنع عن الحضور لا عنِ العضوية.» لم تكن الهيئة قادرةً على التواصل كما يجب مع قيادة الإخوان المسلمين في مصر دون حسين، وهي حقيقةٌ عكست مدى القوة التي كان حسين يحظى بها خلال فترة توليه منصب الأمين العام للحركة.

كما رفض عبد الوهاب تسليم الهيئة الملفاتِ التي بحوزته بصفته رئيسَ رابطة الإخوان المسلمين بالخارج. تضمنت هذه الملفات معلوماتٍ وبياناتٍ واتصالاتٍ مهمةً تتعلق بعمل الإخوان السياسي والمالي والإعلامي، كما رفضت فروعُ الرابطة في عدة بلدانٍ، منها تركيا، التعاونَ مع الهيئة الجديدة.

واستجابةً لهذه التطورات قرر منير إجراء انتخاباتٍ داخليةٍ لانتخاب مجلس شورىً عامٍّ جديدٍ يمكن أن يُنتج هيئةً أخرى لقيادة جماعة الإخوان. رَفضت مجموعةُ حسين في تركيا الدعوةَ للانتخابات، فردّ منير بحل هيئات الإخوان في تركيا في تموز / يوليو 2021.

شهدت الأشهرُ القليلةُ التاليةُ مزيداً من الانقسام داخل الجماعة، إذ تُظهر وثيقةٌ داخليةٌ أن حسين حاول حشد أعضاء مجلس الشورى العام والقادة في اسطنبول لسحب ثقتهم رسمياً من منير. حدثت إحدى هذه المحاولات في صيف عام 2021 عندما دعا أربعةٌ من أنصار حسين، وفقاً لقياديٍّ وسيط، نحو خمسين من قادة الإخوان إلى فندقٍ في اسطنبول لإقناعهم بوجوب الإطاحة بمنير.[120] ولاحقاً أصدر حسين قراراً داخلياً وقّعه بلقب أمين عام جماعة الإخوان المسلمين بخفض رتبة منير عن طريق حصر مسؤولياته في إدارة جماعة الإخوان في الخارج وليس في مصر. استمرت الأزمة عندما أعلن منير في تشرين الثاني / أكتوبر 2021 تعليقَ عضوية ستةٍ من كبار قادة الإخوان، بمن فيهم حسين نفسه، ثم حاول حسين، بلا نجاح يُذكر، جمْعَ تواقيع من قادة الإخوان وأعضاء مجلس الشورى لإقالة منير.

وبحلول خريف عام 2021 كانت معظم المكاتب الإقليمية في مختلف البلدان قد انحازت بالفعل إلى جانب منير، ولذا عندما ردّ حسين على تعليق عضويته بإعفاء منير من منصبه وحل الهيئة المكونة من عشرين عضواً، والتي قادت التنظيمَ في تركيا وكان هو من حثّ على تشكيلها، لم يلق غالبية الإخوان بالًا لتوجيهاته.

في تشرين الثاني / نوفمبر وكانون الأول / ديسمبر 2021 أصدر فصيل حسين بياناتٍ لتشكيل كيانٍ جديدٍ يحل محل المرشد العام، ولتعيين مصطفى طلبة رئيساً له، وطلبة طبيبٌ كان شخصيةً مهمةً في جماعة الإخوان المصرية في السعودية. كان اختيار طلبة كأحد الشخصيات الرئيسة في الهيكل المالي للإخوان دليلاً على طبيعة هذه الجولة من الصراع الداخلي. لا يزال حسين، الذي اتُّهم عام 2018 من قبل عدد من قادة وأعضاء الجماعة على حدٍّ سواء بسوء السلوك المالي وسوء الإدارة، يحاول حتى تاريخ كتابة هذا الكتاب في نهاية عام 2022 الحفاظَ على

سيطرته المُحكمة على قيادة جماعة الإخوان ومواردها المالية بوسائلَ مختلفةٍ منها طردُ ثلاثة عشر عضواً من مجلس الشورى العام (ربما نصف أعضاء المجلس في الخارج) ممنِ انضموا إلى معسكر منير.[121]

وبطبيعة الحال رفض حسين مزاعمَ هيمنته على الحركة وأعلن في مقطع فيديو نُشر في تشرين الثاني / نوفمبر 2021 أنه «لم يُكلَّف بأي منصبٍ في الحركة منذ عام 2015» وأن «مشاركته في عمليات الإخوان كانت بسبب منصبه كأمينٍ عامٍّ وعضوٍ في مكتب الإرشاد.»[122] وأردف حسين أن جميع قراراته الأخيرة اتُّخذت بموافقة مجلس الشورى العام، وهو الكيان الذي يعتبره فصيل منير غير موجودٍ وذلك أن معظم أعضائه إما في السجن أو متوفَّون.

يختلف هذا الانقسام الأخير عن الانقسامات السابقة داخل قيادة الإخوان، ففي الانقسام الذي حصل بين كمال وعزّت بين عامي 2014-2016، كان كلٌّ من القياديَّين وأنصارهما يتصارعون على الأفكار وجوهر الحركة ودورها في المجتمع، وكان لكل فصيلٍ وجهاتُ نظرٍ مختلفةٌ جذرياً حول كيفية معارضة النظام وفكرة الثورة والعلاقة مع الشركاء والخصوم. وخلال المقابلات الخاصة بهذا البحث، أعرب العديد من أعضاء الإخوان السابقين والحاليين عن احترامهم لاستقالة كمال من منصبه لأنهم رأوا فيها مؤشراً على أن مطالبه لإصلاح الحركة كانت صادقةً.

في المقابل لم يكنِ الانقسام بين حسين ومنير قائماً على تضارب الأفكار ووجهات النظر الرئيسة، بل بدا أن الأمر يتعلق بالسلطة والهيمنة على التنظيم، من جهة حسين على الأقل، فلقيادة جماعة الإخوان كثيرٌ من الامتيازات المادية والمعنوية. الإيرادات المالية ليست بنفس الأهمية، على الأقل بالنسبة لفصيل منير الذي تَوافق قادتُه على تجنُّب التصارع مع حسين على الإيرادات المالية لأن هذه المعركة قد تضر بأكثر أعضاء التنظيم ضعفاً في مصر. واليوم يَستشهد باللوائح الداخلية القياديون الذين عارضوا الانتخاباتِ الداخليةَ خلال صراع عام 2016 مع كمال، وفرضوا أفكارهم على التنظيم رغم اختلاف وجهات نظر القادة الشرعيين، وأكدوا على أهمية اتباع اللوائح والنظام الداخلي للحركة. تعود جذورُ الانقسام بين حسين ومنير إلى الأدوار التنظيمية، وبدرجةٍ أقل، إلى

الفوائد التي يجنيها بعضُ القياديين من مناصبهم بصفتهم مسؤولين عن مؤسسات الإخوان ومنصاتهم.

وبحلول مطلع عام 2022 بدا فصيل حسين في وضعٍ مشابهٍ جداً لموقف فصيل كمال خلال أزمة 2014-2016. في وقت كتابة هذا الكتاب في أواخر عام 2022 كان حسين يحظى بدعم قلةٍ من كبار القادة فيما يحتفظ بالهيمنة على عددٍ من وسائل الإعلام التنظيم، وهي محطة تلفزيون وطن وموقع إخوان أونلاين Ikhwanonline.com وغيرها من حسابات وسائل التواصل الاجتماعي. والأهم من ذلك أن فصيل حسين لا يزال يهيمن على كثيرٍ من الموارد المالية للإخوان المسلمين، لا سيما الأموال التي تُخصَّص لدعم الإخوان في مصر. لا يريد فصيل منير خوض هذه المعركة في الوقت الحاضر،[123] غير أن منير استطاع حصد دعم الغالبية العظمى من الفرق والقطاعات داخل جماعة الإخوان، الجغرافية منها والتقنية.

ومن الجدير بالملاحظة أن انتصار منير الداخلي تحقَّق بدعمٍ من بعض القادة التاريخيين ممن يحظون باحترام أعضاء جماعة الإخوان حول العالم، وأحد هؤلاء هو محمد البحيري الذي سُجن مع عزّت ومنير عام 1965. ووفقاً لقيادي وسيط في الإخوان، حشد البحيري أعضاء الإخوان المسلمين في دول الخليج خلف منير.[124] في المقابل انضم محمود حسين إلى جماعة الإخوان المسلمين في الثمانينات، ما جعله أقل مصداقيةً بين أعضاء جماعة الإخوان ممن يشعرون أن جلّ الشرعية تأتي من محنة قضاء السنوات الطوال في سجون عبد الناصر. لا يزال أغلب هؤلاء القادة قادرين على التأثير في قرارات الإخوان أكثر ممن يشغلون مناصب عليا داخل الجماعة، وهي حقيقةٌ تطرح سؤالاً مهماً حول الدور الذي سيؤديه أعضاء الجماعة المسجونون حالياً في مستقبل الحركة.

توفي إبراهيم منير في لندن في 4 تشرين الثاني / نوفمبر 2022 بعد بضع ساعاتٍ من حضوره اجتماعاً ناقش الحلول لمسائل المعتقلين السياسيين والإخوان المسلمين في مصر. قال منير لعبد الرحمن عياش في مقابلةٍ ثانيةٍ في 25 تموز / يوليو 2022 إنه كان يفكر فيمن سيخلفه، وأعرب عن ثقته في أن الإخوان المسلمين سيتدبرون ذلك. في 16 تشرين الثاني / نوفمبر عيّن محمود حسين نفسه مرشداً عاماً مؤقتاً معتمِداً على

بندٍ في النظام الداخلي ينصّ على أن يتولى هذه المسؤوليةَ أكبرُ أعضاء مكتب الإرشاد سِناً من غير المسجونين، رغم أن فصيله هو فصيل أقليةٍ ولا يمثل التنظيم ككلٍّ. اعتباراً من أواخر تشرين الثاني / نوفمبر 2022 حصلت اجتماعاتٌ ومحادثاتٌ مستمرةٌ بين أعضاء من قادة الصف الأول حول خليفة منير، وبالرغم من وجود بعض الجدل حول كثيرٍ من المسائل، فإن الأمر الوحيد الذي يتفق عليه هؤلاء الأعضاء هو أن المرشد العام القادم لن يكون محمود حسين.

وفي الحقيقة لا نعرف من قد يكون المرشد العام الجديد وقت تأليف هذا الكتاب، لكن يمكننا القول إن بعض العوامل ستحدد ذلك. أولاً، لن يكون المرشد الجديد أحدَ أعضاء مكتب الإرشاد، وهو ما سيشكل سابقةً في الحركة لم يسبقها سوى تعيين الهضيبي مرشداً عاماً في عام 1951. وثانياً، من المحتمل أن يكون المرشد الجديد كبيراً بما يكفي، سواءً في السن أو من خلال مدة وجوده في التنظيم لادعاء الأقدمية. ثالثاً، قد يكون المرشد الجديد شخصاً لم يتورط علناً في أزمات الشرعية منذ عام 2013.

في مقابلةٍ قبل أشهرٍ من وفاته، أخبرنا منير أن الإخوان المسلمين لا يخططون للمشاركة في المنافسة السياسية في أي وقتٍ قريبٍ، وكرر نفس الكلام في مقابلة مع رويترز بعد أشهر.[125] إذا كان قادة الحركة يفكرون بهذه الطريقة حقاً، فمن المحتمل أن يجري اختيار المرشد الجديد لصفاته التنظيمية والروحية، وهي مزايا من شأنها أن تساعد في إعادة توحيد الجماعة، وستكون المسائل التي تتعلق بالمفاوضات مع الحكومة المصرية والحفاظ على العلاقات الدولية للحركة على جدول أعماله، لكنه لن يكون من يتولى أمرَها.

ربما انتهتِ الأزمة، غير أن شبح الأزمات المستقبلية يخيم على الجماعة ما لم تحدث تغييراتٌ مؤسسيةٌ جذريةٌ. وكما كتب عصام تليمة، القيادي السابق في جماعة الإخوان، في مقالٍ نُشر في تشرين الأول / أكتوبر 2021: «لم تكن أزمات الإخوان مرتبطةً أبداً بأشخاصٍ، بل بغياب المؤسسية ... وغياب الشفافية المالية والمساءلة ... والافتقار إلى الأدبيات والمناهج التي تواكب التحديات التي تواجه الجماعة.»[126]

الفصل الثالث:
أزمة العضوية

«الصدمة التي تلقيتُها من الإخوان المسلمين في السودان كانت أسوأ من الصدمة التي قاسيتُها على يد نظام السيسي»

— عمر، عضوٌ شابٌّ سابقٌ في جماعة الإخوان المسلمين فرَّ إلى السودان.

«غادرتُ جماعة الإخوان لأنني تيقنت أن أياً من الفصيلين [داخل الجماعة] لن يكون قادراًعلى صون مبادئها الأساسية. تركت الجماعة لأنني كنت أؤمن بفكر الإخوان»

— محمود، عضوٌ شابٌّ سابقٌ في جماعة الإخوان
قضى قرابة أربع سنواتٍ في السجن.

المجزرة والمنفى

في عام 2016 وصل عمر، وهو عضوٌ شابٌ في جماعة الإخوان في ذلك الوقت، إلى السودان بعد رحلةٍ استمرت عشرة أيامٍ في الصحراء المصرية،[127] إذ غالباً ما أجبر اشتدادُ بطش قوات الأمن المعارضين على الاستخفاء في مصر أو الفرار إلى السودان. كان في استقبال عمر عددٌ من

أعضاء جماعة الإخوان المصريين ممن راحوا ينظمون استقبال واستضافة الأعضاء الفارين من مصر. كان إسماعيل أحد هؤلاء، وهو عضوٌ أعلى رتبةً من عمر وعُيّن «مسؤولاً عن الشقة» التي كان عمر يقيم فيها. ذات يومٍ، دعا إسماعيلُ إلى اجتماعٍ لكل القاطنين في الشقة لإجراء ما وصفه عمر بـ «تحقيقٍ رسميٍّ» لمعرفة من الذي أضاف الباذنجان إلى المقلوبة، وهي وجبةٌ كان أحد القاطنين في الشقة تطوع لتحضيرها. استُجوب القاطنون حول قرار إضافة الباذنجان، وكان إسماعيل يحاول معرفة ما إذا كان ذلك الفعل مقصوداً وما إذا كان لديهم علمٌ مسبقٌ بأن عضواً في جماعة الإخوان أعلى منهم مرتبةً كان ينوي زيارتهم وكان يكره الباذنجان، فإذا ما كان ذلك الفعل مقصوداً حقاً، فسيُنظر إليه على أنه يعكس قلةَ الاحترام الذي عادةً ما يُكنّه الشباب لكبار السن والقادة في التنظيم.

كما أجريت تحقيقاتٌ أخرى مماثلةٌ في الشقة، فقبلها بأسبوعين فقط بدأ إسماعيل تحقيقاً رسمياً آخر لاستجواب القاطنين حول بقايا شعرٍ رآه في الحمام دون أن يُنظف، وروى عمر ضاحكاً كيف أن إسماعيل حاول معرفة الجاني من خلال مطابقة عيناتٍ من الشعر مع المشتبه بهم.

وفي سرده لما حدث له، تذكر عمر أهوال السفر في الصحراء وكيف تسلل عبر الحدود، وكان قد أمضى سنواتٍ مستخفياً في مصر بعد تنظيم وحشْد الناس في أعقاب عام 2013. أظهر التباين بين الأهوال التي عاشها عمر ومطالب إسماعيل من قاطني الشقة عدمَ فهمِ إسماعيل لمدى خطورة محنتهم أكثر مما عكَس سوء إدارته للشقة. تقاطعت السلطة التربوية التي عادةً ما يفرضها الأعضاءُ الأعلى رتبةً على الأعضاء الأصغر سناً مع الوظائف التنظيمية واللوجستية التي كانوا يؤدونها، والتي كانت في هذه الحالة إدارةَ شقةٍ. تولى إسماعيلُ هذه المسؤولية ليجسد أكثر من مجرد الأمور اللوجستية، فتلك التحقيقات لم تكن مجرد تحقيقاتٍ في المسائل المذكورة أعلاه، بل إنه كان يمارس سلطته في التحقق من السلوك والدوافع وراء الأفعال. كانت حادثةُ المقلوبة ولغزُ الشعر الذي وُجد في الحمام بمثابة مناسباتٍ للتوجيه والتربية. طوال فترة إقامتهم دأب إسماعيل على تذكير القاطنين بالمعروف الذي قدمه الإخوان لهم في توفير الإقامة والطعام المجاني. تطلّب هذا المعروف ولاءً مطلقاً، لا سيما

في وقتٍ كانت فيه الجماعة في أزمةٍ.

إن أزمة العضوية التي نرى أن على جماعة الإخوان أن تعالجها هي مظهرٌ من مظاهر أزمات الشرعية والهوية التي تناولناها في الفصلين السابقين. في هذه المرحلة الانتقالية، ضاع الكثير في محاولة التنظيم الحفاظَ على قدسيته وتلبية احتياجات الإخوة والأخوات وأُسرهم، وطُمست الخطوط الفاصلة بين ما هو شخصيٌّ وما هو سياسيٌّ أو تنظيميٌّ، وغالباً ما كان أكثر الأعضاء ضعفاً هم من يدفعون الثمن. يتعامل الإخوان مع جيلٍ قاسى المحن والأهوال، مثله في ذلك مثل الأعضاء الكبار، ما يمثل تحدياً للمزاعم التقليدية بأن الشرعية تُستمد من المحنة. علاوةً على ذلك أدى تغير السياق الاجتماعي والسياسي إلى التقليل من فعالية الآليات التقليدية التي تتبعها الجماعة في التجنيد والاحتفاظ بأعضائها، كما أصبحت خبراتُ وتحدياتُ الأعضاء أنفسِهم في مختلف البلدان متباينةً للغاية بحيث لا يمكن وضعُها في نفس الخانة.

يستند هذا الفصل إلى مقابلاتٍ مع أعضاء حاليين وسابقين في جماعة الإخوان المسلمين ممن تكلموا عن تجاربهم بصفتهم أخوةً أو أخواتٍ في أعقاب مذبحة رابعة مباشرةً وبعد ذهابهم إلى المنفى، ويتقفّى الفصلُ بترتيبٍ زمنيٍّ بعضَ أهم اللحظات في حياتهم داخل التنظيم، ونستهله بالآثار المباشرة لمجزرة رابعة، قبل أن ننتقل إلى بعض جوانب الحياة في السجن ثم الحياة في السودان والمنافي عموماً، وقد غُيرت الأسماء وبعضُ معلومات التعريف لمن حاورناهم لدواعٍ أمنيةٍ. وتجدر الإشارة إلى أن هذا الفصل يغطي الفترة نفسها التي نوقشت في الفصل السابق والتي حدثت خلالها تغييراتٌ هيكليةٌ وتطوراتٌ تنظيميةٌ مهمةٌ، لكن التركيز هنا ينصبُّ على تجربة الأعضاء.

رابعة وآثارها المباشرة

في الأشهر التي سبقت مذبحة رابعة دعا نشطاء ومثقفون إلى إصلاحاتٍ سياسيةٍ، بما في ذلك إجراء انتخاباتٍ رئاسيةٍ مبكرةٍ أو حتى استقالة الرئيس محمد مرسي،[128] وبلغت هذه الدعوات ذروتها في احتجاجاتٍ في ميدان التحرير في 30 حزيران / يونيو 2013. ورداً على هذه الدعوات

دعت جماعة الإخوان المسلمين إلى احتجاجاتٍ واعتصاماتٍ مضادةٍ بدأت في 21 حزيران / يونيو وكان أكبرُها اعتصامَ ميدان رابعة العدوية بحي مدينة نصر شرق القاهرة. بحلول 3 تموز / يوليو 2013 أطاح عبد الفتاح السيسي، والذي كان حينئذٍ وزيراً للدفاع، بمرسي وحكومته بدعمٍ من تحالف ضمّ قادةً مدنيين.[129] وفي الأشهر التي تلت ذلك أودت اعتداءات السلطات على المتظاهرين بحياة العشرات،[130] وكثيرٌ منهم أعضاءُ في جماعة الإخوان. ثم ما لبث أن أصبح الاعتصامُ أشبهَ بموقع مقاومةٍ لم تكن الدولة مستعدةً للتعامل معها بإيجابيةٍ. ستشبه الخطوات التي اتخذها السيسي كثيراً من فترة ولايته لاحقاً: الافتقار إلى التحضر في السياسة والمبالغة في تقدير ما يمكن أن يحققه البطش. كانت البلاد في حالة استقطابٍ، وشجّع السيسي تحالفٌ من القوى الليبرالية واليسارية والسلفية على القيام بما هو ضروريٌّ لتدشين جمهوريةٍ جديدةٍ،[131] كما اتحدت الدولة في محاولةٍ لاستعادة مكانتها وردّ اعتبارها بعد النقد والتدقيق الذي تعرضت له خلال ثورة 2011 وما أعقبها.

كان المشهد في رابعة مهيأً للمذبحة، فقد جُرّد آلاف المتظاهرين في الاعتصام من إنسانيتهم بصورةٍ منهجيةٍ بنعتهم بـ «الخراف» على التلفزيون الحكومي وفي وسائل الإعلام الأخرى، كما سئمت الأحزاب السياسية من جماعة الإخوان المسلمين، وحصل السيسي على دعم الحلفاء الإقليميين للقضاء على مشروع الإسلام السياسي ذاك في مهده.[132] في غضون ذلك رفَض الحلفاء الدوليون، بما في ذلك الولايات المتحدة، وصْف ما حدث بأنه انقلابٌ.

اجتاحت الدبابات ميدان رابعة العدوية في 14 آب / أغسطس 2013،[133] وسار الضباط في الميدان بأسلحتهم، وأطلق القناصة الرصاص، وهَدمت الجرافات الخيامَ. في إحدى الحوادث، وصف أحدُ مَن قابلناهم كيف راحت السلطات تطلق وابلاً من الرصاص فوق رؤوس المتظاهرين أثناء مغادرتهم الاعتصام فُرادى في رتلٍ. صاح أحد المتظاهرين وهو يهرب من الرصاص مطأطئ الرأس خوفاً من الرصاص وداعياً إلى الله: «حسبنا الله ونعم الوكيل»[134] فركض أحد الضباط نحوه ووضع سلاحه بالقرب من صدره، وصرخ: «لا تدعُ الله علينا. هذا خطؤكم. نحن على حقٍّ وأنتم على باطلٍ.»

دفع الضابطُ المتظاهرَ ببندقيته ليعيده إلى الرتل، فخرج من الميدان متفادياً الرصاص الذي كان ينهمر على بعد بضع سنتيمتراتٍ من رأسه.[135]

بحلول نهاية ذلك اليوم قُتل ما لا يقل عن 817 متظاهراً في رابعة وحدها وذلك وفقاً لتقديرات منظمة هيومن رايتس ووتش الأكثر تحفظًا.[136]

اقتحم الجنود ميدان رابعة بِنيّةِ القتل وبأمرٍ من السيسي، فكانتِ الحصيلة الأكبر من القتلى من نصيب مكانٍ واحدٍ هو ميدان رابعة، لكن كان ثمة «رابعاتٌ مصغرةٌ»، إن صح التعبير، في جميع أنحاء البلاد. أطلق كلٌّ من ضباط الجيش والشرطة الرصاصَ الحي على المدنيين، وغصت المستشفيات الميدانية بجثث القتلى والجرحى. صُوِّرتِ اللحظاتُ الأخيرةُ من حياة أسماء البلتاجي ونُشرت على مواقع التواصل الاجتماعي.[137] كانت أسماء، وهي ابنة محمد البلتاجي العضو البارز في جماعة الإخوان، لا تزال بعد فتاةٌ تبلغ من العمر سبعة عشر عاماً عُرفت في حياتها كمثقفةٍ ناشئةٍ تفيض حماسةً ومرحاً. أحرق ضباط الأمن جثث الموتى التي تكدست في الميدان،[138] وتعرّض مَن فرَّ من الاعتصام للضرب والاعتقال والإخفاء. صوَّر مصورٌ صحفيٌّ اللحظاتِ التي استُهدف فيها وقُتل وهو يغطي الحملةَ القمعية على الخطوط الأمامية.[139] كانت المذبحة استعراضاً للسطوة القومية الفاشية، ولحظةً أكد فيها السيسي شرعيته للعامة، وهي نفسها اللحظة التي راهن فيها حلفاؤه على أنه سيصبح ديمقراطياً بعد الفروغ من التعامل مع تلك الأزمة. أوحت تصريحات بعض العامة ممن أرادوا فضّ اعتصام رابعة أنهم كانوا يؤيدون وقوع مذبحةٍ لإفراغ الميدان من المعتصمين.

لا تزال الحصيلة النهائية للقتلى في 14 آب / أغسطس 2013 محلَّ خلافٍ، لكن المؤكد هو مقتل مئات المتظاهرين. تقدر هيومن رايتس ووتش بتحفظٍ أن نحو 1150 متظاهراً مؤيداً للديمقراطية قُتلوا في القاهرة وحدها في ذلك اليوم.[140]

عكست الحقيقة المروعة لمجزرة رابعة والعنفُ الذي سبقها ما شاهده بعضُ الأعضاء الشباب في الشوارع لشهورٍ قبل ذلك. قال محمود، وهو عضوٌ سابقٌ في جماعة الإخوان في مطلع الثلاثينات من عمره والذي

كان منخرطاً بقوةٍ في السياسة الطلابية الجامعية، إنه كان يرى المذبحة واقعةً لا محالة ومن عدة نواحٍ: «كان لا مفر من تراجع شعبية الإخوان، فقد خسرنا رئاسة اللجنة الطلابية بعد فوزنا بجميع مقاعد الهيئة الطلابية تقريباً في جامعتنا في أعقاب ثورة 2011 وفي عام 2012. كما حُل البرلمان لاحقاً واستمرت شعبية الإخوان في الانخفاض، ثم وصلنا إلى لحظةِ 30 حزيران / يونيو.»[141]

لم ير محمود أن اعتصام رابعة كان سيؤدي إلى تغييرٍ حقيقيٍّ، فبعد أن دعا السيسي الشَّعبَ إلى منحه تفويضاً بمواجهة «الإرهاب المحتمل» لم يستطع محمود تصوُّر البقاء في المنزل مدةً أطول،[142] وعندما غادر المنزل للانضمام إلى الاحتجاجات، كانت والدته تبكي. قال محمود: «كانت أمي تعلم أنني لن أتراجع، وكلانا كان يعلم أنه من المحتمل جداً ألا أعود.»

كان لمجزرة رابعة والاعتقالات اللاحقة لقادة الإخوان أثرٌ ملحوظٌ على التنظيم وأعضائه، فقد أفاد كثيرٌ ممن قابلناهم بحدوث فراغٍ في القيادة على إثر المجزرة، وفي ذلك قال أيمن الذي كان عضواً في لجانٍ رئيسةٍ للإخوان في المنفى: «كانت الجماعة في حالة فوضىً وكان ذلك مختلفاً عن موجات الاعتقال في عهد [حسني] مبارك، فحينئذٍ كان ثمة سقفٌ لمن كانوا يُعتقلون، أما [الآن] فقد اعتقلوا قيادات الصف الأول والثاني والثالث.»[143] أدى هذا الفراغ إلى موقفٍ تَصرَّف فيه الأعضاءُ، في الأسابيع الأولى على الأقل، بصورةٍ عفويةٍ تماماً، والأهم من ذلك أن فراغ القيادة خلّف لدى آلاف الأعضاء ممن قُتل أصدقاؤهم وأحباؤهم للتو شجوناً لم تُداوَ وجراحاً لم تندمل.

بعد رابعة لم تعد قيادة الاحتجاجات وتنظيمها منسقةً مركزياً، ووقعت هذه المسؤولية على عاتق قيادة شُعَب الجماعة. قال وليد، العضو الذي كان في قيادة شُعبته: «تَعيّن علينا تنظيم وتنسيق الحراك والاحتجاجات في الشارع.» وأشار إلى أنه من نواحٍ عديدةٍ لم يكن ذلك بالأمر الصعب في بادئ الأمر: «بصفتنا شُعبةً لم يتأثر عملنا اليومي كثيراً بالقيادة المركزية، فنحو 90 بالمئة مما كنا نفعله كان نتيجةً لقراراتٍ كنا نتخذها ونصوت عليها بأنفسنا.»[144]

ازداد الوضع الأمني صعوبةً أكثر فأكثر، إذ قال وليد إن جميع إخوانه تقريباً غادروا منازلهم خوفاً من الاعتقال والانتقام، وانتقلوا إلى أجزاء مختلفةٍ من مدينتهم أو حتى إلى مدنٍ أخرى. ورغم ذلك وجد الأعضاء سبلاً للتنسيق ومواصلة بناء الزخم، وراحوا يستخدمون الهواتف المحمولة الرخيصة مسبقة الدفع ويرسلون رسائل نصيةً عن الاحتجاجات في غضون خمسة عشر إلى عشرين دقيقةً من انطلاقها، أو يستخدمون الجنازات والأماكن العامة لمقابلة القادة وتنسيق النشاطات. كان الواقع على الأرض قاتماً والتحدياتُ غيرَ مسبوقةٍ. وكما نناقش أدناه، فإن بعض آليات المواجهة والتكيف الأولية (الانفصال عن القيادة المركزية على سبيل المثال) قد تجاوزت جدواها وراحت تُفاقم نزاعاتٍ وأزماتٍ تنظيميةً أكبر.

أثّرت الصدمة الناتجة عن العنف والخسارة الفادحة لمجزرة رابعة تأثيراً عميقاً في حياة الأعضاء، إذ قال بعض من قابلناهم إن أصداء عويل الرجال ونحيب النساء ما زالت تدوّي في آذانهم. الإخوان المسلمون تنظيمٌ شديد الترابط، على المستوى المجتمعي على الأقل، ويمكن لمن نشأ وترعرع في مجتمعاته، بالنظر إلى مستوى الاضطهاد الذي تعرضت له الجماعة تاريخياً، أن يعيش جزءاً كبيراً من حياته منخرطاً في الغالب مع من يشبهونه في التفكير، وينطبق ذلك على المناطق الواقعة خارج القاهرة والإسكندرية خاصةً، فقوات الأمن أكثر قسوةً وسطوةً خارج المدن الكبرى، وهنالك حياةٌ مؤسسيةٌ أقل، ولذا فإن جماعة الإخوان والعمل الذي يقوم به المرء للجماعة يستهلكان جلّ حياته،[145] سواءً في خدمة الأعضاء أو المجتمع الأكبر. ترك الفراغُ الأشخاص الذين إما كرسوا حياتهم ومعيشتهم للإخوان أو حتى انضموا إلى الجماعة في ذروة نجاحها السياسي دون إجاباتٍ ولا توجيهاتٍ فوريةٍ فيما خلا كلمات المرشد العام في 5 تموز / يوليو 2013 في رابعة: «سلميتنا أقوى من الرصاص.»[146]

قدّم من قابلناهم رواياتٍ مختلفةً عما إذا كانت المناهج الرسمية التي تُدرَّس في كل أسرةٍ قد تغيرت بعد المجزرة، وما إذا كانت التغييرات ذات مغزىً، وذكر البعض أن جماعة الإخوان أمرت الأعضاء بحفظ سورة الفرقان، وهي سورة من القرآن تتناول في جزء منها وتفصل الصعوبات التي واجهها الرسول محمد صلى الله عليه وسلم. وأشار آخرون إلى أن لقاءاتهم

الأسبوعية أُجلت في الغالب وكانت تتألف من لحظات سريعة للتفقد وتنظيم العمل. كما أفادت مجموعةٌ ثالثةٌ من المقابلات بحدوث مناقشاتٍ في لقاءات أسرهم حول ما يجب أن تتضمنه المناهج الجديدة أو المحدثة. تضمنت بعض الأفكار المطروحة أعمالاً عن التحول الديمقراطي في أمريكا اللاتينية، غير أن هذه المناقشات بدت مرتجَلةً ومحددةً بمنطقة معينة لا على مستوى واسع. في المقابلات التي أجريناها مع كبار القادة الحاليين، نوّه بعض هؤلاء إلى أن المناهج الرسمية لم تُحدَّث على الإطلاق وأن ذلك كان في الواقع إغفالاً تنظيمياً كبيراً.

ولّد الفراغُ ارتباكاً في صفوف الجماعة، وكان أعضاؤها في حالة تشتتٍ وذهولٍ مما حل بهم من فَقدٍ وخُسران، وأصبح تنظيم العمل والاحتجاج سبيلاً لتأكيد أنفسهم في غياب أي استراتيجيةٍ شاملةٍ، كما كان هؤلاء قلقين على مصير بلادهم وفي خشيةٍ مما هو آتٍ. وما زاد الوضع تعقيداً أن جماعة الإخوان كانت على وشك أول انقسامٍ رأسي على الإطلاق، فمنذ الأيام الأولى لاعتصام رابعة كانت هذه المرةَ الأولى التي تتعارض فيها علناً التجاربُ الشخصيةُ للأعضاء مع الآراء السياسية للتنظيم. حدث الانقسام عبر المحافظات المصرية والدول والقارات وفي زنازين السجون، وكان في وقتٍ لاحقٍ ذا رمزيةٍ كبيرةٍ وذلك أنه أرسى الأسس للمظالم التي لا تزال دون حلٍّ حتى اليوم.

بعد فض اعتصام رابعة كانت قيادة الإخوان غائبةً فعلياً فيما كانتِ الشوارع تغص بالمتظاهرين. من نواحٍ عديدة، ترك هذا الواقعُ التنظيمَ يلعب دور مَن يحاول اللحاق بالركب. اتّخذت التعبئة في أعقاب عام 2013 أشكالاً كثيرةً، وظلّ الناس في الشوارع بعد المجزرة وكانوا يَشغلون جلّ اهتمام الأجهزة الأمنية. كانت احتجاجات ما بعد رابعة مدفوعةً بالسخط من الانقلابِ وعواقبِه أكثر مما كانت مؤشراً على أي تعبئةٍ حقيقيةٍ وقويةٍ من قبل التنظيم، الأمر الذي انعكس أيضاً على نوعية الاحتجاجات. أشار أحدُ مَن قابلناهم إلى أن أحد أشكال الاحتجاجات «كان يُعرف باسم الفراشة، أي نتجمع فجأةً لمدة خمس دقائق ونفترق»، قال محمد المتظاهرُ الشاب الذي شارك بنشاطٍ في الاحتجاجات في أعقاب رابعة.[147] وقال آخر إن الغرض من الاحتجاجات في بعض الأحيان كان إظهار أن

جماعة الإخوان ما زالت موجودةً ليس إلا. أما محمود فقال إنه في أول عامين بعد اعتصام رابعة كان الإخوان ينظمون مظاهراتٍ سريعةً في مراكز المدن أو في بعض الأحيان يطلقون الألعاب النارية. وحتى الاحتجاجات الكبيرة افتقرت إلى الأهداف الإستراتيجية في بادئ الأمر. قال عمر، وهو عضوٌ من صعيد مصر كان منخرطاً بشدةٍ في النشاط الطلابي: «خرجنا إلى الشوارع بعد فض رابعة وسِرنا نحو وسط المدينة، ولم نكن نعرف ما نفعل بعد ذلك. لم تكن ثمة خطةٌ واضحةٌ في ذلك الوقت. كان الناس غاضبين وحسب. أتذكر الاتصال بالقيادي المسؤول عن محافظتنا، ولم يكن يدري إلى أين نتجه بعد ذلك.»

كانت الأشهر بين آب / أغسطس 2013 (عندما وقعت المجزرة) وتشرين الأول / أكتوبر 2013 حاسمةً في تطور جماعة الإخوان. فحتى تشرين الأول / أكتوبر 2013، نظمت كل منطقةٍ إداريةٍ داخل جماعة الإخوان أنشطتها واحتجاجاتها بنفسها، وكان القائد الأبرز خارج السجن حينئذٍ هو محمود عزّت نائب المرشد العام لجماعة الإخوان، وكان مستخفياً ولم يُصدر أي توجيهاتٍ للتنظيم وفقاً لأعضاء تحدثْنا معهم وممن شاركوا في عمليات صنع القرار. منذ تشرين الأول / أكتوبر فصاعداً، ولمدة ثلاثة أشهرٍ، راحت مجموعةٌ من كبار القادة داخل جماعة الإخوان بقيادة محمد كمال تنظم وتشكل اللجان وترتب الاجتماعاتِ وتضع الاستراتيجياتِ حول ما يجب القيام به وسط حملة القمع. (نوقشت الجوانب الأخرى لهذه الفترة الزمنية في الفصل السابق).

ومن السمات المميزة لقيادة كمال تركيزُه على لامركزية صنع القرار. كما نوّهنا في الفصل السابق كان هذا النمط من القيادة يُسمى اللجنة الإدارية العليا التي أعطت صوتاً في عملية صنع القرار للمكاتب المحلية والإقليمية للإخوان.

تَناقض هذا النمط من القيادة بشدةٍ مع الطريقة التي عملت بها المنظمة المتصلبة شديدة التراتبية في السابق، إذ قال أحد الأعضاء الذين قابلناهم وكان نشطاً تحت قيادة كمال:[148] «كانت هذه اللامركزية ذات أهميةٍ كبيرةٍ في نجاح الإخوان في ذلك الوقت، فقد انتقلتِ القراراتُ من طاعة الأوامر الصادرة عن القيادة إلى النصح العام للعاملين على الأرض، ولهؤلاء أن

يقرروا الأصلح.» قال صلاح، وهو عضوٌ آخر شارك وانتُخب في شُعبته، إن ظهور هذه القيادة الرسمية والفجوة التي أحدثتها الاعتقالات دفعا إلى إجراء انتخاباتٍ في الأشهر الأولى من عام 2015 داخل كل منطقةٍ لتحديد المسؤوليات المتعاظمة التي كان يواجهها التنظيم.[149] وقد شهدت هذه الانتخابات صعوداً في صفوف بعض أعضاء الصف الثاني، أي الأعضاء الأصغر سناً والأقل تقدماً وخبرةً من الناحية المؤسسية. بالإضافة إلى ذلك قرر بعض كبار الأعضاء عدم خوض الانتخابات.

تَعيّن على الطلاب على وجه الخصوص التعاملُ مع هذا الفراغ في القيادة على عكس سنوات مبارك عندما كان لديهم كثيرٌ من الإرشاد. وصف حسام وهو أحد قادة النشاط الطلابي في عهد مبارك الهياكلَ في ظل الإخوان حينئذٍ بأنها جامدةٌ ومتصلبةٌ للغاية، وقال: «كان من الصعب علينا أن ننجز الكثير دون موافقة كبار المسؤولين. كان الرؤساء يُعَيَّنون ولا يُنتخَبون، وجاء معظمهم من القرى أو المناطق الريفية ... ولم يكن لديهم خبرةٌ كبيرةٌ في التعامل مع أناس من مجموعاتٍ أو أحزابٍ مختلفةٍ، وكانت المناطق الريفية تفتقر إلى فكرة المجال العام التي كانت لدينا في القاهرة.»

كان التحدي الرئيسُ لقوات الأمن هو التعامل مع الشارع والاحتجاجات في الأحياء والأماكن العامة الأخرى. وعلى حد تعبير أحد القادة الطلابيين: «كان يجب أن نتوقع أنهم كانوا سيتعاملون مع الشارع قبل أن يلتفتوا إلينا بالكامل.» غير أن ردّ فعل الطلاب ونشاطهم اكتسب زخماً كبيراً عندما استُؤنف العام الدراسي. وفيما تَعرَّض طلاب جامعة الأزهر في القاهرة للقمع الوحشي والضرب وإطلاق النار والاعتقال في أعقاب رابعة مباشرةً، ظلت معظم الجامعات في جميع أنحاء البلاد أقل عِداءً للإخوان والنشاط الطلابي عموماً. تجلت المبادرات الطلابية في تأسيس عددٍ لا يحصى من المنظمات، الحقيقية والافتراضية منها، تحت شعار «طلابٌ ضد الانقلاب.» كان التأثير الرئيس لهذه المنظمات والمبادرات هو حشد الطلاب. في بادئ الأمر ظلت معظم الاحتجاجات الطلابية داخل حدود حرم جامعاتهم، لكن بحلول الوقت الذي كان فيه الطلاب قد حشدوا بما فيه الكفاية وكانت قواتُ الأمن قد أخْلتِ الشوارع بما فيه الكفاية، تصاعدت المواجهة بين الطلاب والسلطات إلى مستوياتٍ غير مسبوقةٍ.

تنظيمٌ مأزومٌ

بعد مجزرة رابعة استمر الطلاب في التنسيق مع القادة الأرفع، لكنهم حظُوا بفسحةٍ واستقلاليةٍ بسبب الاعتقالات والمخاوف الأمنية، وقد كان ذلك واضحاً على سبيل المثال في تولي الطلاب أدواراً قياديةً في كلّياتهم وجامعاتهم، فأدى ذلك إلى تبني سياسة «تصعيدات الأزمات» التي تولى الطلاب بموجبها مسؤولياتٍ تنظيميةً كبيرةً وأصبح التسلسل الهرمي للقيادة أقلّ وضوحاً. نما عن هذه التصعيدات مشكلةَ مواطنة داخل الإخوان، فبين الأعضاء ثمة تمييزٌ غيرُ رسميٍّ بين من ترعرعوا واختُبروا وجُرّبوا في التنظيم من أحيائهم ومجتمعاتهم، ومَن انضموا إلى التنظيم أثناء دراستهم في الجامعة. يُنظر إلى قدامى الأعضاء على أنهم أكثرُ جدارةً بالثقة ويمكن الاعتماد عليهم، في حين يُنظر إلى الذين انضموا أثناء دراستهم الجامعية على أنهم أناسٌ من دوائر «الربط العام» على حد تعبير أحد مَن قابلناهم. لاحظ أحد الأعضاء البارزين في جماعة الإخوان المسلمين أن المنضمين الجامعيين «ينحرفون أحياناً عن مصدر التنظيم وجوهره لأنهم معتادون على التصريحات العلنية، واللافتات الكبيرة، وحبّ الظهور، وهذا ليس من نهجنا في العمل.»[150]

لكن في الأشهر التي أعقبت مجزرة رابعة، وعندما غابتِ السلطة المركزية عن المشهد، راح الأعضاء يتصرفون محلياً، واقتصرت نشاطاتهم على أحيائهم ومجتمعاتهم وحسب. وفي الأشهر القليلة الأولى على الأقل، لم يكن ثمة كثيرٌ من العِداء بين الشباب والطلاب من ناحيةٍ، وكبار السن والأعضاء القدامى في مجتمعاتهم المحلية من الناحية الأخرى. في بادئ الأمر لم تحدد الجماعة موقفها بوضوحٍ من مسائل العنف واللاعنف، ولم يكن ثمة إجماعٌ بين الأعضاء بخصوص هذا الأمر، إذ وصف أحدُ مَن قابلناهم كيف كانت هذه العملية بدائيةً في البداية، وقال إن الأعضاء كانوا يحددون منازل ضباط الأمن ويتركون رسائل تهديدٍ على قصاصاتٍ ورقيةٍ يدسّونها تحت أبواب منازلهم. كان الأعضاء يرسلون هذه الرسائل إلى الضباط الذين اشتُبه بأنهم متورطون بصورةٍ مباشرةٍ في تعذيب المعتقلين وإساءة معاملتهم، والأهم من ذلك، في العنف ضد النساء. أصبح هذا الأسلوب في التصدي للعنف ضد المتظاهرات الإناث، على وجه

الخصوص، رمزاً لما أصبح يُعرف باسم «العمليات النوعية» أو «العنف الانتقائي» (تناولناه في الفصل السابق).

وحتى عندما تحولوا إلى استخدام العنف الانتقائي، كان أعضاء الإخوان لا يزالون ينظرون إلى أفعالهم على أنها تُصنف ضمن اللاعنف، وكثيراً ما استَشهدوا بشعار «كلُّ ما دون الرصاص فهو سلمية.»[151] وقد شمل ذلك بعضَ التدمير الذي لحق بالمرافق العامة، لكن الأهم من ذلك تركيزُه على حماية الاحتجاجات من عنف الدولة. تطورتِ المبررات النظرية لهذا العنف، كما هو الحال مع أنواعٍ أخرى مماثلةٍ من العنف الذي فرضته اللحظة واتخذ أشكالاً عدةً. قال محمود: «في كثيرٍ من الأحيان كانت الشرطة تعتمد على البلطجية لضربنا وتسليمنا للشرطة، وحتى أنني التقيت بهؤلاء في السجن. كانوا خائفين منا في بادئ الأمر واعتذروا، لكني جعلتُهم يقلقون لبضعة أيامٍ قبل أن أنسى الأمر.»

كان العنف الذي أخذ شكل حرب العصابات في هذه الفترة نتيجةً للفراغ في سلطة الإخوان وردّاً على بطش الدولة. «ماذا كان من المفترض أن نفعل؟ ندع الناس، لا سيما النساء، يتعرضون للضرب أو يُعتقلون في الشوارع؟» قال صلاح، أحد المتظاهرين السابقين: «إلى من أذهب وأشكو؟ لم يكن ثمة من نشتكي إليه.» سار أعضاء الإخوان على أطراف الاحتجاجات حاملين زجاجات المولوتوف والمشاعل، وفضلاً عن حماية الاحتجاجات، كان الهدف الرئيس، كما أكد كثيرٌ ممن قابلناهم، هو «إرهاق واستنزاف» الشرطة.

قال صلاح: «كنا نعلم أننا غير قادرين على التعبئة ضد الجيش، وفي واقع الأمر كانت احتجاجاتنا تمرّ من أمام بعض معسكرات الجيش، وكنا لا نتعرض لها بأي أذىً. كل ما أردناه هو توفير الحماية للنساء والمتظاهرين والتأكيد على أننا ما زلنا قادرين على حشد المتظاهرين في الشوارع.» تطورت هذه الجهود لتصبح أكثر استهدافاً وعدوانيةً، فغالباً ما تعرّض الضباط الذين ثبت ضلوعهم في انتهاكات حقوق الإنسان للضرب أو فُجِّرت سياراتهم، لا سيما إذا كانوا متورطين في تعذيب المعتقلين أو اغتصابهم.

لا يزال من غير الواضح إلى أي مدىً نُفّذت هذه الإجراءات بناءً على أوامر

من اللجنة الإدارية العليا. أكدت علياء، وهي إحدى القيادات في المكتب العام (والذي تناولنا ظروف نشأته بالتفصيل في الفصل السابق)، أنها «دعت إلى ’السلمية المبدعة‘، كأن يَصب بعضُ الأعضاء الزيتَ في شوارعَ معينةٍ كيلا تتمكن سيارات الشرطة وقوات الأمن من الوصول إليها، لكن لم تكن ثمة أوامرُ رسميةٌ بالاشتباك معهم بعنفٍ من شأنه إلحاق الضرر بالناس، بمن فيهم رجال الشرطة.» كما قالت علياء إن الهجماتِ المعروفةَ ضد رجال الشرطة في هذه الفترة كانت في أماكن كان من الممكن أن تحدث فيها هذه الأعمال دون توجيه الإخوان أو مباركتهم، وأردفت قائلةً: «وقع كثيرٌ من هذه الحوادث كنتيجةٍ لخيبة أمل الناس واستيائهم.»

غير أن أشخاصاً آخرين ممن قابلناهم أكدوا أن من نفّذ هذه الهجمات كان لديهم بعض التوجيه أو على الأقل بعض التنسيق. قال صلاح إنهم «لم يتصرفوا من تلقاء أنفسهم. بالطبع كان ثمة تنسيقٌ مع رؤسائهم.» وصف شخصٌ آخر ممن حاورناهم لقاءً حضره ممثلو كلياتٍ مختلفةٍ وعددٌ من عامة أعضاء الإخوان حول الاستجابات للاحتجاجات في حرم الجامعات، وتمحورت المناقشات حول حماية المتظاهرين من القمع الأمني والاعتقالات المتصاعدة. ووفقاً لهذا الشخص الذي حاورناه، كان طلاب الكلية هم من أصرّ على حماية المتظاهرين باستخدام قنابل المولوتوف والأسلحة المرتجلة الأخرى.

وكما أشرنا أعلاه، فإن العنف في أعقاب مذبحة رابعة لم يكن بالضرورة مدفوعاً بدافعٍ أيديولوجيٍّ، ووفقاً للباحث خليل العناني، من الأهمية بمكانٍ النظرُ في المقدرة والدوافع الفردية لمن ارتكب أعمال العنف، وليس مجرد النظر في ارتباطهم بجماعة الإخوان المسلمين.[152] في دراسته للجماعات المسلحة في أعقاب الانقلاب في مصر، يلاحظ عبد الله هنداوي، وهو باحثٌ آخر، أن كثيراً ممن ذهبوا إلى حد الانضمام إلى ميليشياتٍ منظمةٍ ومسلحةٍ فعلوا ذلك كردِّ فعلٍ عاطفيٍّ.[153] إن الفكرة القائلة بأن هذه الأعمال كانت أيديولوجيةً بحتةً لا تأخذ بالاعتبار التنوعَ الكبيرَ لدى مَنِ ارتكبوا أعمال عنفٍ، أو تنوع أنواع العنف التي ارتُكبت، أو الآراء المتنوعة التي يتبناها الأعضاء، بما في ذلك مَن لم يؤيدوا أي عنفٍ. في كثيرٍ من الأحيان لم يكن التطرف سبباً للعنف لدى بعض الإخوان بعد مذبحة رابعة،

بل افتقار الإخوان لاستراتيجيةٍ واضحةٍ وشاملةٍ.

أعضاءٌ وقادةٌ وقوات أمن

أدى ظهور محمود عزّت مجدداً في منتصف عام 2015 إلى تعقيد المشهد تعقيداً كبيراً، ففي أثناء تواريه عن الأنظار، لم يتولَّ الأعضاء ذوو الرتب الدنيا المسؤوليةَ فحسب، بل اكتسبوا شعبيةً ملحوظةً أيضاً، لا سيما بين الشباب. وقد أكد هؤلاء الأعضاء أنهم تحملوا العبء الأكبر من المسؤولية عندما غاب أرفع القياديين عن المشهد. وعندما عاد عضوٌ كبيرٌ سابقٌ للظهور في الحي وفي اجتماعات اللجنة بعد سماعه بعودة عزّت، لم تَسُرّ عودتُه صلاحَ الذي قال: «لقد اختار هؤلاء المكوثَ في المنزل عندما كنا نحتج في الشوارع. قيل لنا ألا نتحدث معهم، وألا نطرق أبوابهم، ولا حتى أن ندنو منهم إذا لمحناهم في الشارع.» بالنسبة للأعضاء الذين حافظوا على الحشد والاحتجاجات في الشوارع، كان ظهور هؤلاء القياديين من جديدٍ تفوح منه رائحة الاستيلاء. خَلقت هذه الديناميات شرخاً من المظالم بين مَن دفعوا ثمن مشاركتهم في الحراك وواجهوا أعتى المخاطر ومن لم يدفعوا هذا الثمن. كان للانقسام تأثيراتٌ مضاعفةٌ على التنظيم برمته، ولم يكن الأمر مجرد انقسامٍ بين الأجيال، بل أحد تجليات الافتقار إلى شخصياتٍ قويةٍ واستراتيجياتٍ واضحةٍ توحد الجماعة.

يؤكد كلٌّ من شباب وقيادة المكتب العام ممن قابلناهم أن جهودهم كانت تلقى سوءَ تفسيرٍ وتشويهاً متعمداً في الإعلام، وفي ذلك قال وليد عضوُ الإخوان الذي تولى مسؤولياتٍ تنظيميةً في أحد أحياء القاهرة: «لا شك لدي أنْ كان ثمة جواسيس بين القادة. بالتأكيد كان ثمة خلافٌ خطيرٌ وكانت هنالك جهودٌ للمصالحة، لكن التسريباتِ الإعلاميةَ فاقمتِ المسألةَ.» كما تذمر آخرون من أن وسائل الإعلام لم تسئ وصْف الصراع بين القيادة فحسب، بل أيضاً تصرفات المكتب العام. وقال محمود عن جهود المكتب العام: «لم يكن الخلاف يتعلق بالعنف وحسب، إذ كان ثمة تصورٌ كاملٌ واستراتيجيةٌ لكيفية التعامل مع النظام.»

وبصرف النظر عن مسألة العنف والمسؤولية عنه، نوّه كثيرٌ ممن قابلناهم أن بعض الخطوات التي اتخذها المكتب العام كانت تقدميةً على نحوٍ غيرِ

معهودٍ وفقاً لمعايير الإخوان. كان أعضاء المكتب ثوريين علناً، لا إصلاحيين، فقد أجروا مراجعاتٍ داخليةً حول الأخطاء التي ارتكبها الإخوان منذ عام 2011، وخصصوا مقاعد للنساء والشباب في القيادة العليا، وأنشأوا لجاناً شعَرَ الأعضاء بأنها تمثيليةٌ حقاً، كما أشرفوا على انتخابات المناصب العليا وسط ظروفٍ أمنيةٍ غايةٍ في القسوة. والأهم من ذلك أنهم وضعوا استراتيجيةً حول كيفية إنهاء الانقلاب أو على الأقل كبح جماح القمع، وقد شعر كثيرٌ ممن قابلناهم أن تلك الانتخاباتِ كانت معبرة عن إرادتهم بحق.

يوضح الصراع وكيفية إدارته كثيراً من الأمور التي تُواصل جماعة الإخوان مواجهتها اليوم: شرعياتٌ متنافسةٌ، وغيابُ عملياتٍ داخليةٍ متماسكةٍ ومتسقةٍ، وتناقضُ تنظيمٍ ذي آلياتِ تمثيلٍ لكنه يبني شرعيته على وسائلَ أقلَّ تعبيرًا عن أعضائه. إن جماعة الإخوان المسلمين تنظيمٌ لا تقوده أنظمةٌ داخليةٌ بل سلطةٌ أبويةٌ، على حد تعبير محمد عفان،[154] ما يعني أن القادة أو الشخصيات التاريخية داخل التنظيم يُمنحون وزناً مختلفاً عن الوزن الذي يعطى لسائر الأعضاء، فآراؤهم والقراراتُ التي يؤيدونها أو يتخذونها تُؤخذ على محمل الجد أكثر مما تؤخذ آراء وقرارات الأعضاء الأعلى مَرتبةً في التسلسل الهرمي للتنظيم. في هذا الصراع الداخلي كان الخلاف بين الطرفين حول الشرعية، كما ناقش الفصل الأخير بالتفصيل.

كانت هذه الخلافات حول الشرعية واضحةً في كيفية تحدُّث الأعضاء عن تضحياتهم، إذ شدد أعضاء مثل صلاح على أنهم هم من دفع الثمن في الشوارع بينما كان الآخرون مختبئين. علاوةً على ذلك، ووفقاً لما قاله عضوٌ سابقٌ في مقابلةٍ، ثمة جيلٌ من الأعضاء ممن جاء ارتباطهم بجماعة الإخوان من خلال الاحتجاجات وعنف الدولة في المقام الأول.[155] فالقيادة التقليدية التي طالما شددت على قيمة التضحية وبجّلتها في التسلسل الهرمي للتنظيم راحت تواجه جيلاً لم تنشئه في واقع الأمر، لكنه جيلٌ تحمّل مستوياتٍ شديدةً من العنف وقدّم أثمن التضحيات. «كنتُ أحد آخر جيلٍ من الناس في سنّي ممن رأوا جماعة الإخوان على حقيقتها، قبل حدوث كل هذا [رابعة وما بعدها]،» قال أيمن، وهو شابٌّ في منتصف الثلاثينات من عمره في تعليقه على جيلٍ من الأعضاء ممن ارتقوا في الرتب بعد عام 2013.

أعطت السرديات عن التضحيات في جماعة الإخوان سلطةً لمن عانوا أكثر مما أعطت العملياتُ الرسميةُ أو اللجانُ المكلفةُ بصنع القرار، وهذا جزءٌ من السبب الذي جعل مَن جُمدت عضويتهم أو طُردوا من التنظيم، فيما بعد، يؤكدون أنهم ما زالوا إخواناً، حتى لو لم تعترف بهم الجماعة رسمياً على هذا النحو. إنه صراع حول من يرث حسن البنا.

كان لهذا المفهوم عن السلطة الفردية المستندة إلى المحن والتضحية آثارٌ لاحقةٌ على التنظيم، آثارٌ تفاقمت جرّاء تزايد تعقيد الوضع الأمني وانتقال الأعضاء إلى المنفى. إن عمليات التصعيد في جماعة الإخوان المسلمين صارمةٌ للغاية، سواءً أكان العضو ينتقل من مستوىً إلى آخر، أو يُمنح مزيداً من الثقة، أو يجري اختباره بطريقةٍ أخرى. ومن الناحية الأخرى، فإن الطرق التي يَجري بها تجريدُ الأعضاء من الشرعية وذمُّهم أو حتى تخفيضُ رتبتهم تفتقر إلى الصرامة والدقة ويمكن تعميمها وترسيخها بسهولةٍ من خلال الروايات المنقوصة، إذ تُستخدم عباراتٌ من قبيل «أخونا ذو نوايا حسنةٍ وقدراتٍ، لكنه انحرف عن طريقنا قليلاً» أو «لقد سمعنا بعض الأمور عن أخينا لكن ليس من الواضح ما إذا كانت صحيحةً» لتشويه سمعة أحدهم. هذا النوع من تجريد الأعضاء من الشرعية فعّالٌ على نحوٍ لا يُصدق في جماعة الإخوان لأسبابٍ هيكليةٍ تتعلق بكيفية انتقال المعلومات في التنظيم، ولأن التنظيم مبنيٌّ على الثقة الكاملة في الصدق بين الأعضاء والقيادة.

من وجهة نظر كثيرٍ من الأعضاء، مثّل خلاف عام 2015 تهديداً أمنياً أكثر مما مثّل استيلاءً، فقد أشار كثيرٌ من الأعضاء ممن تحدثنا إليهم إلى مقابلةٍ أجْرتها قناة الجزيرة مباشر مع محمد سودان أحدِ قادة الإخوان المسلمين بأنها اللحظة التي شعروا فيها بأنهم أصبحوا أكثر عرضةً للخطر وأن النظام قد يسعى للتخلص منهم، ووفقاً لهؤلاء الأعضاء، طعَنَ سودان بالأعضاء الذين كانوا نشطين منذ مجزرة رابعة (وأحياناً استخدموا الأساليب العنيفة الموضحة أعلاه) في المقابلة التي لم نتمكن من العثور عليها على الإنترنت، وأكد أنهم ليسوا من الإخوان المسلمين، ووصفهم بأنهم «إرهابيون».

قال محمود: «كنتُ حينئذٍ في السجن وتوقعتُ ذلك، حين أصبح النظام

أكثر عدوانيةً وراح يطلق النار على الناس بمجرد رؤيتهم.» كان هنالك شعورٌ بين الأعضاء بأن مجموعةً من الإخوان كانت تُتهم بالخيانة من قبل المجموعة الأخرى.

أما كبار قادة الإخوان فقد رأوا أنهم كانوا يستعيدون التنظيم، غير أن كثيراً من الشباب، سواءً ممن شاركوا في أعمال عنفٍ أو لا أو ممن شاركوا في الاحتجاجات وحسب، شعروا أن التنظيم طعَن بهم وغدرهم إذ تعامل معهم كمن يزيل «ورماً سرطانياً من أجل الصالح العام»[156] على حدّ تعبير أحد الأعضاء البارزين في مقابلةٍ. كما تذكر أحدُ أعضاء جماعة الإخوان اجتماعاً قال فيه قياديٌّ بارزٌ: «لن يتخلى الإخوان عن أحدٍ، وسنعتني بأُسرتك إذا استُشهدت أو اعتُقلت، ولن نتخلى عن أحدٍ.» ابتسم العضو باستهزاءٍ، وقال: «مِن الواضح أن أياً من هذا لم يتحقق.»

هل هو تنظيمٌ أكبر من مجموع بعض أعضائه؟

راحت المنافسة على الهيمنة على التنظيم تشتد أكثر فأكثر، إذ وقفتْ بعض المحافظات والشُعَب إلى جانب فصيل محمد كمال، فيما اصطفت أخرى مع فصيل عزّت. كما أوضح الفصل السابق، كان لدى عزت وجبهته أفضلية في الوصولٌ إلى موارد الإخوان، وبالتالي تقلصت الأموال المخصصة للاحتجاجات والعمليات الإعلامية وتوثيق الانتهاكات التي كان يتولاها فصيل كمال تقلصاً ملحوظاً، وفي ذلك قالت علياء: «اضطررنا إلى إغلاق كثيرٍ من المشاريع التي طورناها منذ 2013 بسبب نقص التمويل.» والأهم من ذلك أن فصيل عزّت حَجب الأموال المخصصة لأُسر الشهداء والمعتقلين من المحافظات والشُعَب والمناطق التي وقفت مع كمال. أردفت علياء: «هذه الأموال لم تكن ملكاً لهم ليستخدموها بهذه الطريقة، هذه أموالٌ تبرع بها الناس لأسر الضحايا ولأجل سبل عيشهم.» في لحظةٍ كوميديةٍ نادرةٍ وسط هذه المآسي، ذكَرَ أحد من حاورناهم كيف وقف متظاهرٌ في وسط مظاهرةٍ مناهضةٍ للانقلاب في محافظةٍ مُنعت من الحصول على أموال عزّت حاملاً لافتةً كتب عليها «أنا أؤيد محمود عزّت.» لا تزال آثار ومشاعر الخيبة التي خلّفتها هذه الخلافات على حياة الناس

ملموسةً حتى يومنا هذا.

وكما هو الحال مع كثيرٍ من سياسات واستراتيجيات جماعة الإخوان التي يصفها هذا الكتاب، فإن بعضاً مما فعلته الجماعة وأعضاؤها خلال هذه الفترة تَلَخَّصَ في تطبيق أدواتٍ صُممت لواقعِ ما قبل عام 2011 ولم تَعد مناسِبةً للسياق الجديد. فعلى سبيل المثال تصرُّف عامة الأعضاء وفقاً لأوامر من أعضاء أكبر سناً، وهو أمرٌ طالما شددت عليه جماعة الإخوان وأعجبت به أيما إعجابٍ في الماضي. لقد شارك هؤلاء الأعضاء في الانتخابات عندما طُلب منهم ذلك واحتجوا وقدموا المساعدة بكل ما أمكنهم، مستخدمين كل ما لديهم من مهاراتٍ سواءً كانوا إعلاميين أو مخططين استراتيجيين أو حتى محامين، غير أنهم يتعاملون اليوم مع تنظيمٍ ممزقٍ من أعلاه إلى أدناه، وغالباً ما انتهى الأمر بهؤلاء الأعضاء بدفع الثمن.

كما تسربت الخلافات بين المعسكرين إلى السجون، فمع اشتداد الاعتقالات ضد فصيل كمال، أصبح أنصار كمال أكثر حضوراً بين نزلاء السجون. وصف معتقلٌ سابقٌ حالةَ الاستقطاب في زنازين السجون بقوله: «تسابقتْ كل مجموعةٍ إلى تجنيد المعتقلين الجدد في ظاهرةٍ شبه سرياليةٍ. وكان لدى كلتا المجموعتين موادُّها الأدبية في السجون. أتذكر شخصاً شاركني مشغل MP3 واستمعنا إلى بعض مذكرات كمال، كما كانت الملفات الصوتية تضم محاضراتٍ تصف ما كان يحدث وتؤصل شرعيًا لتحركات كمال. كما كانت الكتب والمنشورات تُهرَّب كأدواتٍ للتجنيد»، هكذا استذكر محمودلحظاتٍ من تجربته في السجن.[157]

وبالرغم من دعوات كمال ومحاولاته للمصالحة، كانت شيطنته العلنية تخدم فصيل عزّت عموماً. زعم أعضاء من المكتب العام الموالي لكمال في مقابلاتٍ أجريناها معهم أن فصيل عزّت رفض عدة دعواتٍ للمصالحة أو إجراء الانتخابات أو حتى للقاءٍ بين عزّت وكمال. كان لمقتل كمال في تشرين الأول / أكتوبر 2016 تأثيرٌ مروعٌ على الأعضاء. دفعت شيطنة كمال ورفاقه ببعض الأعضاء إلى الظن، على حد تعبير علياء، بأن «فصيل عزّت [كان] شريكاً في مقتل كمال.» كان ثمة شعورٌ بأن أعضاء وقياديين قد وقعوا ضحية الخيانة وأن موتهم ذهب سُدىً. كان من غير الواضح

ما إذا كان العِداء بين كمال وعزت عداءً أيديولوجياً أم مجردَ صراعٍ على السلطة، وكانت تكلفة كل ذلك دماً مُراقاً، وكان النظام أكبر الرابحين.

النفي والحياة الأخرى

أدت حملة البطش إلى لجوءٍ جماعيٍّ للمنفى، وانتهى المطاف بالمنفيين في عدة دولٍ، لا سيما السودان وقطر وتركيا وماليزيا، وكانت رحلة السودان أكثر الرحلات مشقةً، إذ عانى كل من التجأ إلى السودان من ظروفٍ مروعةٍ لمّا ساروا لأيامٍ متتاليةٍ في الصحراء. وبعد عبورهم الحدود كانوا يستقرون في وحداتٍ سكنيةٍ يرعاها الإخوان (كما ذكرنا أعلاه). كانت قطر وتركيا وجهتين شائعتين بالنظر إلى الروابط الوثيقة التي كانت تربط هاتين الدولتين مع مرسي، ولأنهما راهنتا في سياساتهما الإقليمية على دعم الحركات الإسلامية، ما سهّل من جعلهما دولتين مضيفتين. أما ماليزيا فلم تطلب تأشيراتٍ من المصريين، وسهّل أعضاءُ الإخوان الموجودون هناك الإقامة للمنفيين الجدد.

لطالما كانت المنافي والهجرات على هذا النطاق الواسع خارج عُرف الإخوان المسلمين. فعلى مرّ التاريخ ثَمّنت جماعة الإخوان ووفّرت، بصفتها تنظيماً، المودةَ والأخوّةَ، والأهم من ذلك وفّرت مجتمعاً، وجنّدت الأعضاء من خلال الأنشطة الجماعية واللقاءات الودية للغاية.[158] التقى الأعضاء بآخرين من منطقتهم في اجتماعاتٍ أسبوعيةٍ أو أنشطةٍ جماعيةٍ أو خدماتٍ موجهةٍ للعامة، ثم يجتمع الأعضاء بعد ذلك في أماكن أكبر كانت أيضاً محدودة جغرافياً. في هذه اللقاءات والاجتماعات الأسبوعية يشارك الأعضاء مستجداتِ حياتهم ويناقشون أي صعوباتٍ كبيرةٍ يواجهونها، فضلاً عن تدارس النصوص الدينية. ساهم القمع والتهديد المستمر بالاعتقال في تعزيز إحساسٍ بوحدة المصير بين الأعضاء.

يتذكر بعضٌ من قابلناهم كيف تجلى هذا الشعور بالأخوّة في أصعب المواقف وأحلك اللحظات. يتذكر أيمن العضوُ السابقُ في جماعة الإخوان

المسلمين، قائلاً: «كنا في مظاهرةٍ غاب عنها مَن كان من المفترض أن يتولى الهتافات.»

> كانت هذه واحدةً من أكبر الاحتجاجات بعد اعتصام رابعة، ولذا كان من المهم أن ننظمها على ما يرام، وبصفتي المنظمَ الرئيس للاحتجاج، قررتُ التدخل والهتاف بدلاً من ذلك الشخص، لكن عندما هممتُ بالصعود على أكتاف أحد الإخوة لبدء الاحتجاج، سحبني أخٌ آخر وأحد أصدقائي المقربين إلى أسفل برفقٍ ووضع كفه على فمي للإشارة إلى أن قيادة الهتافات لم تكن من مهامي، وصعد وهتف بدلاً مني، وما هي سوى لحظاتٍ حتى أطلق عليه قناصٌ النار وأرداه قتيلاً. كان يمكن أن يحدث ذلك لي.

لا ريب أن ما وصفه أيمن كان تضحيةً كبيرةً، لكنه كان إحدى القصص الكثيرة التي سمعناها. يتذكر أيمن نفسُه كيف كانت أبواب منازل أعضاء الإخوان مفتوحةً دائماً لبعضهم البعض، وقال إن مكالمةً هاتفيةً تفيد بأن أخاً كان ينوي السفر إلى مدينةٍ أخرى لفترةٍ وجيزةٍ، أو أن عائلةً كانت تنوي تغيير مكان إقامتها كانت في كثيرٍ من الأحيان أكثرَ من كافيةٍ لترتيب جميع أنواع أسباب الراحة لهؤلاء الإخوة. كانت هذه الروابط العائلية بمثابة القلب النابض للتنظيم على حد تعبير بعض من حاورناهم.

غير أن الأمور في المنفى كانت مختلفةً، إذ تحولت الأخوّة إلى استضافة مشروطة ربما.[159] فعندما وصل أيمن إلى قطر في أواخر عام 2013، ظن أن أعضاء الجماعة سيستقبلونه بالأحضان ويفتحون له بيوتهم. فبعد كل شيءٍ فرّ هؤلاء لتوّهم من المذابح والعنف الوحشي. قال أيمن إن ما وجده كان عكس ذلك، إذ لم يرحب به أحدٌ في منزله، وتعيّن عليه العيش في غرفةٍ رثةٍ للغاية مع أخٍ آخر سافر معه حيث ناما على أكوامٍ من أوراق الصحف. وفي صيف الدوحة الحار لم يكن بالغرفة مكيف هواءٍ، بل مجرد نافذةٍ صغيرةٍ كانت بمثابة مدخلٍ للفئران. وقد طُلب منهما حضور الاجتماعات الأسبوعية مع الإخوة الآخرين الذين وصلوا إلى قطر في نفس الفترة. كان أعضاء جماعة الإخوان في قطر قلقين من تورطهم في هذه الموجة من القادمين الجدد، فوفقاً لأيمن ومحسن اللذين انتقلا أيضاً إلى قطر، خشيَ الأعضاء الذين كانوا في قطر قبل الانقلاب من أنّ التعاملَ مع

الوافدين الجدد سيكون بمثابة خطرٍ أمنيٍّ، ولذا تعهد أيمن ألا يدع القادمين من مصر بعد ذلك يمرون بنفس التجربة. لا تزال الحسرة وخيبة الأمل من فقدان هذا الشعور بالأخوّة تشكّل مصدر إحباطٍ ومظلَمةٍ داخل التنظيم.

كما اشتكى محسن من افتقار جماعة الإخوان في قطر للبنية التحتية، لا سيما فيما يتعلق بدمج الوافدين الجدد. قال محسن إنه اقترح في قطر عدداً من الأفكار التجارية بغية إعانة التنظيم وتوفير فرص العمل للأعضاء الجدد،[160] وقد كان الأعضاء متحمسين في بادئ الأمر، لكن انتهى بهم الأمر بالعثور على وظائفَ لا صلة لها بجماعة الإخوان. كان ذلك مثالاً صغيراً على تقصير الجماعة بالاضطلاع بدورها التقليدي المتمثل في توفير الأمن الاقتصادي للأعضاء: لقد أصبحت أقل أهميةً في حياتهم.

وصَفَ عضوٌ بارزٌ الظروف القاسية التي عانى منها المهاجرون بالإشارة إلى غياب أي حلولٍ شاملةٍ لضائقتهم، وقال إن القيادة «كانت تطلق بعض المبادرات لإشراك الناس وجعلهم يعملون، ثم ما تلبث أن تقطع هذا الدعم، كما لو أنهم أرادوا إلهاء الناس وشغل وقتهم.»[161] وبصرف النظر عن فرص نجاح أو فشل مشاريع محسن أو المبادرات التي تحدث عنها القيادي البارز، أصبح لدى الأعضاء استياءٌ عميقٌ وشعورٌ بالمظلمة تجاه القيادة، استياءٌ كانت له دلالاتٌ كبيرةٌ عندما ظهرت الأزمات داخل التنظيم.

وصف الأعضاء الذين أمضوا وقتاً في السودان المعاملة المروعة التي لاقوها، وأشار أحدهم، واسمه صلاح، إلى أن كبار أعضاء جماعة الإخوان في مصر قالوا إنهم سيتلقون كامل الرعاية: «إن تسافر بأي وقتٍ، فإن جماعة الإخوان ستتكفل ببقية تعليمك.» غير أن صلاح قال إنه لم يحدث شيءٌ من هذا القبيل. في السودان كان بعض الأعضاء، لا سيما أولئك الذين يُنظر إليهم على أنهم مقربون أو ينتمون إلى فصيل كمال، يُذكَّرون بصورةٍ شبه يوميةٍ بأنهم يتلقون رعايتهم من أموال الفصيل الآخر. قال عمر الذي ذهب أيضاً إلى السودان: «كانوا يقولون لنا أنتم جميعاً تعيشون على نفقتنا، فقط لكي تعرفوا ذلك وتتدبروا أمركم.» وقال صلاح إن الأعضاء الموالين لكمال احتجوا على أن الأموال التي يعتمدون عليها ليست من ملك فصيل عزّت الذي كان مجرد ناقلٍ للأموال التي تخصّ الجميع، «لكن لا شيء سيردعهم.» في المقابل حصل الأعضاء الذين كانوا متحالفين مع عزّت

على امتيازاتٍ، بما في ذلك رواتب ووظائف أفضل، ومِنحٍ دراسيةٍ، وإمكانية للالتحاق بالجامعات.[162]

استمر تهميش أعضاء المكتب العام في أماكن إقامتهم الجديدة، إذ زعم بعض من حاورناهم أنهم تعرضوا للضغط لإعلان ولاءهم لفصيل عزّت الممثل بكبار الأعضاء في السودان لكي يحظوا بمعاملةٍ أفضل. في بعض الأحيان رفض الإخوان توفير السكن لمن ينتمون إلى الفصيل «الخطأ». ففي عام 2017 نُشر مقطع فيديو على الإنترنت لشبانٍ طُردوا من شقةٍ يقيمون فيها (وحُذف الفيديو منذ ذلك الحين)، فبعد عدة طلباتٍ لإخلاء الشقة، رفض عضوٌ على صلةٍ وثيقةٍ المكتب العام المغادرة. نُقل الأعضاء الأكثر ارتباطاً بالحرس القديم إلى شقةٍ أخرى، فتعيّن على أعضاء المكتب العام التعامل مع المالك، وهددت الشرطة السودانية بطردهم بالقوة. نُشر مقطع الفيديو الذي حمل عنوان «طردوا المنفيين» بواسطة حسابٍ شبه مجهولٍ وحصد ملايين المشاهدات، واستخدمت وسائل الإعلام المصرية الفيديو لنشر رسالةٍ مفادها أن جماعة الإخوان المسلمين كانت تخذل أعضاءها. رفَض شخصٌ واحدٌ على الأقل ممن تحدثنا إليهم عدة طلباتٍ لإجراء مقابلةٍ مع بعض هذه الوسائل الإعلامية.

تُظهر هذه الحوادث والاستياء الذي سببته كيف أن جماعة الإخوان باتت عاجزةً عن التواصل بفاعليةٍ مع أعضائها. حافظ المكتب العام على مكتبٍ «كبيرٍ» في السودان على حد وصف شخصٍ مطلعٍ على المسألة،[163] وقد أجرى هذا المكتب انتخاباتٍ وطالب المرشحُ الفائز أحمد عبد الرحمن الأعضاءَ بالكشف عن نقاط اتصالهم في مصر (إحدى نقاط الخلاف الكبرى بين محمود حسين وإبراهيم منير كانت وصول الأعضاء المنفيين إلى جهات اتصال من «الداخل» في مصر). غير أن الأعضاء رفضوا، ما أدى إلى تفاقم الانقسام في مكتب السودان. شهد كثيرٌ من الأعضاء الذين غادروا مصر كثيراً من الفتن وقضوا وقتاً في السجن، أو اضطلعوا بمسؤولياتٍ تنظيميةٍ كبيرةٍ، غير أن جماعة الإخوان في الدول المضيفة لاقت صعوبةً في كيفية إدارة الأعضاء ممن لديهم تجارب كهذه. أولاً، افتقدت الجماعة للموارد والأنشطة اللازمة لجعل الجميع يشعرون بالتقدير والتكريم لخبراتهم. ثانياً، غالباً ما تأخر اعتماد أدوارٍ لهؤلاء الأعضاء

والنظر في مرتبتهم داخل الجماعة. وصَفَ يوسف العضوُ البارزُ في تركيا حادثةً وقعت في ذلك البلد عام 2015 حين حدث تأخيرٌ من هذا القبيل، وحين وصلت مجموعةٌ كبيرةٌ من أعضاء جماعة الإخوان لكنهم قوبلوا بالتهميش.[164] في السودان وثّقنا حالةً واحدةً على الأقل خُفضت فيها رتبة العضو رسمياً. لم تكن الآثار المترتبة على المشاكل المتعلقة بإقرار الجماعة بمؤهلات الأعضاء آثاراً تخص الشكليات وحسب، فبالنسبة للعضو، يقلّل هذا التخفيض للرتبة من شأن تضحياتهم واستثمارهم في التنظيم. وأما بالنسبة للتنظيم، فهذا يعني أن نطاق مشاركة العضو في مسائل معينةٍ هو نطاقٌ مقيدٌ ومحدودٌ. وبعد أن تمكن فصيل عزّت من حلّ المكتب العام في نهاية المطاف، جُمدت بعض العضويات وطُرد أعضاءٌ آخرون من التنظيم. كان لهذا الأمر في بعض الأحيان نتائجُ مثيرةٌ للسخرية أو متناقضةٌ، فمثلاً قالت امرأةٌ تؤيد المكتب العام: «لا يمكنكم تجميد عضويتي لأنني، كوني امرأةً، لا يُسمح لي على أي حالٍ أن أكون عضواً رسمياً في الجماعة.»[165] لم يكن لدى هذه المرأة عضويةٌ رسميةٌ، لكنها كانت ذات رتبةٍ رفيعةٍ غير رسميةٍ وشغلت منصباً في إحدى اللجان، وتعليقها هذا لا يشهد على التحيز الجنساني البنيوي في جماعة الإخوان وحسب، بل يوضح أيضاً مسألةً أكبر تتعلق بالملكية: هذا التنظيم ملكُ من، وماذا يعني أن تكون عضواً؟

إحياء الإخوان

إن السبل التي تَوصّل بها الأعضاء إلى قرارٍ بهجر جماعة الإخوان تشهد على الاستياء والمظالم المتنوعة التي شعروا بها، لا سيما الشباب. ثمة مجموعةٌ من الأعضاء الذين ارتقوا في الرتب وانضموا إلى جماعة الإخوان كطلابٍ جامعيين ونشطاء طلابيين، وقد دفع كثيرٌ منهم ثمناً باهظاً مقابل انخراطهم في السياسة. في كثيرٍ من الأحيان، كان هؤلاء الأعضاء من الطلاب المستجدين وطلاب السنة الثانية في الجامعة عندما تعيّن عليهم البدء في قضاء سنواتٍ هاربين في مصر، منفصلين عن عائلاتهم وجامعاتهم ومجتمعاتهم، كما رأى هؤلاء الشباب أصدقاءهم يُقتلون أو

يُعذبون أو يُعتقلون، أو فقدوا أشقاءهم وآباءهم في الشتات أو السجون، وفي غضون عامين قصيرين قاسوا مستوياتٍ هائلةً من الصدمة. أصبحتِ الأفكارُ التي جذبتهم نحو الحركة هي ذاتُها موضعَ نزاعٍ في السياسة التنظيمية لدرجة أنه بدا وكأن الخطواتِ الفعالةَ الوحيدةَ التي اتخذها التنظيم كانت ضد أعضائه.

من المهم أن نلاحظ أن قرار ترك الإخوان قرارٌ صعبٌ للغاية،[166] إذ يرى كثيرون علاقتهم بالإخوان أهمَّ علاقةٍ في حياتهم. قال محمود، وهو معتقلٌ سابقٌ، إنه ترك جماعة الإخوان لأن أياً من الفصيلين داخلها لم يجسد المُثل التأسيسية التي أرساها حسن البنا، ولأن جماعة الإخوان لم تكن في نظره «إخوانًا بما فيه الكفاية.»

ترك أيمن التنظيم في أعقاب حلّ المكتب العام بسبب الطريقة التي تعامل بها فصيل عزّت مع الطرف الآخر، وقال: «غادرتُ وقلتُ لهم إن مَن بقي في هذا التنظيم ما دام محمود حسين زعيماً لا يُعد شاهداً على الظلم وحسب، بل وشريكاً فاعلاً وظالماً هو نفسه.»

وأضاف أيمن أن القيادة دأبت على رفض كل مبادرةٍ للإصلاح، وأشار في مقابلتنا إلى أن أحداً لم ينصت إليهم أو حتى يستشرهم بشأن القضايا الرئيسة:

> قرر حسين ألا يفعل شيئاً وأعاق كل جهودنا. في كل مرةٍ يوشك أن ينجح شيءٌ ما يقطعون التمويل. ظلت جماعة الإخوان المسلمين في سباتٍ طويلٍ في المنفى. كان [حسين] يخشى من أننا إذا فعلنا أي شيءٍ علنياً أو جريئاً فسوف نجلب الانتباه غير الضروري. لم أستطع تبرير ذلك لنفسي، فنحن لم نترك بلدنا لنعيش حياةً أفضل هنا [في قطر] ولسنا مهاجرين لأسبابٍ اقتصاديةٍ، بل غادرنا لحلّ الوضع في مصر، ونحن مدينون بذلك لأولئك القابعين خلف القضبان. كيف لي تبرير تخاذلي وتقصيري وأنا أتمتع بكل هذه الحرية في حين أنهم لا يتمتعون بأي حريةٍ على الإطلاق؟

ترك آخرون التنظيم لأنهم اعتبروه عاجزاً كلياً. إن أحد التوجهات المثيرة

للاهتمام هو عدد الناس الذين قرروا متابعة دراساتهم في العلوم الاجتماعية في أعقاب الانقلاب، إذ يقدّر رئيس منظمةٍ شُكلت حديثاً في تركيا للمصريين ممن يدرسون العلوم الاجتماعية في المنفى أن نحو مائتي طالبٍ من الخريجين والجامعيين يدرسون العلوم الاجتماعية، وهذا أمرٌ جديرٌ بالملاحظة بالنظر إلى الانتقادات التي وُجهت لجماعة الإخوان في الماضي لاعتمادها في الدرجة الأولى على دارسي العلوم الطبيعية لشَغل المناصب العليا.[167]

وكثيراً ما تلوح مسألة المال في تعبير بعض الأعضاء عن استيائهم ومظالمهم، فقد قال عضوٌ سبق له أن عمل على نحوٍ وثيقٍ مع التنظيم أثناء وجوده في المنفى إنه في أعقاب الانقلاب مباشرةً، كان الناس يتصلون بأعضاء من المكتب في المنفى ليسألوا عن كيفية التبرع بمبالغ كبيرةٍ من المال، وقال إن الطُّرق التي أُنفقت بها هذه الأموال أو استُثمرت أو أُهدرت لا تزال مجهولةً. ففي مطلع عام 2017، أفادت بعض المواقع الإخبارية عن فقدان أكثر من 140 مليون ريالٍ (37 مليون دولارٍ) بعد أن فرّ رجل الأعمال اليمني عبد العليم الشلفي بأموالٍ قيل إنه أخذها من أعضاء في جماعة الإخوان ورجال أعمالٍ آخرين في المملكة العربية السعودية من أجل الاستثمار،[168] وهذه القصة مثيرةٌ للاهتمام لأنها توضح حجم المبالغ المالية التي يتعامل بها الإخوان، ومبلغ 37 مليون دولارٍ هو جزءٌ صغيرٌ من ميزانيتهم الإجمالية، ولم يعرف أحدٌ مصير المال المفقود في بادئ الأمر.[169]

طفتِ المظالم المالية على السطح عندما حُرمت بعضُ المحافظات والعائلات من رواتبها بسبب النزاعات الداخلية بين فصائل التنظيم. وفي عام 2019 أوشكت جماعة الإخوان على مواجهة أزمة علاقاتٍ عامةٍ عندما جرى تداول تسجيلٍ صوتيٍّ بين أعضاء الإخوان على تطبيق واتساب، وقيل إن التسجيل محادثةٌ بين اثنين من قياديي الإخوان، وهما أمير بسام ومحمد الدسوقي،[170] ويشتكي فيه بسام للدسوقي من أن محمود حسين، الأمينَ العام للإخوان، قد صرَفَ لتوه مئات الآلاف من الدولارات من أموال التنظيم لشراء عقارٍ وسيارةٍ خاصةٍ لابنه. حين جرى تداول التسجيل الصوتي كان أعضاء جماعة الإخوان المنفيين في تركيا يتلقون من الحركة

مائتي ليرةٍ تركيةٍ (أقل من 30 دولاراً) شهرياً. رفضت جماعة الإخوان رسمياً مزاعم بسام على أسسٍ فنيةٍ، غير أن أعضاء الإخوان رأوا التسجيل دليلاً على استهتار قيادتهم وطيشها، إن لم يكن فسادها.[171]

لا يزال من غير الواضح ما إذا كان هذا الحادث نتيجةً للفساد أو ما إذا كانت بعض الظروف الهيكلية داخل التنظيم قد أحدثت ارتباكاً ببساطةٍ. بعد كل شيءٍ، لا تُودِع جماعة الإخوان أصولَها باسمها التنظيمي، ولذا لا يُستبعد أن يحتفظ عضوٌ بارزٌ بالمال بحوزته في أي وقتٍ من أجل خير التنظيم ومنفعته، كما لا يُستبعد وجود نشاطٍ شائنٍ، غير أن تركيز تحليلنا ليس منصبّاً على ما إذا كانت تلك الحادثة حالةَ فسادٍ متعمدٍ أم لا، فما يهم حقاً هو أن الأعضاء العاديين، سواءً في مصر أو في المنفى، شعروا أنهم مظلومون اقتصادياً وأنهم عانوا جلّ وطأة المصاعب التي واجهتها الجماعة بينما كان قادة الجماعة في رغدٍ من العيش، كما شعر بعضُ هؤلاء الأعضاء بوجود حالات فسادٍ وسوء استخدامٍ للأموال.

وما زالت هذه المظالم قائمةً حتى اليوم، فعلى سبيل المثال يرى بعض الأعضاء أن عملية الحصول على الجنسية التركية قد تحولت إلى تجارةٍ زاولها الأعضاء القادرون على الوصول إلى المسؤولين الأتراك، في حين ينظر آخرون إلى أنماط حياة بعض كبار الأعضاء وعائلاتهم ويقارنونها بأنماط حياة الأعضاء الآخرين ممن يقاسون ضنك العيش. «هل تعرف ما معنى أن يقود هذا الشخص سيارة BMW في تركيا؟ هذه الأشياء باهظة الثمن في ذلك البلد.» قال أحد الأعضاء مشيراً إلى عضوٍ في الجماعة تربطه علاقاتٌ بالمسؤولين الأتراك، والذي تحسّن نمط حياته في المنفى على نحوٍ يصعب تفسيره،[172] وكان هذا العضو المعنيُّ قد فاز في انتخاباتٍ داخليةٍ في جماعة الإخوان وأُوكلت إليه مهمةُ الاتصال بالحكومة التركية بشأن تجنيس أعضاء الجماعة، وخسر لاحقاً في الانتخابات الداخلية لكنه ظل يحتفظ بهذه الصلات للاستخدام الشخصي.

قال محمود: «كلهم سواءٌ.» في إشارةٍ إلى الفصائل في الخلافات الأخيرة بين محمود حسين وإبراهيم منير. «يمكنني الجلوس وتوضيح جميع شبكات الأعمال والتشابكات بين كل معسكرٍ. الأمر كله متعلقٌ بالأعمال والمال.»

كما لاحت في الأفق تساؤلاتٌ حول العدالة الإلهية في أعقاب مذبحة رابعة،[173] فقد راح بعض الأعضاء يتساءلون كيف يمكن أن يسمح الله بحدوث هذه الأشياء المروعة لهم. وعموماً ظهر الحديث عن الله في قصص بعض من حاورناهم أكثر من غيرها، فبينما زعزعت أحداث رابعة عقيدة البعض، قال آخرون إن إيمانهم منحهم الصبر خلال مكوثهم في السجن أو التواري أو فيما يتعلق بمنعهم من السفر. قالت عضوة مُنعتْ من السفر لأربع سنواتٍ إنها ترى في هذه المحن اختباراً عملياً للإيمان، فكانت تلجأ أثناء اعتقالها للتفكر في آيةٍ قرآنيةٍ معينةٍ أو قيمةٍ دينيةٍ لتقوية علاقتها مع الله، وتستذكر أينما حلتْ رؤيةَ علاماتٍ ساعدتها في الصمود، وتذكُر كيف أنها ذات مرةٍ سمعت آيةً قرآنيةً أمدتها بقوةٍ خاصةٍ: «واستعينوا بالصَّبر والصلاة وإِنَّها لكبيرةٌ إلَّا على الخاشعين.»[174] وصف معتقلٌ آخر المدة التي قضاها في السجن على أنها روحانيةٌ على نحوٍ لا يصدق، وقال في حديثنا معه: «لم أكن لأتمكن من الخروج من السجن دون هذا المستوى من الروحانية والاتصال.»[175]

خلف القضبان أو في الشتات

من نواحٍ كثيرةٍ كان السجن نموذجاً مصغراً لبعض المشكلات البنيوية التي قَيدت جماعة الإخوان المسلمين على نطاقٍ أوسع، إذ قال عددٌ من المعتقلين السابقين إن الإخوان في السجن كانوا يقدمون أخباراً جديدةً حول ما كان يجري في البلاد. في أعقاب رابعة مباشرةً عندما كانت الشوارع لا تزال تشهد مظاهراتٍ روى عدةُ أشخاصٍ، ممن اعتقلوا في سجونٍ في ثلاث محافظاتٍ على الأقل، للمؤلفين كيف أن هذه المراكز الإخبارية كانت في الأساس آلاتٍ دعائيةً، ولو واجهتهم في ذلك سيرد أعضاء الإخوان بأن المراكز الإخبارية تحفز المعتقلين وتبقي معنوياتهم مرتفعةً.

ليس من الواضح مدى تأثُّر الإخوان بدعايا التنظيم وإيمانهم بها، إذ قال سجينٌ سياسيٌّ سابقٌ إن أعضاء من جماعة الإخوان أخبروه أنه قبل اعتقالهم وبصفتهم مسؤولين عن برامج تربوية محلية، فإن بعض التقارير

التي كانوا يكتبونها لمسؤوليهم ضخّمت مستويات النجاحات السلوكية في مناطقهم، وتضمّن ذلك عدد الأشخاص الذين كانوا يدرسون مختلف المناهج على سبيل المثال. وعلاوةً على ذلك وجدنا في المقابلات التي أجريناها حول الأيام الأولى لثورة 2011 أن كل محادثةٍ بين عضوٍ وآخر أعلى مرتبةً احتوت بياناتٍ خاطئةً من جانب القيادة. فقد طلب أحد الناشطين الطلابيين من عضوٍ في مكتب الإرشاد توفيرَ أغطيةٍ وخيامٍ للناس ليبيتوا فيها الليل في ميدان التحرير، فكان رد ذلك العضو بأن «تقاريرنا تشير إلى أنه لا يوجد أكثر من مائتي شخصٍ في الميدان وما من داعٍ للقيام بذلك،» لكن هذا الناشط أكدّ وجود الآلاف من المعتصمين في الميدان حينئذٍ.[176]

وتذكر هيثم، وهو عضوٌ آخر، حالةً في السجن: «سحبني أحد كبار قادة الإخوان في سجننا جانباً بعد أن انتهتْ زيارةُ والدي لي، وقلتُ لهذا القيادي بأن الأخبار التي كانوا يشاركونها معنا في السجن غيرُ صحيحةٍ، ولذا حرص على مشاركة الأخبار التي تلقيتها للتو في اجتماعٍ آخر بين كبار أعضاء السجن، فوقفتُ هناك لمشاركة ما كان بجعبتي لكن سرعان ما تجاهلوني قائلين: «هذا الاجتماع ليس لأمثالك.» بعبارةٍ أخرى استُبعد هيثم من الاجتماع لأنه كان صغير السنّ في التنظيم رغم أنه كان خبيراً في الموضوع قيد النقاش. ردّ هيثم بأنهم كانوا جميعاً في السجن، وأنهم جميعاً سواءٌ خلف تلك القضبان.[177]

تُذكّر هذه الحكاية بمعادلةٍ ذكرها معتقلٌ من غير الإخوان للمرشد العام ذات مرةٍ أثناء وجوده في المحكمة: إن مجموع معلوماتٍ غير دقيقةٍ وأناسٍ غير أكفاء يساوي قراراً خاطئاً؛ أما مجموع معلوماتٍ دقيقةٍ وأناسٍ أكفاءَ فيساوي قراراتٍ صائبةً، وأن سياسة الدعاية هذه تتعارض مع هذه المعادلة.[178]

تكشف جميع هذه القصص عن كيانٍ يستمر في إعطاء الأولوية للتنظيم على أعضائه. ربما كان هذا الترتيب للأولويات مقبولاً أو ضرورياً في مرحلةٍ ما من تاريخ جماعة الإخوان وسط التجميد الحالي لقبول أعضاء جددٍ داخل التنظيم، غير أن الموارد البشرية للتنظيم هي أثمنُ موارده، وتراها يجري إهمالها.

وفيما تسعى جماعة الإخوان للتصالح مع أعضائها، يجب عليها التعامل مع تحدياتٍ خطيرةٍ. في اجتماعٍ خاصٍّ نظّمه كبار القادة في أيار / مايو 2022 لمعالجة بعض مخاوف الأعضاء، رفض أحد الحاضرين الشبابِ فكرةَ الاجتماع ذاتَها حين قال: «أين كنتم خلال السنوات الثماني الماضية؟ لقد واجهنا الموتَ وذقنا مرارة السجونَ ولم نر أحداً منكم، ولم يسأل أحدٌ عنا أو حتى تفقّدنا. قبل أن تعيدونا للجماعة وتتحدثوا عن كيفية مخاطبة الجمهور الأكبر بعد أزمة القيادة هذه، عليكم النظر إلى الداخل. اعتذروا لأعضائكم واعترفوا بأخطائكم.»[179]

كان هذا النوع من الخطاب شائعاً بين بعض من حاورناهم، ولن يفكر هؤلاء في العودة إلى جماعة الإخوان دون اعتذاراتٍ ومراجعاتٍ جادةٍ، فيما يظل آخرون راضين عن تنظيمٍ ما زالوا يرون أنه فوق اللوم. في ردّه على سؤالٍ عن تأثير التطورات بين حسين ومنير عليهم، قال أحد الأعضاء إن الصراع كان مربكاً على نحوٍ لا يصدق، وأوضح أن «الأشخاص الذين وثقنا بهم في كلا الجانبين يخرجون ويكيلون ضد زملائهم السابقين اتهاماتٍ لم نتخيل قط أن يوجهها أعضاء لبعضهم البعض، ثم يُدفع كل عضوٍ لاتخاذ موقفٍ واضحٍ، فيغدو شبابنا عالقين بين نارين وتضيع الحقيقة.»[180]

رأى الأعضاء الحاليون والسابقون في جماعة الإخوان أن استيلاء منير على الجماعة كان له مجموعةٌ من التداعيات. منير وحسين كانا متحالفين معظم الوقت منذ عام 2013، غير أن أحد الأعضاء المقربين من فصيل منير قال إن جماعة الإخوان المسلمين كانت حينئذٍ في لحظة «إعادة رسم تاريخنا» حيث ستنصت الجماعة إلى الناس وتأخذ المبادرات على محمل الجد.[181]

وقال عضوٌ آخر كان قد استقال من التنظيم احتجاجاً على قيادة حسين إنه متفائلٌ بحذرٍ: «حاولتُ طرح بعض الأفكار وأخذوا المبادرات بجديةٍ ودرسوها. لا أعرف كم سيستغرق ذلك لكن على الأقل ثمة تغيرٌ في السرعة.»

غير أن عضوة ثالثةً قالت إن الشقاق الداخلي المستمر جعلها تشعر لأول مرةٍ في حياتها مع الإخوان وكأن التنظيم لم يعد ضرورياً، وقالت إن

جماعة الإخوان المسلمين قد تتفكك وتلتقط جماعةٌ جديدةٌ بعض أفكارها وتمضي قُدماً دون حمل أعبائها، وأردفتْ: «هذه أول مرةٍ أشعر فيها بأني أقلُّ انتماءً (للجماعة) وأكثرُ انتماءً (للإخوان).» لقد كان ذلك الشعور نوعاً من التجلي: إن أواصر الأخوّة التي أبقت أكثر أفكار البنا نُبلاً على قيد الحياة وساندت أجيالاً من النشطاء في مواجهة عقودٍ من القمع قد تظلّ قائمةً، دون التسلسل الهرمي الخانق والضغائن التي لا طائل منها. وفي الواقع ربما كان التنظيم نفسه الآن أكبر عقبةٍ أمام الإخوان المسلمين كقوةٍ لإحداث التغيير في مصر.

خاتمة:

لم تُقهر، لكن لا سبيل بعدُ إلى النصر

إن جماعة الإخوان المسلمين اليوم ليست التنظيمَ الذي أسسه حسن البنا في عشرينات القرن الماضي، كما أنها تختلف عن التنظيم الذي تتصوره الأنظمة المصرية المتعاقبة وعضو مجلس الشيوخ الأمريكي تيد كروز والمملكة العربية السعودية والإمارات العربية المتحدة. كي نفهم جماعة الإخوان المسلمين لا بدّ من فهم معاناة التنظيم والتغيرات التي طرأت عليه بالتزامن مع موجات القمع المتتالية، وكيف أثرت هذه الموجات في المؤسسة وأعضائها تأثيراً مختلفاً. لقد كشفت موجات القمع هذه كيف ترى الجماعة نفسها، وكيف تتصرف، وكيف تُجند الأعضاء وتحافظ على وجودهم. إن الصعوبة والتعقيد الذي يواجه المرء عند دراسة التنظيم، من نواحٍ كثيرةٍ، يعكس صعوبةَ فهم طبيعة عمل الاستبداد، وصعوبةَ المشاركة السياسية والاجتماعية في السياقات الاستبدادية، وشكل الفعالية السياسية في عهود ما بعد الاستعمار من الذي ظل قائماً بالرغم من عقود من الرقابة الحكومية.

لقد وازنت جماعة الإخوان المسلمين المصرية في أنشطتها بين المشاركة السياسية، والإصلاح الاجتماعي والأخلاقي، والدعوة الدينية، وتضمنت أنشطتُها في مصر الترشحَ للنقابات المهنية، وتقديم مذكراتٍ وملخصاتٍ لطلاب الجامعات بأسعارٍ اقتصاديةٍ، ومدَّ يد العون للفقراء، وعقدَ اجتماعاتٍ أسبوعيةٍ مع الأعضاء لتدارس القرآن والسنة والفقه والتزكية من أجل

التنمية الروحية والاجتماعية. أن تكون عضواً في الجماعة يعني أن تعيش حياةً أكثر نشاطاً وذات مغزىً أعمق من الحياة العادية التي يعيشها غالبية المصريين.

بطريقةٍ أو بأخرى كان هذا التنظيم جزءاً لا يتجزأ من كل حدثٍ تاريخيٍّ فارق في تاريخ البلاد على مدى العقود التسعة الماضية. فقد نظّم وخاض حرب 1948 في فلسطين، وتَشارك مع ناصر وضباطه الأحرار في تنظيم انقلاب عام 1952، الذي تلبس بلباس الثورة الشعبية لاحقًا، وقدّم العديدَ من أعضائه إلى حبل المشنقة، وأنشأ منظماتٍ شقيقةً في جميع أنحاء العالم، وساعد في الإطاحة بنظام مبارك في عام 2011. هذا كله قبل أن يُطاح بجماعة الإخوان المسلمين نفسِها في عام 2013 بعد عامٍ في السلطة، فأن تكون عضواً في الجماعة يعني أن تكون جزءاً من كل ما سبق.

غير أن الجماعة نمت على نحوٍ غير متكافئ للغاية، ما ساهم فيما نطلق عليه أزمةَ الهوية. فكلما أغلقت الدولة بابًا رأى الإخوان في المنظمات الأخرى في المجتمع نافذةً (كالجامعات والنقابات وغيرها). كان أسلوب عمل التنظيم يتمثل في ردِّ الفعل، وبالنظر إلى التحديات والتهديدات المستمرة التي تعيّن عليه التعامل معها، فمن ذا الذي قد يلومه؟ غير أن هذه الاستراتيجية على المدى الطويل منعت التنظيم من تقديم تعريفٍ إيجابيٍّ لنفسه أو لأهدافه. وحتى بعد أن أصبح التنظيم أكثر تشابكاً مع المجتمع المصري، راحت فرصُ نجاح مشروعه تتضاءل يوماً بعد يومٍ حتى غدت بعيدة المنال.

والأسوأ من ذلك أن الإخوان المسلمين، بصفتهم تنظيماً، نادراً ما كانوا مدركين لإخفاقاتهم. فمِن بعض النواحي، تَعتبر الجماعة نفسَها بمنأىً عن تقلبات السياسة اليومية وتحاول أن تقدم مشروعها كما لو كانت تعمل في نطاقٍ زمنيٍّ مختلفٍ، وتركز على رؤيةٍ طويلة الأمد بدلاً من التركيز على الدورات الانتخابية. ولذا فإن ما قد يراه حزبٌ سياسيٌّ تقليديٌّ هزيمةً، قد تراه جماعة الإخوان مجردَ انتكاسةٍ بسيطةٍ في رحلتها التاريخية. إن هذا النوع من التفكير الأيديولوجي يضع الإخوان في عالمٍ غالباً ما تكون فيه الجماعة راضيةً بمجرد البقاء أو امتلاك تأثيرٍ غير سياسيٍّ في المشاعر الدينية في المجتمع المصري. لا ريب أن جماعة الإخوان جزءٌ من السياسة

اليومية في مصر، غير أنها تقيّم نفسها بمعيارٍ من الإصلاح الديني التدريجي الرامي لبناء نموذجٍ لمّا يستعدَّ له المجتمع المعاصر بعدُ، لكنه سيكون كذلك يوماً ما، أو هكذا يُطمئن الإخوان أنفسهم. يستخدم الإخوان المسلمون هذا النموذج الطوباوي الذي يأملون أن يتحقق يوماً ما للتغطية على الاستياء والإحباط الذي ينتاب أعضاء الجماعة جرّاء إخفاقات سياساتها اليومية. نوّه أحد الأعضاء أنه، حتى عندما كان مرسي في السلطة، كان قادة الجماعة يخففون من انتقادات الأعضاء بالقول إن هذه الحكومة ليست الحكومة التي دعا إليها البنا أو الحكومة الإسلامية التي يرغبون في رؤيتها.

أوجدت جماعة الإخوان لنفسها ثغرةً من خلال تعريف التنظيم بأنه مزيجٌ من كيانٍ سياسيٍّ وآخرَ اجتماعيٍّ، وهي ثغرةٌ سمحت للتنظيم بإعادة التقييم المستمر للسياسة والدين ولِما يتعين على الأعضاء فعله أو هجره. وقد أدى هذا الغموض إلى وضعٍ تتمحور فيه عملية صنع القرار والتعاليم داخل التنظيم حول الموازنة بين الاستفادة من مهارات ومعرفة أفراد معينين، والحاجة إلى الحفاظ على القيم الحقيقية وهوية الإخوان والتمسك بها. كما أن الخطوط التنظيمية الفاصلة شديدة الضبابية بين ما هو شخصيٌّ وتنظيميٌّ ووطنيٌّ وما يرتبط بالأمة. إن تعريف الطبيعة الحقيقية للتنظيم - ما هو وما أهدافه وكيف يسعى لتحقيقها - لم تُقنَّن أو تُنظم أو توضح قطّ، وتغيرت من مجموعةٍ من القادة إلى أخرى؛ وبازدياد ضبابية النجاح والتقدم والكفاءة، هيمن الأشخاص على التنظيم وأصبح بعض أعضائه أكثر بروزاً حتى عندما أصبحت مهمة التنظيم أكثر غموضاً.

إن أزمة الشرعية، كما أوضحنا في هذا الكتاب، هي نتيجةٌ للموجات المتعاقبة من القمع والاعتقال من قبل الدولة، وبالقدر نفسه قدرة التنظيم على التكيف. سلّطت الأزمات التنظيمية التي ظهرت في أعقاب عام 2013 الضوءَ على بعض هذه المسائل، حيث لم تعد المؤسسات الرسمية التي توسطت فيما سبق أو تعاملت مع هذه المظالم موجودةً في التنظيم بنفس الطريقة. أصبح للشرعية دورٌ في تحديد مَن يمثل التنظيم رسمياً وكذلك في تعريف العضوية نفسها، وقد كان ذلك واضحاً في كيفية بناء الأعضاء الكبار شرعيتهم داخلياً، ففي أزمة 2021-2022 على سبيل المثال، بنى محمود حسين كثيراً من سلطته بفضل صِلاته

بكبار الأعضاء في مصر، ورفض مشاركة هذه الصِلات مع إبراهيم منير الذي كان أعلى مرتبةً.

علاوةً على ذلك، وفي محاولةٍ لإضفاء الشرعية على منير وإقراره مرشداً عاماً بحكم الأمر الواقع بعد تجميد عضوية حسين، استَشهد أنصار منير بحقيقة قضائه في التنظيم وقتاً أطول مما قضاه حسين. استندت شرعية القيادات في جماعة الإخوان إلى عدة عوامل، منها السنّ وقِدَمُ الانتساب، ومدة السجن أثناء المحن، والمشاركة في إحياء التنظيم في السبعينات وما بعدها، والنجاح في الآليات الانتخابية الداخلية. استُخدم هذا المدلول عن الشرعية التاريخية كسلاحٍ ضد أناسٍ مثل عمرو دراج، أستاذ الهندسة الذي نُظر إليه بأنه لا يحظى بأيٍّ شرعيةٍ لوضع استراتيجيةٍ للتنظيم رغم عمله كوزير في حكومة مرسي. تُغيّر النزاعات الأخيرة طريقة تفكير الأعضاء في شرعية قادتهم، وتَبرُزُ مسألة الشرعية التاريخية في المحادثات التي يجريها بعض الشباب مع كبار السن عندما يشيرون إلى أنفسهم بأنهم جيل عام 2013، لا جيل 1965.

لا يمكن التقليل من التحديات التي تواجه المرء كونه عضواً في جماعة الإخوان، لا سيما في أعقاب عام 2013، فقد ألِفَ أعضاء الجماعة إمكانية التعرض للعنف: أخبرنا أحدهم كيف تَعلم التمييزَ بين أصوات الرصاص المختلفة وتحديدَ مدى فتكها قبل معرفة شكل الأسلحة نفسها خلال قمع الدولة للاحتجاجات بعد اعتصام رابعة. من نواحٍ عديدةٍ تُعد أزمة العضوية امتداداً لأزمتَي الهوية والشرعية. لم يستطع التنظيم توفيرَ التوجيه الاستراتيجي للأعضاء سواءً سياسياً أو تربوياً، كما عانى الأعضاء الأصغر سناً والأدنى مرتبةً من نفس عدد المحن التي مر بها الرعيل الأول، ما يجعل الشرعية القائمة على مقاساة المحنة أقل أهميةً.

كما أدى العمل كتنظيمٍ تحت الضغط وفي المنفى إلى تفاقم أوجُه القصور في بعض آلياته الانتخابية، وكشف كيف أن هذه الآليات ليست تمثيليةً حقاً، فكثيرٌ من الأعضاء السابقين ممن تحدثنا معهم لم يغادروا التنظيم بسبب الكلفة الباهظة لبقائهم، بل لأنهم شعروا أن كل ذلك كان دون مقابلٍ. لا يزال البعض يؤمن بالأيديولوجيا، لكنهم يلاقون صعوبةً في التعامل مع التنظيم. ولا يزال الاستياء ومظالم العائلات وكبار الأعضاء

والشباب دون حلٍّ. أضف إلى ذلك أن التنظيم يعاني مشكلةً في الموارد البشرية. وفي الوقت الذي تستمر فيه أنواعٌ من الفصائل السياسية الأخرى التي تأخذ الإسلام على محمل الجد من حيث علاقته بالمجال العام، في الوجود، بل والازدهار في البيئة الحالية، فإن الأعضاء السابقين في الجماعة سيسرُّهم الخروج من عباءة الإخوان لينضموا لهذه الفصائل طالما ظلّت هذه المظالم والاستياء دون حلٍّ حقيقيٍّ.

سبيل المضيِّ قُدُماً

إن وصول الإخوان إلى القرى النائية في مصر وإلى أكثرَ من ثمانين دولةً حول العالم يعطي التنظيم شعوراً بالمنعة. خلال الانتخابات الرئاسية في عام 2012 كان لدى الإخوان ممثلون في كل دائرةٍ انتخابيةٍ في جميع أنحاء مصر، وقد سمح لهم ذلك بإعلان نتائج الانتخابات - فوز مرسي - بدقةٍ كبيرةٍ قبل إعلان هيئة الانتخابات المصرية. لكن يبقى السؤال ما إذا كان هذا الإحساس بالمنعة أسطورةً أم واقعاً. ثمة قولٌ مأثورٌ دأب كبار الأعضاء على قوله للشباب: «جماعة الإخوان بكم أو دونكم، لأن الدعوة لا تتوقف على أحدٍ.» قالت إحدى من حاورناهن إنها اعتادتِ تشبيه جماعة الإخوان المسلمين بقطارٍ ماضٍ فوق سكته، فإما أن يكون المرء في القطار أو خارجه، غير أن الأحداث الأخيرة ألقت بظلال الشك على هذه الافتراضات.

أصبح التنظيم أكثر علنيةً بعد عام 2011، وربما أكثر ليبراليةً أيضاً، في فصل الأعضاء منه. فقد فُصِلت مجموعةٌ من الشباب علناً في عام 2011، وطُردت مجموعةٌ من القيادات بين عامي 2016-2017، ويرى البعض أن التنظيم سلّم أعضاء منه للشرطة المصرية في عام 2017 وأنه يتحمل المسؤولية عن بعض عمليات القتل خارج نطاق القانون التي حدثت لاحقاً. كما طُرد كبار القادة في عام 2021، غير أن ذلك لا يفسر سبب مغادرة مجموعاتٍ من الشباب الحركة في أعقاب عام 2013. أفاد الأعضاء شديد الولاء للتنظيم أن هؤلاء الأشخاص قد فُصلوا لمخالفتهم القواعد واللوائح، أو أنهم لم يكونوا رفيعي المستوى في أي وقت. غير أن حقيقة الأمر هي أن الجماعة تفتقر إلى الآليات اللازمة للاحتفاظ بأعضائها وحل النزاعات.

وصحيحٌ أن التنظيم ظلّ موجوداً ومؤثراً دون أنشط أعضائه في مصر، يظل السؤال حول مدى قابليته للاستمرار في المنفى حيث يمثل الناسُ أكثر موارد التنظيم قيمةً.

في بعض المقابلات التي أجريناها مع كبار القادة، ثمة شعورٌ بأنهم يدركون أن الترشح لكل منصبٍ، وخاصةً الرئاسة، كان قراراً غير صائبٍ. قال إبراهيم منير عندما كان المرشد العام للإخوان المسلمين بحكم الواقع إن الإخوان لم يَعلموا أنهم سيواجهون مثل هذه المقاومة الشرسة من الدولة المصرية العميقة، وأشار عضوٌ آخر إلى أن قرار الترشح جاء في وقتٍ حَرص فيه الإخوان على بناء مؤسسات الدولة، وقد دفعهم ذلك إلى الترشح للبرلمان، والتعبئة للجمعية الدستورية، والترشح للرئاسة. لكن بحلول الوقت الذي كان فيه مرسي في السلطة، كما قال من أجريتُ معه المقابلة، كانت جميع المؤسسات المنتخبة غير موجودةٍ، ووقَعَ الإخوان تحت الضغط لتلبية مطالب الشَّعب.

قالت مسؤولةٌ سابقةٌ في حزب الحرية والعدالة - الذراع السياسي للإخوان المسلمين - إنه في الأسابيع التي سبقت الانقلاب، كانوا يناقشون عدداً من البرامج بما في ذلك توصيل الخبز للناس وتوفير اسطوانات الغاز،[1] وأشارت إلى أن هذه ليست من مهام حزبٍ سياسيٍّ، لكنهم وجدوا أنها من واجبهم. كان باسم عودة، وزيرُ التموين والتجارة الداخلية لمدة ستة أشهرٍ خلال عام مرسي في السلطة، أحدَ الوزراء الأكثر شعبيةً ممن عينتهم جماعة الإخوان، وهو محتجزٌ الآن في ظروفٍ لا إنسانيةٍ ودون اتباع أيٍّ من الإجراءات القانونية الواجبة. تجلّت شعبية باسم عودة في صورةٍ له معلقةٍ على شاحنة توصيلٍ تنقل اسطوانات الغاز، وقد اعتُبر هذا انجازاً حيث تدخل هو وأعضاء جماعة الإخوان على الفور لتقديم خدمات وزارته. والمفارقة هي أن عودة قام بذلك رفقة أعضاء الإخوان، لا بواسطة البنية التحتية الوزارية، وبالتالي ليس من الدقة القول إن الدولة لم تعرقل جماعة الإخوان. كذلك كان من السذاجة أن تفترض الجماعة عدمَ وجود مقاومةٍ من الدولة العميقة. كما لا بد من التنويه إلى أن أعضاء كباراً آخرين انتقدوا، بنفس القدر، المبالغة في تقديم الوعود والترشح للرئاسة. لقد أبرزت عملية صنع القرار هذه كثيراً من المصاعب التي تعيّن على التنظيم

التعامل معها حينئذٍ.

ركّز هذا الكتاب على جماعة الإخوان المسلمين خلال فترةٍ مضطربةٍ للغاية، لكن لا يمكن الجزم بأن التحديات التي واجهت الجماعة كانت مختلفةً جداً عن التحديات التي واجهتها الدولة نفسها أو أيٍّ من الجماعات الاجتماعية والسياسية في مصر، كما لا يمكن الجزم بأن الجماعة كانت أقل نجاحاً بكثيرٍ من أيٍّ من هذه الجماعات الاجتماعية والسياسية الأخرى أيضاً. بعبارةٍ أخرى، مثلما تحالف الإخوان المسلمون مع الجيش في عام 2011، فعلت جميع التحالفات والجماعات السياسية في مصر الشيءَ نفسه تقريباً في عام 2013. ومثلما لاقى الإخوان صعوبةً في ترسيخ شرعيتهم الداخلية وفي عمليات صنع القرار، لاقت حكومات السيسي المتعاقبة المشاكل نفسها تقريباً. اعتقل السيسي كلاً من سامي عنان العضو السابق في المجلس الأعلى للقوات المسلحة، وأحمد شفيق، وهو جنرالٌ عسكريٌّ رفيع ومرشحٌ رئاسيٌّ سابقٌ واجه مرسي في الانتخابات، ورئيس وزراء سابقٌ. كما اتخذ السيسي إجراءاتٍ واسعةً للغاية لتحصين نفسه من الانقلاب، كتغيير الغالبية العظمى من أعضاء المجلس العسكري، وتغيير القانون لاستلزام موافقاتٍ رئاسيةٍ لقرارات وزارة الدفاع، وتكليف أفراد أسرته ببعض أرفع المناصب في البلاد. لقد برز محمود السيسي كضابط مخابراتٍ بعد أن أصبح والده رئيساً. وأما مصطفى، النجل الآخر، للرئيس السيسي، فهو ضابطٌ في هيئة الرقابة الإدارية، كما أن أحمد، شقيقُ السيسي، قاضٍ بارزٌ مسؤولٌ عن تعقب أموال جماعات المعارضة، ولا سيما جماعة الإخوان المسلمين.

يشير الافتقار الواضح إلى استراتيجيةٍ متماسكةٍ في التعامل مع كلٍّ من القيادة والمعارضة السياسية في مصر إلى أن التركيز الرئيس ينصبُّ ببساطةٍ على البقاء، لا على اتباع استراتيجيةٍ أشمل، وهو ما نراه واضحاً فيما يصفه المراقبون بالاقتتال الداخلي والتنافس بين الأجهزة الأمنية المختلفة. فعلى سبيل المثال أشارت تصريحات كمال أبو عيطة عضو لجنة العفو الرئاسي التي أسست في ربيع 2022 إلى أن بعض الأجهزة داخل الدولة تريد إطلاق سراح السجناء السياسيين بينما يريد البعض الآخر إبقاءهم جميعاً خلف القضبان وحتى اعتقال بعض أعضاء اللجنة.[2]

كما كانت حروب النفوذ هذه واضحةً في مقتل جوليو ريجيني، طالب الدراسات العليا الإيطالي، في عام 2016، وفقاً لما جاء في تقريرٍ نشرته صحيفة نيويورك تايمز،[3] وقد ثبت أن مشاكل التنسيق تلك بين الأجهزة الأمنية ما هي سوى أساليب لمنع الانقلابات، وأنها تزيد من حدة العنف، وكلا الأمرين يخدمان السيسي أيما خدمةٍ.[4]

أحد الموضوعات المشتركة في مقابلاتنا كان الإصرار على التنويه بأن أعضاء جماعة الإخوان المسلمين هم مصريون أولاً وآخراً، وأن أي مسائل تُثار في الشارع المصري تنعكس وتُمثّل في الجماعة. ينطبق ذلك على صغار القادة وكبارهم على حدٍّ سواء. ومثلما يرى بعض كبار قادة الإخوان أن المؤامرات كانت تُحاك ضدهم سراً منذ عام 2011، يقول السيسي علناً إن عام 2011 كان بحد ذاته مؤامرةً لتقويض مصر. ومثلما يرفض قادة الإخوان علناً الاعتذار عن الأخطاء التي ربما ارتكبوها، يطالب السيسي المسؤولين «بعدم سؤاله عن حقوق الإنسان.» وقد ورَدَ أن محمود حسين رفض الاعتذار عن أخطاء الإخوان مستشهداً بالحديث النبوي الذي يقول إن الحُكام يؤجرون على اجتهادهم، سواءً في الصواب والخطأ، وقال: «لماذا نعتذر عن شيءٍ يأجرنا الله عليه؟»[5] كما عبّر السيسي عن مواقف مماثلةٍ للغاية بقوله: «لو لم يكن الله معنا، لما كنا قادرين على الاستمرار في هذا الأمر.»[6]

إن الطرق الجوهرية التي يرتبط بها الإخوان بالدولة المصرية جديرةٌ بالملاحظة، ففي أعقاب حقبة عبد الناصر، اشتهر السادات بالاعتماد على جماعة الإخوان لحشد الشعب ضد خصومه السياسيين. وفي عهد مبارك نجح الإخوان في سد الفجوة بين المواطنين ونقص بعض الخدمات العامة من خلال نشاطهم الخيري. في كل هذه الحقب كيَّف الإخوان استراتيجياتهم وتكتيكاتهم مع المناخ السياسي ومستوى قمع الدولة، وعندما كان ثمة فرصةٌ لتحقيق تقدمٍ سياسيٍّ ضئيلٍ، توسعت الجماعة أفقياً ووسعت قاعدة العضوية. وعندما بدا العمل السياسي الموجَّه للعامة ممكناً، شاركت الجماعة في مبادراتٍ أقوى. كما كان لإدراك التنظيم لمستوى القمع الذي تمارسه الدولة دورٌ في تشكيل هيكله التنظيمي، كما كان هذا واضحاً في مطلع عام 2014 عندما قرر القادة النشطون إلغاء

المركزية من تنظيمٍ كان في السابق شديد المركزية والتسلسل الهرمي، فأصبحت عملية صنع القرار لامركزيةً لدرجة أن المسؤولين الذين قابلناهم من مختلف المستويات كانت لديهم اختلافاتٌ جوهريةٌ في توجيهاتهم.

ساهمتِ الثورة المضادة التي انتشرت في كافة أرجاء المنطقة في تبنّي ممارساتٍ استبداديةٍ في كثيرٍ من الدول العربية. تضمنت بعضُ هذه الممارسات كُتيبًا واحدًا لأدوات القمع ضد الإخوان المسلمين والمعارضة السياسية عموماً، وهو ما كان واضحاً في الاستهداف والاعتقالات العلنية لأعضاء جماعة الإخوان المسلمين في السعودية والإمارات، وعمليات الترحيل من الكويت، والقمع في تونس، وما إلى ذلك. عندما سُئل أحد الأعضاء البارزين عن أهم نجاحٍ حققه الإخوان المسلمون منذ عام 2013، أجاب: أهم نجاحٍ هو عدم إدراجِ الحكومة البريطانية للجماعة في قائمة التنظيمات الإرهابية. وفي الآونة الأخيرة تعيّن على التنظيم التعامل مع الوقائع الجيوسياسية الجديدة عندما طلبتِ الحكومة القطرية من كبار الأعضاء مغادرة البلاد في أكثر من مناسبةٍ، وعندما أغلقت الحكومة التركية قنوات الإخوان التلفزيونية. كان لتصاعد القمع على المستوى العالمي تأثيرٌ سلبيٌّ على جماعة الإخوان، وهو ما انعكس في قرارِ آخرِ مرشدٍ عامٍّ للجماعة في جعل مقره في لندن، وفي دعوات الشباب من حوله إلى الانفتاح على المسرح الدولي.

إن الشرعية الجديدة التي يحاول الإخوان المسلمون بناءها تتطلب معالجةَ مشكلة التواصل مع المعنيون بالأمر في داخل الجماعة وخارجها. ففي حديثه عن المشهد السياسي بعد عام 2013 أشار إبراهيم منير في مقابلتنا معه إلى أن الناس، وخاصةً الشباب، كانوا قد خبِروا للتو أمراً مأساوياً ومفجعاً، وأن مُصابهم فاق الاحتمال، وهي حقيقةٌ لا ريب فيها، غير أن هذا الخطاب والفراغ التنظيمي مؤشرٌ على عجز التنظيم عنِ التواصل مع شبابه أكثر مما هو مؤشرٌ على أن مُصاب هؤلاء الشباب لا يمكن تعويضه وأن جراحهم لا يمكن أن تندمل. وأما على الصعيد الخارجي، لا يزال التوتر يشوب العلاقاتِ بين الإخوان وكثيرٍ من الجماعات السياسية الأخرى. وفيما خلا العلاقات الشخصية النادرة في الطيف السياسي، تظل جماعة الإخوان المسلمين بمنأىً عن الخطاب السياسي في مصر وفي

المنفى، وهذا مبعثٌ للقلق بالنظر إلى أنها ما تزال أكبر تنظيمٍ اجتماعيٍّ وسياسيٍّ مصري على الصعيدين المحلي والدولي. وكما نوهت إليزابيث نوجنت بذكاءٍ، فإن التصورات عن شدة القمع والاستهداف التي تعتقد الجماعات أنها تحمّلتها تساهم في عزلتها.[7] وبالتالي لا تزال الحكومة المصرية قادرةً على خلق الانقسامات بين هذه المجموعات من خلال رسم صورةٍ لضحيةٍ مثاليةٍ يمكن إطلاق سراحها من السجن ثم دعوتها إلى مبادرات الحوار الوطني، وصورةٍ لضحيةٍ أخرى يرفضها كلاهما. ربما كان النفوذ الضئيل المتبقي لدى المعارضة في المنفى هو وحدتُهم ضد نظام السيسي، لكن تجسد هذه الوحدة في عملٍ سياسيّ يبدو بعيد المنال في هذه المرحلة.

إن جماعة الإخوان المسلمين في مصر ليست تنظيماً يمكن حسم مصيره من خلال المقاربات الأمنيةٍ، والدولةُ المصرية بشكلها الحالي لا تمثل أحلام المصريين أو طموحاتهم، وإن التنظيم الذي طالما استطاع الاستفادة وسيظل يستفيد من هذه الحقيقة هو جماعة الإخوان المسلمين. إن مثالية التنظيم وخطابه السياسي لم يُختبرا بما يكفي لسحق شعبيته، كما أن الدولة استمرت في توفير الظروف التي تسمح لخطاب التنظيم بأن يتردد صداه ويلقى قبولاً لدى الشعب، وستستمر مثالية الإخوان المسلمين في استهواء عقول المصريين، لكن الجماعة لن تكون قادرةً أبداً على تطوير برامج سياسيةٍ دون انفتاحٍ حقيقيٍّ من جانب الدولة. وفي الوقت نفسه ستستمر الجماعة في اكتساب مزيدٍ من الشعبية طالما أنها ليست مجبرةً على مواجهة وقائع العالم وتحدياته الحقيقية.

سيستمر الإخوان المسلمون في مصر في اكتساب القوة الشعبية لأنهم يستفيدون من أشياء لم تستطع أي جماعةٍ أخرى الاستفادة منها بفعاليةٍ. أولاً، تبْني جماعة الإخوان المسلمين شعبيتها على الدين والحنين إلى ماضٍ مجيد، وهي استراتيجيةٌ استخدمتها الدولةُ في عهد السيسي أيضاً. ثانياً، تبْني جماعة الإخوان على سردية المظلومية، ويعزز البطش الذي تمارسه الدولة ضد الجماعة هذه السردية بين ضحايا إجراءات الدولة، الاقتصادية والسياسية، والذين يزدادون عدداً يوماً بعد يوم. أخيراً، تبْني جماعة الإخوان المسلمين على أحلام الطبقة الوسطى في مصر لكي

تكون حاضرةً ومسموعةً ومدعومةً. وفي غياب مجتمعٍ مدنيٍّ حقيقيٍّ أو إمكانية مشاركةٍ سياسيةٍ بإمكانها جذب الطبقة الوسطى، لن يجد ملايين المصريين حيزاً يمارسون فيه العمل السياسي والاجتماعي سوى بالانضمام إلى جماعة الإخوان المسلمين وما شابهها من جماعاتٍ. لا ريب أن الطريقة التي تتعامل بها الدولة مع جماعة الإخوان قد حدّت من قدرات التجنيد لدى الإخوان، غير أن التاريخ علّمنا أن هذه ما هي سوى انتكاسةٍ مؤقتةٍ. تكمن أسبابُ شعبية الإخوان في إخفاقات الدولة في التعامل مع مشاكل المجتمع، ولا يمكن مواصلة الإفراط في النهج الأمني إلى أجلٍ غير مسمىً، ولذا عندما تخفف الدولة من قبضتها على شعب مصر، فإن المدرسة الفكرية التي أسسها حسن البنا والتي تمتد جذورها إلى قرونٍ من الفكر السياسي الإسلامي ستجد جمهوراً جديداً تعرف كيف تخاطبه، وستواجه نفس الأعداء القدامى الذين تعرف كيف تتفوق عليهم في لعبة الانتظار، وربما ستكون قد تعلمت كيف تتغلب عليهم بالمناورة.

إن الإخوان المسلمين ليسوا تنظيماً يمكن اعتقاله أو نفيه، بل تنظيمٌ له جذورٌ ضاربةٌ وتأثيرٌ يتجاوز حدود مصر، وقد كبرت بعض أفكاره حتى غدت أكبر من التنظيم نفسه، كما أن بعض روابطه التنظيمية قد فاقت تلك الأيديولوجية حجماً. ورغم ذلك فالتنظيم في أزمةٍ، وهذه الأزمات تكاد تكون مستوطِنةً في كيان الإخوان، ولذلك عندما تعود الجماعة إلى مصر، وهي مسألة وقت فحسب، فقد تُكرر كثيرٌ من هذه الديناميات نفسَها. يمكننا أن نتوقع بعض عمليات الاستبعاد، وظهور قيادةٍ وأنصارٍ جددٍ، وربما يُنظر إلى الأزمات التي ناقشها الكِتاب على أنها ذخرٌ لجماعة الإخوان للاستفادة منها وتحسين موقعها. غير أننا نرى أن جماعة الإخوان في أفضل أيامها، تكون أكثرَ قربًا إلى الشارع من الدولة العسكرية وجماعات المعارضة الأخرى، وأن أربعةً وتسعين عاماً من الاضطهاد لم تفلح في سلخها عن المجتمع المصري.

ملاحظات

المقدمة

1 اجتماعات الأسرة إلزاميةٌ لكل مجموعةٍ مكونةٍ من خمسة أعضاء أو أكثر في جماعة الإخوان المسلمين وهي سمةٌ مميزةٌ للتنظيم. تركز هذه اللقاءات على التنشئة الاجتماعية الدينية والتلقين، وتهدف إلى تعزيز الأخوّة بين الأعضاء.

2 حسن البنا، «رسالة المؤتمر الخامس». Ikhwanwiki.com, 1939, https://www.ikhwanwiki.com/index.php?title=رسالة_المؤتمر_الخامس.

3 حسن البنا، «رسالة التعاليم، Ikhwanwiki.com، تاريخٌ غير معروفٍ (ربما 1945-1947)، https://www.ikhwanwiki.com/index.php?title=رسالة_التعاليم.

4 اندلعت أولى الاحتجاجات الداعية إلى الإصلاح السياسي في عام 2004 بعد أن نشرت جماعة الإخوان «المبادئ العامة للإصلاح في مصر». رغم ما حوته الوثيقة من أفكارٍ مثيرةٍ للاهتمام – فضلاً عن أفكارٍ أخرى لم تكن مفاجئة - لم يثر محتواها كثيراً من الجدل في مصر، ولا رداً من النظام. راجع «المبادئ العامة للإصلاح في مصر» Ikhwanwiki.com، جماعة الإخوان المسلمين، 3 آذار / مارس 2004، https://www.ikhwan.wiki/index.php?title=مبادرة_المرشد_العام_ لـ(الإخوان)_حول_المبادئ_العامة_للإصلاح_في_مصر.

5 «مجموعةٌ حقوقيةٌ: مصر تعدم 3 إسلاميين اعترفوا تحت التعذيب»، أسوشيتد برس، 8 شباط / فبراير 2019، https://apnews.com/article/middle-east-egypt-executions-muslim-brotherhood-human-rights-watch-9b8f9bc9acee4de7b5bc582926ef613c.

6 سايمون جيفري، «حماس تحتفل بالفوز بالانتخابات»، الغارديان، 26 كانون الثاني / يناير 2006، https://www.theguardian.com/world/2006/jan/26/israel1.

7 نستخدم مصطلح «الإسلاميين» لعدم وجود مصطلحٍ أفضل، لا لأنه يحمل قيمةً تفسيريةً في حد ذاته، أما مصطلح «إسلامي» فيشير إلى من يؤمن بالإسلام بقوة، لاسيما من يرى أن على الإسلام أن يؤثر في الأنظمة السياسية. لا يميز المصطلحُ بين مختلف الأحزاب السياسية التي أصبحت جزءاً من الأنظمة السياسية في بلدانها (كحزب العدالة والتنمية التركي أو حزب العدالة والتنمية المغربي) والأحزاب التي تبنّت أيديولوجيا عنيفة معادية لكلٍّ من المجتمع والدولة (كتنظيم القاعدة والدولة الإسلامية). ومن المفارقة أن مصطلح «إسلامي» لا يُطلق على الجماعات ذات الاختلافات الأيديولوجية الكبيرة وحسب، بل أيضاً على الجماعات المتحاربة، كما هي الحال في الحرب الدائرة في سوريا منذ بداية الثورة, كما يُستخدم المصطلح لوصف أعضاء الجماعات، لا الأشخاص العاديين ممن قد يكون لديهم ذاتَ المعتقدات دون أن يكون لهمُ أيُّ انتماءٍ تنظيميٍّ.

8 أحمد عبد العاطي، «رسالة إلى المدونين تلاميذ البنا» Ikhwanwiki.com، 17 تشرين الثاني / نوفمبر 2007، https://ikhwanonline.com/article/32163/رسالة-إلى-28%المدونين-29%تلاميذ-البنا

9 أون كلارك، انظر كيفن بيكر، «رمزي كلارك: صليبيٌّ ليبراليٌّ احتضن أشرار العالم»، بوليتيكو، 27 كانون الأول / ديسمبر 2021، https://www.politico.com/news/magazine/2021/12/27/2021-obituary-ramsey-clark-520597.. بخصوص المحاكمة، انظر: مصر تمنع المدعي العام الأمريكي السابق من حضور محاكمة إسلامي»، رويترز، 15 تموز / يوليو 2007، (بالإنكليزية) https://www.reuters.com/article/us-egypt-brotherhood-idUSL1521701120070715

10 عمرو حمزاوي وناثان ج. براون، «مسودة البرنامج الحزبي للإخوان المسلمين المصريين: هرولة نحو التكامل السياسي أم عودةٌ إلى المواقف القديمة؟» مؤسسة كارنيغي للسلام الدولي، سلسلة

أوراق كارنيغي للشرق الأوسط رقم. 89، كانون الثاني / يناير 2008، (بالإنكليزية) //:https carnegieendowment.org/files/cp89_muslim_brothers_final.pdf.

11 «الثورة في القاهرة: حركة شباب 6 أبريل»، PBS Frontline، شباط / فبراير 2011، //:https www.pbs.org/wgbh/pages/frontline/revolution-in-cairo/inside-april6-/movement

12 أحمد رمضان، «د. محمود عزت: المرشد العام أوضح موقفنا من الإضرابات»، Ikhwanwiki.com، 5 نيسان / أبريل 2008، https://www.ikhwanonline.com/article/36119

13 انظر آصف بيات، «ماهي ما بعد الإسلاموية؟»، ISIM- منشورات جامعة ليدن العلمية، 2005، 17030/https://scholarlypublications.universiteitleiden.nl/handle/1887؛ جيل كيبيل، الجهاد: مسار الإسلام السياسي (كامبريدج: دار تشر جامعة هارفارد، 2002)، وأوليفييه روي، فشل الإسلام السياسي (كامبريدج: دار نشر جامعة هارفارد، 1994)، حول اللاحركات، انظر آصف بيات، الحياة كسياسةٍ: كيف يغير الناس العاديون الشرق الأوسط (أمستردام: دار نشر جامعة أمستردام، 2010).

الجزء الأول

1 محمد شيرين فهمي قاضٍ عُرف باستخدامه قوانين الإرهاب لمحاكمة المعارضين السلميين. اتهمت منظماتٌ حقوقيةٌ فهمي بالمسؤولية عن وفاة محمد مرسي في قاعة المحكمة في حزيران / يونيو 2019. تقاعد فهمي في حزيران / يونيو 2022. انظر: «مصر: القاضي محمد فهمي يعاقب المعارضين بالحبس الاحتياطي اللانهائي»، داون، 1 تشرين الأول / أكتوبر2020، //:https dawnmena.org/judge-mohammed-sherin-fahmy؛ و«الجبهة المصرية تطالب بعزل القاضي شيرين فهمي، واعتباره خصماً سياسياً لا قاضياً لضلوعه في الموت البطيء لمرسي»، الجبهة المصرية لحقوق الإنسان، 25 تشرين الثاني / نوفمبر 2019. https://egyptianfront. the-egytian-front-demands-discharging-judge-shereen-/11/org/2019 fahmy-considering-him-a-political-opponent-rather-than-a-judge-as-he-/is-involved-in-the-slow-death-of-mursi.

2 إبراهيم منير (1937-2022) محامٍ مصريٌّ وواحدٌ من أبرز أعضاء جماعة الإخوان المسلمين في الشتات. أصبح المرشدَ العامَّ المؤقتَ للإخوان المسلمين بعد اعتقال محمود عزّت في آب / أغسطس 2020، وشغل هذا المنصب حتى وفاته في لندن في 4 تشرين الثاني / نوفمبر 2022. للمزيد من المعلومات حول منير، انظر «إبراهيم منير: وفاة القائم بأعمال المرشد العام للإخوان المسلمين لندن»، ميدل إيست آي، 3 تشرين الثاني / نوفمبر 2022، .https://www middleeasteye.net/news/egypt-ibrahim-munir-muslim-brotherhood-acting-leader-dies; و «الإخوان المسلمون في مصر يرفضون ’الصراع من أجل السلطة‘، يقول الزعيم المنفي»، رويترز، 29 تموز / يوليو 2022، /https://www.reuters.com/world middle-east/egypts-muslim-brotherhood-rejects-struggle-power-exiled-/29-07-leader-says-2022

3 سورة القصص، الآية 7

4 مايكل شولسون، «لماذا يرى كثير من الأمريكيين أن الإسلام أيديولوجيا سياسيةٌ لا ديانةٌ؟»، واشنطن بوست، 3 شباط / فبراير 2017، /https://www.washingtonpost.com/news why-do-so-many-americans-believe-that-/03/02/acts-of-faith/wp/2017/islam-is-a-political-ideology-not-a-religion.

5 هشام جعفر: «لماذا يجب أن نتحرر من الاهتمام بالإسلاميين ودراستهم؟» الجزيرة، 15 تشرين الأول / أكتوبر 2022، 15/10/https://www.aljazeera.net/opinions/2022/لماذا-يجب-أن-نتحرر-من-الاهتمام

6 ديفيد كيركباتريك ومارك مازيتي، «كيف سعت مملكتان خليجيتان للتأثير على البيت الأبيض،» نيويورك تايمز، 31 آذار / مارس 2018، https://www.nytimes.com/2018/03/21/us/politics/george-nader-elliott-broidy-uae-saudi-arabia-white-house-influence.html.

7 انظر إريك تراجر، الخريف العربي: كيف فاز الإخوان المسلمون وخسروا مصر في 891 يوماً» (واشنطن: جامعة جورج تاون للنشر، 2016)؛ صموئيل تادروس، كليفورد ماي، وجوناثان شانزر، «الإسلامويون الأخوّيون: من هم الإخوان المسلمون»، بودكاست بواسطة مؤسسة الدفاع عن الديمقراطيات، 1 تموز / يوليو 2019، https://www.fdd.org/analysis/2019/07/01/fraternal-islamists-getting-to-know-the-muslim-brotherhood/؛ صموئيل تادرس، «مصر: الأمن وحقوق الإنسان والإصلاح»، شهادةٌ خطيةٌ للجنة الفرعية التابعة للجنة الشؤون الخارجية التابعة لمجلس النواب الأمريكي والمعنية بالشرق الأوسط وشمال إفريقيا، 24 تموز / يوليو 2018، https://docs.house.gov/meetings/FA/FA13/20180724/108598/HHRG-115-FA13-Wstate-TadrosS-20180724.pdf؛ لورنزو فيدينو، «الإخوان المسلمون الجدد في الغرب» (نيويورك: جامعة كولومبيا، 2010)؛ مختار عوض، «صعود الإخوان المسلمين العنيفين»، معهد هدسون، 6 تشرين الثاني / نوفمبر 2017، https://www.hudson.org/national-security-defense/the-rise-of-the-violent-muslim-brotherhood؛ إد حسين، «الإسلاموي: لماذا انضممتُ إلى الإسلام الراديكالي في بريطانيا، وما الذي اكتشفتُه داخله، ولماذا تركته؟، (لندن: Penguin UK ، 2015)؛ ماجد نواز، «راديكالي: رحلتي من التطرف الإسلامي إلى الصحوة الديمقراطية» (نيويورك: راندوم هاوس، 2012)؛ وكيبل، الجهاد.

8 انظر إيوانا إيمي ماتيسان، «بندولوم العنف: التغيير التكتيكي في الجماعات الإسلامية في مصر وإندونيسيا (أكسفورد: دار نشر جامعة أكسفورد، 2020)؛ وماري فانيتزل، «الإخوان المسلمون في المجتمع: السياسة اليومية والعمل الاجتماعي والإسلاموية في مصر في عهد مبارك» (القاهرة: دار نشر الجامعة الأمريكية في القاهرة، 2020)؛ وستيفن بروك، «الفوز بالقلوب والأصوات: الخدمات الاجتماعية والميزة السياسية الإسلامية» (إيثاكا: دار نشر جامعة كورنيل، 2019).

9 انظر هشام جعفر، «الإسلاميون وتحديات بناء مشروع ديمقراطيّ»، في «إسلاميون وديمقراطيون»، تحرير عمرو الشوبكي. (القاهرة: مركز الأهرام للدراسات الاستراتيجية، 2006). عمار فايد، «هل قمع الإخوان يدفع الجماعة نحو العنف؟» في «إعادة التفكير في الإسلام السياسي»، تحرير شادي حميد ووليام ف. ماكانتس (أكسفورد: دار نشر جامعة أكسفورد، 2017)؛ ومحمد نعيم، «تاريخ العصامية والجربعة: تأملاتٌ نقديّةٌ في الاجتماع السياسي الحديث، (دار المحروسة، 2021). أعمال المؤلفين الآخرين المدرجةُ هنا مذكورةٌ على امتداد كتابنا.

10 طارق البشري، «الحركة السياسية في مصر (1945-1953)»، (القاهرة: دار الشروق، 2002).

11 المرجع السابق، 33.

12 المرجع السابق.

13 سلامة موسى، «تربية سلامة موسى»، (مؤسسة هنداوي، 2014، نشرت في الأصل عام 1947)، 33

14 محمد فريد، «تاريخ الدولة العليا العثمانية»، (مؤسسة هنداوي، 2014، نشرت أصلًا عام 1893).

15 عن جيبوتي، انظر: «عبد الله الفاتح، الحركة الإسلامية بجيبوتي، رحلة الشتاء والصيف»، الجزيرة، 28 نيسان / أبريل 2017، https://www.aljazeera.net/blogs/2017/4/28/الحركة-الإسلامية-بجيبوتي-رحلة-الشتاء. فيما يخص البلدان الأخرى، انظر «التنظيم العالمي للإخوان المسلمين: النشأة والتاريخ»، Ikhwanwiki.com، https://www.ikhwanwiki.com/index.php?title=التنظيم_العالمي_للإخوان_المسلمين_.._النشأة_والتاريخ.

16 «الإخوان المسلمون ورحلة الجماعة: ملخّص لتاريخ الجماعة والمرشدين»، .Ikhwanwiki

com، https://www.ikhwanwiki.com/index.php?title=لإخوان_المسلمون_ورحلة_جماعة_»ملخص_لتاريخ_الجماعة_والمرشدين

17 العدد 1 من مجلة النذير، 29 أيار / مايو 1938، .Ikhwanwiki.com ، https://www ikhwanwiki.com/index.php?title=العدد_1_من_مجلة_النذير

18 المرجع السابق.

19 حسن البنا. «رسالة المؤتمر الخامس»، .Ikhwanwiki.com، https://www.ikhwanwiki com/index.php?title=رسالة_المؤتمر_الخامس

20 المرجع السابق.

21 خليل العناني، «من داخل جماعة الإخوان المسلمين: الدين والهوية والسياسة»، (أكسفورد: دار نشر جامعة أكسفورد، 2016).

22 المرجع السابق.

23 حسن البنا، «رسالة التعاليم»، .Ikhwanwiki.com، https://www.ikhwanwiki.com/index php?title=رسالة_التعاليم

24 حسن البنا. «رسالة المؤتمر السادس» .Ikhwanwiki.com، https://www.ikhwanwiki com/index.php?title=رسالة_المؤتمر_السادس.

25 شرحُ الهيكل التنظيمي هذا مبنيٌّ على معرفة المؤلفين المباشرة.

26 تستند المعلومات الواردة في الأقسام التالية إلى العديد من المذكرات والمقابلات التلفزيونية مع قياداتٍ في الإخوان المسلمين والجهاز الخاص، منهم على سبيل المثال لا الحصر، فريد عبد الخالق وصلاح شادي وأحمد عادل كمال ومحمود عبد الحليم وحسن العشماوي ومصطفى مشهور وعمر التلمساني.

27 صلاح شادي، «حصاد العمر: صفحات من التاريخ»، (القاهرة: الزهراء للإعلام والنشر العربي، 1987).

28 أحمد حمروش ، ثورة 23 يوليو، (القاهرة: الهيئة المصرية العامة للكتاب، 1992).

29 شادي، «حصاد العمر».

30 المرجع السابق.

31 أحمد عادل كمال، «النقاط فوق الحروف»، (القاهرة: الزهراء للإعلام العربي، 1989).

32 مقابلة فريد عبد الخالق مع أحمد منصور، الجزيرة، 10 كانون الثاني / يناير 2005، https:// www.aljazeera.net/programs/centurywitness/2005/1/10/-4الإخوان-المسلمون-كما-يراهم-فريد-عبد

33 كمال، النقاط فوق الحروف، 221.

34 يوسف القرضاوي، الإخوان والعنف، Ikhwanwiki.org ، https://www.ikhwanwiki.com/ index.php?title=الإخوان_والعنف

35 «في ذكرى إعدامات ديسمبر 54، الشهيد هنداوي دوير المفترى عليه»، .Ikhwanwiki.com، https://ikhwanwiki.com/index.php?title=في_ذكرى_إعدامات_ديسمبر_54.._الشهيد_هنداوي_دوير_المفترى_عليه.

36 المرجع السابق.

37 «فريد عبد الخالق مع أحمد منصور: إطلاق النار على عبد الناصر عام 54 وسجن الإخوان»، رفعه على موقع يوتيوب أحمد منصور في 15 أيلول / سبتمبر 2020، .https://www.youtube

com/watch?v=9ASzoPUduO0

38 «الإخوان المسلمون في سوريا»، مركز كارنيغي للشرق الأوسط، .https://carnegie-mec org/syriaincrisis/?fa=48370&lang=en

39 «الإخوان المسلمون: الإخوان المسلمون حول العالم»،.Ikhwanwiki.com ، https://www ikhwanwiki.com/index.php?title=الإخوان_المسلمون.

40 «سيد قطب: شهيد الظلال»، Ikhwanonline.com، https://ikhwanonline.com/ article/255401/سيد-قطب-شهيد-الظلال1

41 المرجع السابق.

42 أحمد عبد المجيد، «كيف نشأ تنظيم 1965، .Ikhwanonline.com، https://www ikhwanwiki.com/index.php?title=كيف_نشأ_تنظيم_1965

43 المرجع السابق. راجع أيضاً «عوض عبد العال، قائد التنظيم عام 1965، والحديث عن الذكريات»، رفع على موقع يوتيوب بواسطة aml2 aml2 في 24 نيسان / أبريل 2020، .https://www youtube.com/watch?v=wnovxJy8sCo.

44 عصام تليمة، «وثيقةٌ لم تُنشر تحكي تفاصيل تنظيم 65»، الجزيرة، 29 تموز / يوليو 2022، https://mubasher.aljazeera.net/opinions/2022/7/29/وثيقة-لم-تنشر-تحكي-تفاصيل-تنظيم65-

45 إبراهيم الهضيبي، «من أربع سنين»، مدونة إبراهيم، 8 كانون الثاني / يناير 2008، https:// ihoudaiby.blogspot.com/2008/01/blog-post.html

46 يوتيوب، «عوض عبد العال أحد قادة تنظيم 1965».

47 وهذا يتعارض مع ادعاء مختار عوض وصموئيل تادرس أنه «لولا نهضة الإسلاميين في الجامعات المصرية في السبعينات، لكان الإخوان من الماضي». انظر عوض وتادرس، «الإخوان المسلمون: إرهابيون أم لا؟» معهد هدسون، 1 آذار / مارس 2017، https://www.hudson.org/ research/13398-the-muslim-brotherhood-terrorists-or-not

48 هذه نقطةٌ أثارها الراحل حسن حتحوت، وهو عضوٌ من أوائل أعضاء جماعة الإخوان وواحدٌ من أبرز شخصيات الإخوان في الولايات المتحدة منذ الثمانينات فصاعداً. انظر عبد الله النفيسي وتوفيق الشاوي، «الحركة الإسلامية: رؤيةٌ مستقبليةٌ، أوراقٌ في النقد الذاتي»، (القاهرة: مكتبة مدبولي، 1989)، 73.

49 «لقاء اليوم، لماذا قرر مرشد الإخوان المسلمين التقاعد وعدم الترشح مرة أخرى؟»، رُفع على موقع يوتيوب بواسطة قناة الجزيرة، 27 نيسان / أبريل 2009، https://www.youtube.com/ watch?v=IXNPZAiW6dY

الجزء الثاني

1 عضوٌ سابقٌ في جماعة الإخوان المسلمين، مقابلة مع المؤلفين بواسطة برنامج زوم، آذار / مارس 2022.

2 لمناقشة الأدبيات الماهوية حول الإسلاموية، انظر عناني، « من داخل جماعة الإخوان المسلمين»، 17، 22-25.

3 «بياناتٌ عن جمهورية مصر العربية، الدخل المتوسط الأدنى»، البنك الدولي، .https://data

worldbank.org/?locations=EG-XN

4 كانت «لا» حملةً أطلقتها الجمعية الوطنية للتغيير بقيادة محمد البرادعي، وكانت مؤلفةً من حزب الكرامة الناصري، وحزب الوفد، وائتلاف شباب الثورة، والفصائل الاشتراكية والليبرالية الأصغر، وجميعهم أعربوا عن رغبتهم في وضع دستورٍ جديدٍ. وقد وجهوا هذه الدعوة انطلاقاً من أفكار الثورة، لا سيما بعدما أسقطت الثورة النظام ودستوره، فلم يكن هناك ما يمكن تعديله أصلاً. غير أن العديد من الشخصيات المرتبطة بحملة «لا» أيضاً ضغطت لتشكيل «مجلس رئاسي» يحكم البلاد لفترةٍ انتقاليةٍ، وهو ما اعتبره الإسلاميون إجراءً غير ديمقراطيٍّ إلى حدٍ ما، فدافعوا بإصرارٍ عن الاحتكام إلى صناديق الاقتراع. انظر «التعديلات الدستورية بمصر بين المؤيدين والرافضين والمتحفظين»، Swissinfo.ch ، 17 آذار / مارس 2011، https://www.swissinfo.ch/ara/29744746/التعديلات-الدستورية-بمصر-بين-المؤيدين-والرافضين-والمتحفظين

5 علي السمان، «أوراق عمري من الملك إلى ناصر والسادات، (القاهرة: المكتب المصري الحديث، 2005)، 42.

6 م.ح.دياب، انتفاضات أم ثورات في تاريخ مصر الحديث (القاهرة: دار الشروق، 2011).

7 أحمد عبد الله، الحركة الطلابية والسياسة الوطنية في مصر، 1923-1973 (القاهرة: دار الجامعة الأمريكية بالقاهرة، 1985)، 26، 110.

8 عبد الله العريان، تلبية الدعوة: النشاط الإسلامي الشعبي في مصر السادات (أكسفورد: دار نشر جامعة أكسفورد، 2014)، 109.

9 جامعتا طنطا والمنوفية عام 1972، والزقازيق عام 1974، وحلوان عام 1975، والمنيا والمنوفية عام 1976، وأنشئت كتوسعات لأقسام كانت مرتبطة سابقا بجامعة القاهرة.

10 سي آر ويكهام، حشد الإسلام: الدين والنشاط والتغيير السياسي في مصر (نيويورك: دار نشر جامعة كولومبيا، 2003)، 40.

11 أمير، مقابلة مع المؤلفين بواسطة برنامج زوم، 2022.

12 انتقد حسن الهضيبي، سلف التلمساني، أفكار سيد قطب في عام 1969، ما دفع بعض المحللين إلى الظن بوجود إمكانية لانفتاح من جانب النظام على الإسلاميين غير العنيفين حين كان عبد الناصر لا يزال في السلطة. للحصول على مناقشة أعمق لكتيب الهضيبي ضد أفكار سيد قطب في عام 1969، انظر باربرا زولنر، «حديث السجن: الصراع الداخلي للإخوان المسلمين أثناء اضطهاد جمال عبد الناصر، 1954 إلى 1971،» المجلة الدولية لدراسات الشرق الأوسط 39، رقم. 3 (2007): 411–33.

13 ويكهام، حشد الإسلام، ص 91.

14 م. ك. السيد، «مجتمع مدني في مصر؟»، ميدل ايست جورنال 47، رقم 2 (1993): 228-42.

15 ويكهام، حشد الإسلام، ص 97.

16 هشام جعفر، «الإسلاميون وتحديات بناء مشروع ديمقراطي»، في إسلاميون وديموقراطيون، تحرير. عمرو الشوبكي. (القاهرة: مركز الأهرام للدراسات الاستراتيجية، 2006)، 79.

17 محمود هدهد. «لا ثوري ولا إصلاحي .. الفكر الإخواني تختبره الثورة»، في ثورات يناير: قراءة نقديّة، تحرير عمرو عبد الرحمن (القاهرة: دار المرايا، 2019).

18 ويل كامبانا، «من التكيّف إلى المواجهة: الإخوان المسلمون في عهد مبارك»، مجلة الشؤون الدولية 50، العدد. 1 (1996): 294-95.

19 المرجع السابق.

20 عمر حسين، مقابلة مع المؤلفين بواسطة برنامج زوم، 2021.

21 لا تزال المحطات التلفزيونية التابعة للإخوان المسلمين والتي انطلقت في اسطنبول بعد 2013 موضع نقاش. يرى البعض أن الرسالة السياسية المعارضة التي تبثها هذه القنوات لها تأثير على كثير من المصريين على الرغم من تدني جودتها. كما يرى البعض أن محطات اسطنبول ليست أقل احترافا من الرسائل والمعلقين الشعبويين للنظام. لكن يعتقد النقاد أن الرسائل السياسية التي تُبث من اسطنبول مؤثرة فقط بين الفئات المهمشة التي يكون تأثيرها في المركز السياسي ضئيلاً، وأنها تفتقر إلى الحد الأدنى من المهنية لخلق تأثير أكبر وطويل المدى. وعادة ما تُعقَد المقارنات بين وسائل الإعلام التابعة لجماعة الإخوان ونظيراتها القطرية نظرا لاتساع نطاق وتأثير الأخيرة.

22 «البنك المركزي: ارتفاع تحويلات الوافدين المصريين إلى 31.5 مليار دولار»، اليوم السابع، 14 آذار / مارس 2022، https://www.youm7.com/story/2022/3/14/5691050/البنك-المركزى-ارتفاع-تحويلات-المصريين-بالخارج-لـ31-5مليار-دولار-خلال.

23 ناثان ج.براون، شيماء حطب، وعمرو عدلي، دولة متثاقلة ومجتمع مضطرب (نيويورك: دار نشر جامعة كولومبيا، 2021)، 140.

24 محمد سليمان، «الاقتصاد غير الرسمي في مصر»، مجلة الشؤون الدولية 73، العدد. 2 (2020)، 187، 188.

25 إبراهيم البيومي غانم، الفكر السياسي للإمام حسن البنا (القاهرة: مدار، 2012).

26 بالأرقام ننشر نتائج الجولة الأولى من الانتخابات الرئاسية»، اليوم السابع، 28 مايو 2012، https://www.youm7.com/story/2012/5/28/690592/بالأرقام-ننشر-نتائج-الجولة-الأولى-من-انتخابات-الرئاسة؛ و «مرسي يفوز على شفيق بعد فرز أصوات الناخبين في جولة الإعادة في 37 دولة»، المصري اليوم، 10 يونيو / حزيران 2012، https://www.almasryalyoum.com/news/details/184994

27 عفان، مقابلة مع عبد الرحمن عياش، اسطنبول، 18 أيار / مايو 2022.

28 حسين، مقابلة.

29 إسلام لطفي، مقابلة مع المؤلفين بواسطة برنامج زوم، 2021.

30 هبة عزت، «آراء حول الخيال السياسي للإسلاميين: أسئلة منهجية وسياسية»، عمرو الشوبكي، محرر، إسلاميون وديموقراطيون (القاهرة: مركز الأهرام للدراسات الاستراتيجية، 2006)، 17-62.

31 ناثان براون وعمرو حمزاوي، «الإخوان المسلمون المصريون، مشاركة إسلامية في بيئة سياسية مغلقة»، مؤسسة كارنيغي للسلام الدولي، أوراق كارنيغي، مركز كارنيغي للشرق الأوسط رقم. 19، آذار / مارس 2010، 27، https://carnegieendowment.org/files/muslim_bros_participation.pdf.

32 جعفر، «الإسلاميون وتحديات بناء مشروع ديمقراطي»، 90. وعزت، «آراء في الخيال السياسي للإسلاميين»، 32 - 34.

33 عبد الوهاب المسيري، العلمانية الجزئية والعلمانية الشاملة (القاهرة: دار الشروق، 2002).

34 زينب البقاري، «هياكل الشباب الإسلامي: هل تصبح بديلًا عن المنظمات الكبيرة؟» في مصطفى عبد الظاهر، محرر، ما السياسي في الإسلام؟ (القاهرة: مرايا، 2018).

35 أمير، مقابلة مع المؤلفين بواسطة برنامج زوم، 2022.

36 المرجع السابق.

37 بكاري، «هياكل الشباب الإسلامي،» ص 42.

38 وائل جمال، «رأس المال المفقود، التحول النيوليبرالي للإخوان المسلمين المصريين»، مركز كارنيغي للشرق الأوسط، 2019، https://carnegie-mec.org/2019/02/01/lost-capital-egyptian-muslim-brotherhood-s-neoliberal-transformation-

pub-78271

39 تستند هذه الرواية إلى مقابلة أمير، العضو السابق في جماعة الإخوان المسلمين، مع المؤلفين بواسطة برنامج زوم، 2022.

40 بهي الدين حسن، «البرنامج الحزبي للإخوان المسلمين في مصر من منظور حقوق الإنسان»، مركز القاهرة لدراسات حقوق الإنسان، 2008، https://cihrs.org/برنامج-حزب-الإخوان-المسلمين-في-مصر-من/

41 عمرو مجدي، انتقادات حادة لمسودة برنامج حزب الإخوان المسلمين في مصر، الجزيرة، 24 أيلول / سبتمبر 2007، https://www.aljazeera.net/news/reportsandinterviews/2007/9/24/انتقادات-حادة-لمسودة-برنامج-حزب

42 براون، حطب، وعدلي، دولة متثاقلة، 107.

43 تيم إيتون، «الانتخابات المصرية ومدونو الإخوان المسلمون مقابل بديع»، وورلد توداي، 66، رقم. 11 (2010): 26-27.

44 أمير، مقابلة.

45 لطفي، مقابلة.

46 ياسر فتحي، «شباب الإخوان المسلمين: الطريق إلى انتخابات 2012»، المعهد المصري للدراسات السياسية والاجتماعية، أيلول / سبتمبر 2019، https://eipss-eg.org/شباب-الإخوان-الطريق-نحو-انتخابات2012-.

47 «مرسي: سأكمل ما بدأه ناصر لبناء صناعة وطنية»، الأهرام، أيار / مايو 2013، https://gate.ahram.org.eg/daily/News/806/25/207510/الأولى/مرسي%E2%80%8F%E2%80%8F-سأكمل-ما-بدأه-عبدالناصر-لبناء-صناعة-وطنية-.aspx

48 يولاند نيل، «مصر وإيران: الأعداء القدامى يصبحون أصدقاء جدد؟» بي بي سي، 24 آب / أغسطس 2012، https://www.bbc.com/news/world-middle-east-19347574.

49 مرسي يقطع علاقات مصر مع سوريا ويحذر من العنف المضاد للثورة، الأهرام أونلاين، 15 حزيران / يونيو 2013، https://english.ahram.org.eg/News/74082.aspx.

50 رامي نوار، «علماء الأمة في مؤتمر لنصرة سوريا: بشار الأسد كافر» اليوم السابع، 13 حزيران / يونيو 2013، https://www.youm7.com/story/2013/6/13/1112776/علماء-الأمة-فى-مؤتمر-لنصرة-سوريا-بشار-الأسد-كافر-محمد.

51 «الإخوان في مصر يرفضون فتاوى سعودية تحظر دعم حزب الله»، الجزيرة، 28 يوليو / تموز 2006، https://1-a1072.azureedge.net/news/arabic/2006/7/28/إخوان-مصر-يرفضون-فتاوى-سعودية-تحظر-دعم

52 «الجيش المصري يقول إن دور مرسي في التجمع من أجل سوريا يعتبر نقطة تحول»، VOA News ، 2 يوليو / تموز 2013، https://www.voanews.com/a/egypt-army-says-morsi-role-at-syria-rally-seen-as-turning-point/1693911.html.

53 مختار عوض ومصطفى هاشم، «تصاعد التمرد الإسلامي في مصر»، مركز كارنيغي للشرق الأوسط، أكتوبر / تشرين الأول 2014، 4-5، https://carnegieendowment.org/files/CMEC_58_Egypt_Awad_Hashem_final.pdf.

54 «ترحيب القوى الإسلامية بأردوغان يصطدم بحديثه عن تطبيق النموذج «العلماني»» الشرق الأوسط، 15 أيلول / سبتمبر 2011، https://archive.aawsat.com/details.asp?section=4&article=640456&issueno=11979#.YsckpP0zbIU.

55 الرغم من اعتياد المراقبين الغربيين على تأطير السلفيين كحركة رجعية، يبدو أن الأسس الهيكلية للسلفية كحركة اجتماعية متشابكة مع أفول جزئي لرجال الدين التقليديين، ما يجعلها تستفيد جزئيا على الأقل من التحديث الاجتماعي والسياسي في حقبة ما بعد عام 1952، وليس نقيضا للحداثة في حد ذاتها كما تقترح بعض التحليلات. من ناحية أخرى، كانت المدرسة الفكرية للإخوان مستوحاة من الأفكار الإصلاحية لرجال الدين المحدثين- حتى تحولها شبه السلفي في التسعينات. وهذا يجعلها، كمجموعة مصالح، أقرب إلى الأزهر كمؤسسة.

56 كانت إحدى نقاط الخلاف إصرار عبد الغفور على فصل الذراعين الديني والسياسي للحركة - الدعوة السلفية وحزب النور - ووصْف الحزب من منظور قومي بحت بأنه حزب «لكل المصريين». من المحتمل أن عبد الغفور، الذي أمضى العقد الأول من القرن الحادي والعشرين في تركيا، قد تأثر بالاستحواذ الناجح على السياسات الحزبية من قبل الإسلاميين والصوفيين في تركيا منذ عام 1980، حيث رأى كيف يمكن للسياسات أن تكون مفيدة في حماية جماعات المصالح المحافظة، حتى في غياب أجندة لتحويل الدولة. دفع هذا ستيفاني لاكروا إلى وصف حزب النور بأنه ذراع ضغط لمنظمة دينية، وليس حزبا إسلاميا.

57 ستيفاني لاكروا، «السلفيون البراغماتيون في مصر: سياسة حزب النور»، مؤسسة كارنيغي للسلام الدولي، 2016، https://carnegieendowment.org/2016/11/01/-egypt-s-pragmatic-salafis-politics-of-hizb-al-nour-pub-64902.

58 لطفي، مقابلة.

59 أمير، مقابلة.

60 رغم من أن كثيرا من الباحثين استخدموا مصطلح الصقور والحمائم منذ منتصف التسعينات لوصف القادة المحافظين والبراغماتيين على التوالي، تجبرنا التطورات الأخيرة في جماعة الإخوان المسلمين على مراجعة هذه المصطلحات. إن تذبذب كثير من القادة بين الجانبين، بما في ذلك محمود عزّت نفسه (الذي كان يُعد من المتشددين في جماعة الإخوان المسلمين لكن انتهى به الأمر إلى تبني تكتيكات أكثر هدوءًا وسلمية بعد عام 2013) يجعل هذه المصطلحات غير ذات صلة أو عفا عليها الزمن في أحسن الأحوال.

61 «المتحدث: أعمالنا تسير بصورة طبيعية ومؤسسية»، Ikhwanonline.com ، 28 آب / أغسطس 2020، https://ikhwanonline.com/article/241074/المتحدث-الإعلامي-أعمالنا-تسير-بصورة-طبيعية-ومؤسسية.

62 «الإخوان المسلمون: من البداية حتى يومنا هذا»، رُفع على موقع يوتيوب بواسطة معهد أبحاث السياسة الخارجية في 2 نوفمبر / تشرين الثاني 2013، /https://www.youtube.com watch?v=zRzlBbEg7I4

63 محمد عفان، «محضر المؤتمر: تجاوز مبدأ الإقصاء والتطرف في فهم ديناميات تحول الإخوان المسلمين بعد انقلاب 2013 في مصر»، رواق عربي، 23 سبتمبر / أيلول 2020، https:// rowaq.cihrs.org/conference-proceeding-going-beyond-the-exclusion-radicalisation-premise-in-understanding-the-dynamics-of-the-muslim-brotherhood-transformation-after-the-2013-coup-detat-in-egypt/?lang=en.

64 فيكتور ج.ويلي، المحنة الرابعة: تاريخ الإخوان المسلمين في مصر، 1968-2018 (كامبريدج: دار نشر جامعة كامبريدج، 2021).

65 «الإخوان المسلمون: حضور في 52 دولة»، الجزيرة، 21 آذار/ مارس 2016، https:// mubasher.aljazeera.net/news/reports/2016/3/21/الإخوان-المسلمون-حضور-في-52دولة-

66 إبراهيم منير، مقابلة مع عمرو عفيفي وعبد الرحمن عياش بواسطة برنامج زوم، 30 نيسان /

أبريل 2022.

67 عفان، «محضر المؤتمر: تجاوز فرضية الإقصاء والتطرف.»

68 صهيب عبد المقصود، المتحدث باسم جماعة الإخوان المسلمين، مقابلة مع عبد الرحمن عياش، اسطنبول، 17 أيار / مايو 2022.

69 ياسر فتحي، الإخوان المسلمون وثورة يناير، المعهد المصري للدراسات، 12 أيلول / سبتمبر 2019، https://eipss-eg.org/الإخوان-المسلمون-وثورة-يناير-ـ-الجزء-الثالث/.

70 عفان، «محضر المؤتمر: تجاوز فرضية الإقصاء والتطرف.»

71 «تحديث: مقتل 4 نساء في اشتباكات المنصورة»، مدى مصر، 19 يوليو / تموز 2013، https://www.madamasr.com/en/2013/07/19/news/u/update-4-women-dead-in-mansoura-clashes/.

72 عضو سابق في جماعة الإخوان من المنصورة، مقابلة مع المؤلفين، اسطنبول، 19 أيار / مايو 2022.

73 عفان، «محضر المؤتمر: تجاوز فرضية الإقصاء والتطرف.»

74 منير، مقابلة، 30 نيسان / أبريل 2022.

75 فتحي، الإخوان المسلمون وثورة يناير.

76 البنا، «رسالة المؤتمر الخامس».

77 عبد الرحمن عياش، «تنظيم قوي وأيديولوجيا ضعيفة: مسارات الإخوان المسلمين في السجون المصرية منذ 2013»، مبادرة الإصلاح العربي، 29 نيسان / أبريل 2019، https://www.arab-reform.net/publication/strong-organization-weak-ideology-muslim-brotherhood-trajectories-in-egyptian-prisons-since-2013/

78 عفان، «محضر المؤتمر: تجاوز فرضية الإقصاء والتطرف.»

79 عمار شرف، «أزمة القيادة داخل الإخوان المسلمين: وجهات نظر متباينة وثقة مفقودة»، Ida2at.com ، 27 سبتمبر / أيلول 2015، https://www.ida2at.com/أزمة-القيادة-داخل-الإخوان-المسلمين-وج/.

80 «150 عالما من 20 دولة يصدرون «نداء الكنانة» ويفتون بوجوب التصدي لانتهاكات السيسي»، الخليج الجديد، 27 أيار / مايو 2015، https://thenewkhalij.news/article/14781/150-عالما-من-20-دولة-يصدرون-نداء-الكنانة-ويفتون-بوجوب-بحوار-لانتهاكات-السيسي.

81 محمد منتصر (montaseregy)، المتحدث الرسمي باسم جماعة الإخوان المسلمين، تحديث حالة تويتر، 27 مايو / أيار 2015، https://twitter.com/montaseregy/status/603624269134823425

82 محمود غزلان، «في الذكرى السابعة والثمانين لتأسيس الحركة: دعوتنا باقية وثورتنا مستمرة»، نافذة مصر، 22 أيار / مايو 2015، https://old.egyptwindow.net/article/580417

83 ولاء قيصي، «فقه السجون ومعركة الأمعاء الخاوية: نقاشات حول جواز الإضراب عن الطعام»، ورقة غير منشورة.

84 محمود مراد، «تحديث 4 شخصيات بارزة من الإخوان المسلمين تغادر قطر»، رويترز، 13 أيلول / سبتمبر 2014، https://www.reuters.com/article/egypt-qatar-brotherhood-idUSL5N0RE05020140913

85 ويلي، المحنة الرابعة.

86 «الصفحة الرسمية للناطق الرسمي باسم جماعة الإخوان المسلمين»، فيسبوك، .https://www.
facebook.com/M.B.SPOKESMAN1

87 «مستقبل الصراع بين الإخوان والجيش ورؤية مكتب [الإخوان] الجديد في الخارج مع أحمد عبد
الرحمن»، رُفع على موقع يوتيوب بواسطة قناة الجزيرة في 23 أبريل / نيسان 2015، // https:
www.youtube.com/watch?v=Yey7EC8cCM8.

88 المرجع السابق.

89 ويلي، المحنة الرابعة.

90 فتحي، الإخوان المسلمون وثورة يناير.

91 المرجع السابق.

92 «الإخوان المسلمون: محمود حسين لا يمثلنا وسنواصل المسار الثوري»، الجزيرة، 29 أيار /
مايو 2015، https://mubasher.aljazeera.net/news/miscellaneous/2015/5/29/
الإخوان-محمود-حسين-لا-يمثلنا-وسنواصل.

93 «مقتل المدعي العام المصري هشام بركات في هجوم بالقاهرة»، بي بي سي، 29 يونيو / حزيران
2015، https://www.bbc.com/news/world-middle-east-33308518.

94 «قوات الأمن تعاملت معهم: عمليات قتل مشبوهة وإعدامات خارج نطاق القضاء على يد قوات
الأمن المصرية»، هيومن رايتس ووتش، 7 سبتمبر / أيلول 2021، /https://www.hrw.org
report/2021/09/07/security-forces-dealt-them-suspicious-killings-and-
extrajudicial-executions

95 «مصر: رواية الشرطة عن مداهمة دموية تثير تساؤلات»، بيان صحفي لـ هيومن رايتس ووتش،
31 يوليو / تموز 2015، https://www.hrw.org/news/2015/07/31/egypt-police-
account-deadly-raid-question

96 ويلي، المحنة الرابعة.

97 فتحي، الإخوان المسلمون وثورة يناير.

98 ويلي، المحنة الرابعة.

99 عفان، «محضر المؤتمر: تجاوز فرضية الإقصاء والتطرف.»

100 الإخوان في مصر: سلميتنا من ثوابتنا ولن نحيد عنها»، عربي 21، 18 تشرين الثاني / نوفمبر
2015، https://arabi21.com/story/874035/إخوان-مصر-سلميتنا-من-ثوابتنا-ولن-
نحيد-عنها.

101 المرجع السابق.

102 أحمد عبد الرحمن، «الإخوان والمكانة الثورية»، عربي 21، 16 آب 2015، /https://arabi21.com
story/852175/الإخوان-والحالة-الثورية#author_1306

103 المرجع السابق.

104 فتحي، الإخوان المسلمون وثورة يناير.

105 منير، مقابلة، 30 نيسان / أبريل 2022.

106 عضو سابق في جماعة الإخوان المسلمين، مقابلة مع المؤلفين في 26 شباط / فبراير 2022.

107 المرجع السابق.

108 مر أويس، «محمود عزت يعلن تشكيل لجنة إدارية جديدة للإخوان المسلمين»، عربي 21، 15

شباط / فبراير 2016، https://arabi21.com/story/887978/محمود-عزت-يعلن-تشكيل-لجنة-إدارية-جديدة-للإخوان-المسلمين

109 عمر أويس، «مكتب الإخوان في الخارج يرفض قرار حله ويؤكد استمرار عمله»، عربي 21 ، 22 كانون الأول / ديسمبر 2015، https://arabi21.com/story/879108/مكتب-إخوان-مصر-بالخارج-يرفض-قرار-حله-ويؤكد-استمرار-عمله

110 المرجع السابق.

111 «خطاب الدكتور محمد كمال، عضو مكتب الإرشاد» رُفع على موقع Soundcloud بواسطة إخوان أونلاين، 10 أيار / مايو 2016، https://soundcloud.com/user-906787785/pbpabknglzoa/s-m95EK

112 محمد خيال، «محمود عزت يجمد عضوية وزراء مرسي في «الإخوان»»، الشروق، 19 أيار / مايو 2016، https://www.shorouknews.com/news/view.aspx?cdate=19052016&id=19a75473-dfa8-49c1-8863-8d985c28b71d

113 «من هو محمد كمال القيادي بجماعة الإخوان المسلمين الذي قتلته الشرطة المصرية؟» بي بي سي عربي، 4 تشرين الأول / أكتوبر 2016، https://www.bbc.com/arabic/middleeast/2016/10/161004_mohamed_kamal_muslim_brother_profile

114 ويلي، المحنة الرابعة.

115 «المكتب العام للإخوان يعلن استراتيجيته الجديدة»، عربي 21، 29 حزيران / يونيو 2019، https://arabi21.com/story/1191180/الإخوان-المسلمون-المكتب-العام-يعلن-استراتيجيته-الجديدة.

116 المرجع السابق.

117 «نافذة على مصر: حوار خاص مع إبراهيم منير حول حقيقة الخلافات بين قادة جماعة الإخوان المسلمين»، رُفع على موقع يوتيوب بواسطة تلفزيون الحوار في 15 تشرين الأول / أكتوبر 2021، https://www.youtube.com/watch?v=afGxZVWw208

118 طه العيسوي، «سجناء من «الإخوان» يثمنون خطوات [منير] لم شمل الجماعة بمصر»، عربي 21، 22 سبتمبر / أيلول 2020، https://arabi21.com/story/1302158/سجناء-من-الإخوان-يثمنون-خطوات-لم-شمل-الجماعة-بمصر؛ طه العيسوي، «مصر: مصر: «شورى الإخوان» يقر قرارات «منير».. وهذه أبرز مناقشاته»، عربي 21، 1 تشرين الأول / أكتوبر 2020، https://arabi21.com/story/1304219/مصر-شورى-الإخوان-يقر-قرارات-منير-وهذه-أبرز-مناقشاته؛ طه العيسوي، «المكتب العام لإخوان مصر يرحب بدعوات لم شمل الجماعة»، عربي 21، 19 أيلول / سبتمبر 2020، https://arabi21.com/story/1301426/المكتب-العام-لإخوان-مصر-يرحب-بدعوات-لم-شمل-الجماعة

119 عضو مجلس شورى الإخوان، مقابلة مع المؤلفين بواسطة برنامج زوم، 22 شباط / فبراير 2022

120 المرجع السابق.

121 "منظمة قوية وأيديولوجيا ضعيفة؛ بيان من مجلس الشورى العام لجماعة الإخوان المسلمين، 12 ، Ikhwanonline.com أيار / يوليو 2022، https://ikhwanonline.com/article/254851/بيان-من-مجلس-الشورى-العام-لجماعة-الإخوان-المسلمون

122 «كلمة أ.د. محمود حسين، عضو مكتب الإرشاد بجماعة الإخوان المسلمين, بخصوص الأحداث الأخيرة»، رُفع على موقع يوتيوب بواسطة حساب الإخوان المسلمين في 25 تشرين الثاني / نوفمبر 2021، https://www.youtube.com/watch?v=n-KcjkKqe54

123 قيادي وسيط، مقابلة مع المؤلفين، اسطنبول، تركيا، 12 تشرين الأول / أكتوبر 2022.

124 قيادي وسيط، مقابلة مع المؤلفين، اسطنبول، تركيا، 19 تموز / يوليو 2022

125 دومينيك إيفانز، «الإخوان المسلمون في مصر يرفضون» الصراع على السلطة»، يقول قيادي منفي، رويترز، 29 يوليو / تموز 2022، /https://www.reuters.com/world/middle-east egypts-muslim-brotherhood-rejects-struggle-power-exiled-leader-/29-07-says-2022

126 عصام تليمة، «هل انتهت أزمة الإخوان؟» عربي 21، 21 أكتوبر / تشرين الأول 2021، //:https arabi21.com/story/1392639/هل-انتهت-أزمة-الإخوان.

127 عمر، مقابلة مع المؤلفين، ماليزيا، بواسطة برنامج زوم، 22 أيار / مايو 2022.

128 ثمة جانب أكبر في مشاركة الدولة العميقة والاستخبارات في تنسيق بعض هذه الجهود. انظر ديفيد دي كيركباتريك، في أيدي الجنود: الحرية والفوضى في مصر والشرق الأوسط (نيويورك: فايكنغ، 2018).

129 كيركباتريك، في أيدي الجنود.

130 لا بد من التنويه أن المتظاهرين في رابعة لم يكونوا جميعاً أعضاء في جماعة الإخوان المسلمين. كانت هناك مجموعة من متظاهري رابعة ممن كانوا «مع رابعة ولكن ليس مع المنصة»، وهي مجموعة رأت أنه لا ينبغي الإطاحة بمرسي عن طريق الانقلاب، لكنها أيضاً اختلفت مع خطاب ومسار الأشخاص الذين يعتلون المنصة. ثمة أيضا سياق آخر للخطاب الذي جرى تبنيه على المنصة حيث تجادلت الفصائل المختلفة حول الرسائل والاستراتيجية. من الأهمية بمكان ألا يضيع العنصر المؤيد للديمقراطية في هذه الاحتجاجات على المحللين بسبب تحيزاتهم السياسية. تغيرت اللافتات على المنصة وتأطير رابعة ورسائلها من مجرد دعم شرعية مرسي إلى دعم الديمقراطية.

131 داليا ف. فهمي ودانيش فاروقي. مصر وتناقضات الليبرالية: النخبة المثقفة غير الليبرالية ومستقبل الديمقراطية المصرية (نيويورك: سايمون وشوستر، 2017)

132 ماي درويش، «خلق العدو وبناء التهديد: انتشار القمع ضد الإخوان المسلمين في الشرق الأوسط»، الديمقراطية 24، رقم. 7 (2017): 1289-1306.

133 «كل شيء حسب الخطة: مذبحة رابعة والقتل الجماعي للمتظاهرين في مصر»، هيومن رايتس ووتش، 12 أغسطس / آب 2014، https://www.hrw.org/report/2014/08/12/all-according-plan/raba-massacre-and-mass-killings-protesters-egypt

134 سورة آل عمران، الآية 173.

135 ريان، مقابلة مع المؤلفين، لندن، سلسلة لقاءات آذار، نيسان، أيار 2022.

136 هيومن رايتس ووتش، «كل شيء يسير حسب الخطة».

137 «أسماء البلتاجي»، رُفع على يوتيوب بواسطة قناة SOS-Egypte في 26 أيلول / سبتمبر 2013، https://www.youtube.com/watch?v=gKZs6AAKr2Y

138 «أحلك يوم في مصر»، منظمة العفو الدولية، 14 أغسطس / آب 2014، https://www.amnesty.org/en/latest/news/2014/08/egypt-s-darkest-day/

139 هيومن رايتس ووتش، «كل شيء يسير حسب الخطة».

140 المرجع السابق.

141 محمود، مقابلات مع المؤلفين، الدوحة، في سلسلة لقاءات، نيسان / أبريل وأيار / ومايو 2022.

142 كريم فهيم ومي الشيخ، «جنرال مصري يدعو إلى مظاهرات حاشدة»، نيويورك تايمز، 24 يوليو / تموز 2013، https://www.nytimes.com/2013/07/25/world/middleeast/egypt.html

143 أيمن، مقابلات مع المؤلفين، الدوحة، سلسلة لقاءات، نيسان / إبريل 2022.

144 مقابلة وليد مع عمرو عفيفي، دالاس، تكساس، آب / أغسطس 2022.

145 حسام، مقابلة مع المؤلفين بواسطة برنامج زوم، 23 آب / أغسطس، 2022.

146 «المرشد الأعلى للإخوان المسلمين: عزل بمرسي انقلاب عسكري باطل وسنبقى في الميادين»، دويتشه فيله، 5 تموز / يوليو 2013، https://www.dw.com/ar/مرشد-الإخوان-عزل-مرسي-انقلاب-عسكري-باطل-وسنبقى-في-الميادين/a-16932560

147 محمد، مقابلة محمد مع المؤلفين بواسطة برنامج زوم، حزيران / يونيو 2022.

148 علياء، مقابلة مع المؤلفين بواسطة برنامج زوم، حزيران / يونيو 2022.

149 صلاح ، مقابلة مع المؤلفين بواسطة برنامج زوم، أيار / مايو 2022.

150 وفيق، مقابلة مع المؤلفين، دالاس، نيسان / أبريل 2022.

151 عفان، «محضر المؤتمر: تجاوز فرضية الإقصاء والتطرف.»

152 خليل العناني، إعادة التفكير في علاقة القمع – المعارضة: تقييم رد فعل الإخوان المسلمين في مصر على القمع منذ انقلاب 2013، «الديمقراطية. 26، العدد 8 (17 تشرين الثاني / نوفمبر 2019): 1329-1341

153 عبد الله هنداوي، القلوب النازفة: من النشاط الجياش إلى التمرد العنيف في مصر (لانهام، ماريلاند: ليكسينغتون بوكس، 2021).

154 عفان، «محضر المؤتمر: تجاوز فرضية الإقصاء والتطرف.»

155 محسن، مقابلة مع عمرو عفيفي، الدوحة، أيار / مايو 2022

156 محسن في مقابلة.

157 محمود، مقابلات

158 عناني، من داخل الإخوان المسلمين.

159 لميس عبد العاطي، «اللاجئون والضيوف في تركيا،» مجلة دراسات اللاجئين 34 رقم. 3 (2021): 2827–48.

160 محسن، مقابلة.

161 نبيل، مقابلة مع المؤلفين، الدوحة ، نيسان / أبريل 2022.

162 صلاح، مقابلة.

163 عمر، مقابلة.

164 يوسف، مقابلة مع المؤلفين بواسطة برنامج زوم، 22 آذار 2022.

165 علياء، مقابلة.

166 مصطفى المنشاوي، ترك الإخوان المسلمين: الذات والمجتمع والدولة، الشرق الأوسط اليوم (شام: بالجريف ماكميلان، 2020).

167 حسام تمام، تحولات الإخوان المسلمين: تفكّك الأيديولوجيّة ونهاية التنظيم (القاهرة: مدبولي، 2006).

168 «رجل الأعمال اليمني الشلفي وسط ضياع أموال للإخوان»، العربي الجديد، 18 تشرين الثاني / فبراير 2017، https://www.alaraby.co.uk/رجل-الأعمال-اليمني-الشلفي-يختفي-وسط-ضياع-أموال-لـ»الإخوان»

169 توفيق، مقابلة مع المؤلف، دالاس، نيسان / أبريل 2022.

170 «الإخواني الهارب بتركيا أمير بسام يفضح الأمين العام للجماعة محمود حسين وقيادات أخرى في تسريب صوتي»، رُفع على موقع يوتيوب MBC مصر في 26 تموز / يوليو 2019، https:// www.youtube.com/watch?v=Oi31PHqEg6s

171 انظر أيضا عبد الرحمن عياش، «المستقبل التركي للإخوان المسلمين في مصر»، مؤسسة القرن، 17 آب / أغسطس 2020، https://tcf.org/content/report/turkish-future-egypts-muslim-brotherhood/

172 محسن في مقابلة.

173 ولاء قويسي، «العدالات الإلهية المتنافسة: مذبحة رابعة ومشكلة المعاناة»، اللاهوت السياسي (7 نيسان / أبريل 2022): 1-18.

174 سورة البقرة، الآية 45

175 مقابلات مع محمود.

176 مقابلة مع حسام.

177 هيثم في مقابلة شخصية مع عمرو عفيفي بالدوحة، سلسلة لقاءات في نيسان / أبريل وأيار / مايو 2022.

178 المرجع السابق.

179 مقابلات مع أيمن.

180 مل، مقابلة مع عمرو عفيفي، برلين، أيار / مايو 2022.

181 مقابلة مع يوسف.

خاتمة

1 أمل، مقابلة مع عمرو عفيفي، برلين، أيار / مايو 2022.

2 بيسان قصاب ورنا ممدوح، «حصيلة «العفو الرئاسي».. إخلاء سبيل 59 ناشطا من «أمن الدولة».. وأبو عيطة: هناك من يقاوم عملنا»، مدى مصر، 4 حزيران / يونيو 2022، https://www.madamasr.com/ar/2022/06/04/news/u/حصيلة-العفو-الرئاسي-إخلاء-سبيل-59-ناش

3 ديكلان والش، «لماذا جرى تعذيب وقتل طالب دراسات عليا إيطالي في مصر؟»، نيويورك تايمز، 15 آب / أغسطس 2017، https://www.nytimes.com/2017/08/15/magazine/giulio-regeni-italian-graduate-student-tortured-murdered-egypt.html

4 شينا تشيستنات غريتينس، الطغاة وشرطتهم السرية: المؤسسات القسرية وعنف الدولة (كامبريدج: دار نشر جامعة كامبريدج، 2016).

5 مقابلة مع يوسف.

6 سمير حسني ومحمد عبد المجيد، «الرئيس السيسي للمصريين: الدنيا مش بتفضل على حالها وربنا معانا، اليوم السابع. 13تشرين الأول / أكتوبر 2022، https://www.youm7.com/story/2022/10/13/الرئيس-السيسى-للمصريين-الدنيا-مش-بتفضل-على-حالها-وربنا-معانا/5939310.

7 إليزابيث ر. نوجنت، بعد القمع (برينستون، نيو جيرسي: دار نشر جامعة برينستون، 2020).